高等院校通识教育系列丛书

当代西方政治思想前沿

DANGDAI XIFANG ZHENGZHI SIXIANG QIANYAN

主 编 ◎ 聂 露

撰稿人 ◎（以撰写内容先后为序）

聂露 李筠 庞金友

卢春龙 尹钛 郑红

中国政法大学出版社

2016·北京

图书在版编目（ＣＩＰ）数据

当代西方政治思想前沿 / 聂露主编.—北京：中国政法大学出版社，2016.12
ISBN 978-7-5620-7167-9

Ⅰ. ①当…　Ⅱ. ①聂…　Ⅲ. ①政治思想史—西方国家　Ⅳ. ①D091

中国版本图书馆CIP数据核字(2016)第285774号

出　版　者	中国政法大学出版社
地　　　址	北京市海淀区西土城路 25 号
邮　　　箱	fadapress@163.com
网　　　址	http://www.cuplpress.com （网络实名：中国政法大学出版社）
电　　　话	010-58908435(第一编辑部) 58908334(邮购部)
承　　　印	固安华明印业有限公司
开　　　本	720mm×960mm　1/16
印　　　张	12.5
字　　　数	217 千字
版　　　次	2016 年 12 月第 1 版
印　　　次	2016 年 12 月第 1 次印刷
印　　　数	1～3000 册
定　　　价	32.00 元

出版说明

在高等教育中，通识教育对于人才培养具有基础性价值和决定性作用。故此，中国政法大学早在 2005 年就正式启动了通识教育改革，此次改革承继了 20 世纪 90 年代开启的文化素质教育。在学校"打造有灵魂的通识教育""建设有法大特色的通识教育课程体系"的两大改革目标指引下，在全校各方共同努力下，历经持续不断的艰苦摸索，学校通识教育课程体系终于从无到有，逐渐呈现出一种科学系统且生机勃勃的发展状态。

作为一所以法学专业为主的多科性大学，学校通识教育的资源相对匮乏。对于这一客观缺陷，学校并未盲目扩张，而是凭借"专业互通"的理念开放专业课程，以其作为其他专业的通识课，如此循序渐进，补足通识教育资源。同时，学校以《中华文明通论》《西方文明通论》这两门跨学科、综合性的全校必修课为基础，打造了通识教育四大类课程体系——人文素质类、社会科学类、自然科学类、法学类。而后又进一步围绕着四大类课组，纵向建立了"通识主干课""一般通识课"两种类型的选修课。

经过十余年的实践探索，学校对于通识教育有了更加深入、立体的理解和认识，希望通过"高等院校通识教育系列丛书"这一全新的系列教材，达成以下目标：

1. 总结过往经验，修正教学实践中发现的问题。在十余年实践过程中，广大师生对通识教育课程反馈了大量有益信息，学校认为有必要在此基础上，将渐成体系的教案加以完善，升级为更为成熟、更为系统的教材。而在教材的后续使用过程中，也会获得进一步的有关教学效果的反馈信息，使得本系列教材不断修正、完善。

2. 完善通识教育课程体系，更好地服务教学。通识课的课程特性、课时等因素，导致学生在接受知识时难免有"点到为止、浮光掠影"之感。对此，学校希望通过编写体例明朗、脉络清晰的通识课程配套教材，来帮助学生梳理所学知识，构建基本框架与知识体系，从而能够在现有基础上提高教学质量。

3. 扩大影响，增加交流合作的机会。学校之所以将本系列教材命名为"高等院校通识教育系列丛书"，而未将其局限于"中国政法大学"，乃是希望通过本系列教材的推广使用，在各高校间进行教学方法、教学实践的交流互动，互通有无、集思广益，将"通识教育"这一教学理念推广至全国高校，并总结、收集其在各高校的实践经验、教学反馈，对现有体系结构进行查漏补缺、更新换代的工作，以期对中国高等教育作出一定的贡献。

本系列教材的参编人员，均是从事一线教学多年、拥有丰富教学经验的教师，其中不乏学校十年通识教育改革的亲历者。相信他们深厚的学识水平、认真的治学态度，能够保证本系列教材的质量水准。当然，由于本系列教材的编写是一次全新的尝试，书中错漏在所难免。希望广大师生在使用过程中多提问题，以便我们逐步完善。

最后，希望我们可以秉持通识教育的基本理念——"通识、博雅、全人"，服务中国高等教育，在教学中打破学科壁垒，实现知识的融会贯通；在专业培养之外注重培育学生的性情、兴趣和趣味，实现人格的健康发展与人的全面发展。

中国政法大学
2016 年 8 月

前　言

　　这是一本研究型教材，最初是为中国政法大学通识教育主干课"当代西方政治思想前沿"而写作的。从知识脉络上，这门课是西方政治思想史、当代西方政治思想课程的姊妹篇，继前两门课程讲述的古典时代到启蒙运动、19世纪末期到二战这两个阶段之后，当代西方政治思想前沿课程侧重于讲述二战后（尤其是当代前沿）的西方政治思想。

　　但是，这本书又超过了仅仅为一门思想史课程写教材的要求。首先，它的主题更加广泛。二战后，政治思想和政治理论的研究有交叉的趋势，作为对此趋势的反映，这本书不仅涵盖基本的政治思想主题，如自由主义和共和主义，还涉及蕴含思想性的政治理论主题，如政治文化和政治发展。其次，它的资料更加前沿。这门课在最初讲授时就强调以最新的研究作为资料来源，例如，民主专题中描述了西方协商民主理论的内容和争议，女性主义专题中介绍了酷儿理论和性别差异的科学探讨。最后，它的视角是问题导向的，这更加区别于一般的教材。本书的各个主题通常以一个核心问题作为焦点，围绕核心问题展示西方学术争论的脉络或结构。这个核心问题往往兼具学术敏感性和现实重要性，主要的争论观点也是多元化和具有内在逻辑联系的，通过这种方式，最终使本书呈现出各个主题下的框架性知识体系。

　　这门课程是通识教育主干课，"通识教育"一词说明了它的授课宗旨，也说明了林林总总的知识服务于什么精神，根据什么标准被选择和组织。在我看来，通识教育和本课程有如下的关联：

　　第一，所谓通识教育，就是要求"知识视野宽广"。通识教育可能意味着教学体系的整体特点，意味着需要许多不同类型的知识板块相互支撑。单从当代西方政治思想前沿这一门课来讲，通识教育表现为选择当代西方政治思想的多个主题，在同一主题内选择多种不同观点，通过多元化来扩大知识的口径。

第二，通识教育还要求提供"基础性"教育。在当代西方政治思想前沿方面，一个本科大学生必须了解哪些主题，他/她的知识结构才是完整的，才能获得理解这个世界的智识基础？这是我始终考虑的问题。我的答案是基础性的主题。基础性的主题，是跨时间、跨国家、有发展、有深度的问题。所有接受高等教育的学生，如果不了解基础性的知识，他/她的知识版图就会存在缺陷，对政治现象就会缺乏理性认识的工具。从"不了解这个专题会怎样"的角度反复斟酌，这门课程精心选择了9个专题。

第三，通识教育有其本质的价值观念——人文主义精神，它在政治学方面可以具体概括为培养独立思考的公民观。通识教育是对人的灵魂的培养，使人热爱美德和追求思想独立。这门课也致力于培养大学生的现代公民观，使之获得人格独立、思想独立、理性和建设性参与的公民身份。

根据上述定位，这门课以专题的形式选择了二战后的9个西方政治思想主题，构成本书的主要内容。众所周知，在西方政治思想的话语中，"自由"和"民主"可能是最重要的两个概念，因此本书前三个主题就是围绕这两个概念展开的。在民主理论方面，关于"精英民主是否足够民主"这个核心问题，介绍了从精英民主到参与式民主等当代西方民主理论的争论。自由主义分为两个主题，对应着自由主义的两个方向：一是追求公平的自由主义，二是追求自由至上的自由主义。两者形成鲜明的对比。第四个主题是共和主义，这个主题在当代中国也曾经受到广泛的讨论。第五个主题是战后西方国家观念，强政府和弱政府的西方学术争论对我国的政府发展无疑提供了借鉴。另外，由于二战后政治理论和政治思想的交融，出现了一些在研究主题上介于两者之间的重要观念，其中的政治文化和政治发展理论构成本书的第六和第七个主题。还有一些政治思想被称为新兴思潮或社会运动，它们关注的问题由来已久，并关涉未来。在这类思想中，选择了与当下政治气候有关的绿色和平主义，以及与性别平等有关的女性主义。除了上述主题外，为拓宽知识面，针对每个主题还编写了两到三个二维码知识点，对相关学者、概念、背景等进行了信息方面的补充。

本书的撰稿人也是这门课各主题的教师，他们是中国政法大学西方政治思想研究方面的青年才俊。其中，李筠撰写了自由主义的两个专题，庞金友撰写了共和主义和国家观念的专题，政治文化和政治发展专题的作者分别是卢春龙和尹钛，郑红撰写了绿色和平主义专题，我写作了民主理论和女性主义专题，另外还担任本书的统稿和主编。这六位青年教师能够长期合作，源于其共同点——日渐浓厚的学术兴趣、清晰的问题意识和现实关怀；有国内国外优秀的教育背景；都力求学术严谨踏实。除了教学团队外，外邀学者也带来了精彩的课堂讲座。这门课先后邀请过景跃进、刘瑜、周濂、佟德志、刘训练、于晓虹、聂智琪、陈伟等学者，主题涉及"民主理论中的代表问题""反极权主义和政治概念新诠释""宪政与民主的张力""美国的民主是金钱政治吗"等。在本书出版之际，我作为课程负责人，向上述各位的杰出贡献表达由衷的感谢，并特别致谢本书的各位撰稿人。

最后还有一个必须谈到的问题，就是学生如何学习当代西方政治思想前沿课程。下面介绍的学习方法，也是当代西方政治思想的一些研究方法，但选择哪种方法往往因人而异。选择适合自己的一种方法，或者尝试用不同方法来学习同一种知识，都会产生有益的效果。

方法之一是理论联系实际的方法。一种联系角度是将西方政治思想联系西方政治经验，以此了解政治思想在历史上如何产生，政治思想对社会又产生了什么影响，并根据历史语境或现代认识等不同的标准，形成对政治思想的评价。这种把思想和语境联系起来的方法，又被称为剑桥学派的研究方法。另一种联系角度是用西方理论来分析中国政治实践。建立这种关联时，一定要对特定政治思想的适用条件和主要概念进行清楚的界定。还有一种联系角度是实验性地将西方政治思想融入自己的日常实践。例如学习协商民主理论时，可以考虑在具体的事务中设计一种协商民主的规则，然后进行模拟演练，以便把握特定西方政治思想的内涵和总结适用经验的优劣。

方法之二是抽象的思辨方法。运用抽象的方法，就是去除具体的论述和有歧义的误读，把政治思想中的主要论证环节提炼出来，再组合成一个有逻辑的论证思路。西方政治思想洋洋大观，有时一种思想对应的著作累积上千万字，那么如何把握其思想精髓呢？用抽象的方法，有助于简化许多不关键的诠释，提炼出最精干的论点、论据和论证。这种方法，很适合有哲学爱好的学生。

方法之三是比较的方法。各种政治思想观念之间、思想家之间、思想的社会适用性之间等，都可以通过比较来学习其特征。例如，学习女性主义时，可以比较各种不同的女性主义观点有什么差别，有什么共同点；可以比较早期女性运动和现代女性运动的主要诉求和斗争策略有什么变化；也可以引申比较西方女性主义和中国的女性主义，什么议题类似，什么议题不同；等等。比较方法有助于掌握特定思想的特征，辨识类似的思想。

方法之四是批判性建构的方法。这个方法比较难，但是对学生来说可能也最有收获。批判性建构方法从批评和质疑开始。提出异议的基础，不是肤浅地为反对而反对，也不是没有根据地一棍子打死，而是基于经验和逻辑的检验提出疑问和错误。批判之后还要继续建构，在质疑和错误的地方提出自己的观点，发展自己的理论主张。

上述四种方法主要是对学生而言，研究者当然不局限于此。

西方的第一位政治哲学家苏格拉底曾有一句名言——"认识你自己"，强调智识生活的意义在于对自我的认识。这种对自我的认识，既强调了个人的重要性、个人在宇宙自然和社会关系中的中心地位，又提出了理性对于祛除无知的重要性，督促个人追求美德即知识的高尚生活。对当代西方政治思想前沿的学习，归根结底也是为了认识自我。但是对自我的认识，并不仅仅是内向的反省，更有价值的，是通过学习当代西方政治思想前沿的政治知识，提高自己的政治理性水平，进而立足中国，有鉴别地运用上述知识，使思想和现实融会贯通。在这个循环往复中，对自我的认识才能随之达到前所未有的深度。

聂　露
2016 年 6 月

目　录

第一讲　当代西方民主理论之争：精英民主是否足够民主？……………… 1

第二讲　追求公平的自由主义：罗尔斯论正义 ……………………… 24

第三讲　自由至上主义：哈耶克论自由和法治 ……………………… 46

第四讲　自由、民主与国家：新共和主义是如何可能的？ ………… 65

第五讲　当代西方国家观念论争：强政府还是弱政府？ …………… 95

第六讲　政治文化的复兴…………………………………………… 112

第七讲　政治发展与政治稳定……………………………………… 128

第八讲　绿色和平主义：社会运动兼政治思潮…………………… 148

第九讲　女性主义：为什么女性仍然因为性别遭受不公正？……… 164

第一讲　当代西方民主理论之争：
精英民主是否足够民主？*

二战后，自由主义民主制度在西方发达国家越来越稳定的同时，也逐渐遭遇越来越多的挑战。欧美的发达国家在二战后经历了经济的重生和繁荣，社会生活全面发展，政治状况稳定有序。在这些国家，即便出现过轰轰烈烈的社会运动，也没有对其自由主义民主制度带来颠覆性威胁。从基本的政治秩序上看，自由主义民主制度似乎是"历史的终结"了。但现实又表明并非如此简单，至少自由主义民主制度不断地遇到各种以民主为名义的挑战和难题。在大学校园、街头、广场和公路上，学生运动宣称反对精英主义的政治。少数族裔社群提出自己的权利诉求，争取更大的自治空间。也有民众对代议制感到无能为力，表现出政治冷漠。市场经济造成的贫富差异，更是从资源不均衡的角度摇撼着民主的社会基础。

在理论上，对西方自由主义民主赖以为基础的精英民主理论，一直存在着质疑和批判的声音。精英民主（Elitist Democracy）理论的代表人物熊彼特（Joseph A. Schumpeter）本人就悲观地看待精英民主的现实，他曾用个人主义民主一词来概括这种资本主义政治文化的特点，认为个人主义的泛滥使人们在根本社会问题上的一致性遭到了破坏，而这种一致性是民主制度运行的必要条件。[1]二战后，围绕着"精英民主是否足够民主"的核心问题，先后出现了多元民主观念、参与民主观念、强势民主观念和协商民主观念等有代表性的民主观念，这些民主观念和精英民主观念构成了一个长时段的争论。这一讲就是聚焦上述核心问题，通过展示主要的民主观念对该核心问题的回答，尝试为二战后西方发达国家的民主理论发展提供一个结构性、全景性地描述。

一、精英民主理论：政治是政治家的统治

先来看如下描述：

---

* 作者：聂露，中国政法大学政治与公共管理学院政治学系副教授，研究范围涉及当代西方政治思想、民主理论、选举制度、比较政治制度等。

〔1〕［美］约瑟夫·熊彼特：《资本主义、社会主义与民主》，吴良健译，商务印书馆1999年版，第203页。

政治就是政治家的统治。

政党和制定政策的政治家是因选民群众除一窝蜂外不能有所作为这一事实而应运而生的……政党经营和政党广告的心理技术、口号和进行曲之类并不是附件。它们是政治的精义所在。（操纵选区的）政治老板也是如此。

普通公民是政治上的"原始人"。他们对政策普遍无知、缺乏判断力，行为迟钝、思维缺少理性，以至于在政治领域普通公民成为政治上的"原始人"。公民或者听任自己的偏见和冲动摆布，或者听任各种集团的操纵。

因此，政治竞争如同经济市场的运作，投票者如同消费者，在政治企业家提供的政策产品中进行挑选，政党如同经济领域的经济协会那样协调竞争。[1]

这些描述是经济学家、社会学家和政治学家熊彼特在 1942 年出版的《资本主义、社会主义与民主》（*Capitalism, Socialism and Democracy*）中，对当时的民主政治的描述。在这本产生了广泛影响的专著中，熊彼特从精英主义的角度提出了民主的新定义，明确了精英民主的观念。

由于精英民主观念是一种基础的民主观念，所以在分析熊彼特的民主定义之前，有必要先了解一下它的来龙去脉。精英民主理论始于精英主义，而精英主义源远流长。从实质上可以把精英主义的历史发展概括为三个阶段：

第一个阶段是起源时期。在古典时代的城邦政治中，苏格拉底（Socrates）和柏拉图（Plato）都反对民主政体，主张专家治国。专家治国意味着政治精英而非普通公民对城邦事务的管治，因此苏格拉底和柏拉图可谓是最早的"精英主义"思想家。苏格拉底曾经提出，雅典民主的缺陷在于把权力交给所有的公民，而不是有统治才能的人。他所谓的统治才能，主要是关于善、美德和智慧的知识。[2] 晚年的柏拉图提出了一种最佳政体，它融合了君主制的智慧和民主制的自由，相比苏格拉底仅仅强调专家的作用，柏拉图的思想蕴含了精英民主的萌芽。

第二个阶段是精英主义时期，也被称为古典精英主义时期。这个时期指的是19 世纪的西方社会。古典精英主义的代表人物是帕雷托（Vilfredo Pareto）、莫斯

---

〔1〕［美］约瑟夫·熊彼特：《资本主义、社会主义与民主》，吴良健译，商务印书馆1999 年版，第370~394 页，第413 页。

〔2〕［古希腊］柏拉图：《理想国》，郭斌和、张竹明译，商务印书馆1986 年版，第235 页，第272~351 页。

卡（Gaetano Mosca）和米歇尔斯（Robert Michels），这三人由于表现出共同的精神气质，因此又被称为"马基雅维利三剑客"。其中帕雷托是精英理论的奠基人，他界定了精英的概念，用精英分类和精英循环的理论解释政治革命和社会变迁。莫斯卡提出社会的两分法和政治系统的分类，断定在权威流向和官员招募方面，任何政治系统最终都会趋于精英主义。米歇尔斯论述了政党的寡头铁律，认为任何组织都存在权力向寡头集中的必然趋势，这是一条不以人的意志为转移的铁律。这些理论建立在认识19世纪西方社会经验的基础上，揭示了早期工业化社会的政治形态是精英的统治。

第三个阶段是精英民主理论时期。随着早期工业化社会发展到成熟的现代社会，选举权逐渐普及，个体的政治地位提高，政治参与规模更加广泛，西方国家进入了大众政治的时期。从精英主义的视角对上述政治发展的分析，有代表性的思想家是韦伯（Max Weber）和熊彼特。他们把精英主义和大众民主现象结合起来进行思考，提出了精英民主理论，影响了民主政治走向精英民主。此后，波普（Karl R. Popper）和萨托利（Giovanni Sartori）沿着精英民主的方法路径，进一步推进了理论的西化和进行了某种修正。[1]

在精英统治和大众民主的结合方面，韦伯最早提出领袖民主的观念，认为领袖民主是超越现代社会困境的解脱办法。他提出，现代社会适用法理型统治关系，政治组织方式是科层制。科层制一方面是社会理性化的产物，另一方面也意味着纪律机制的大量兴起。实行科层制将造成两种社会困境：意义的丧失和个人自由的丧失。那么如何解决这两种社会困境呢？韦伯的方法是，依靠卡里斯马型领袖（charisma，指超凡魅力和能力），超越层级管理的铁笼，给社会提供价值和目标。接下来的问题是，卡里斯马型领袖怎么产生？对此，韦伯提出了"公民投票的领袖民主"的方法，即领袖凭借个人影响力，赢得公民的选票，脱颖而出，成为政府领袖。公民投票使领袖获得了统治的合法性，而领袖则带领公民走向有价值和自由的生活。韦伯认为，现代社会的民主政治就是领袖民主制，美国总统制是领袖民主制的范例，他呼吁德国也用全民选举的方式产生总理。[2]

---

〔1〕关于精英民主理论的梳理，参见聂露："精英民主理论的简单谱系"，载《中国社会科学院研究生院学报》2004年第2期；郎友兴："精英与民主——西方精英主义民主理论述评"，载《浙江学刊》2003年第6期。

〔2〕［德］马克思·韦伯：《伦理之业：马克思·韦伯的两篇哲学演讲》，王容芬译，广西师范大学出版社2008年版，参考"以政治为业"一文。

韦伯论述的现代社会困境，很有先见之明，因为科层制以去除价值观念为制度原理，而镶嵌在科层制中的个人也易被制度同化，失去对生活意义的理解和自由的目标。这种困境即便在现代的西方社会也可能是一种潜在的危机。但是，社会理性化和大众丧失意义和自由的矛盾，能被卡里斯马型领袖从根本上解决吗？怎么保障卡里斯马型领袖具有超凡脱俗的道德水平和奉献精神，轻者缩减政治空间，损害公民的自由；重者决策失误、滥权腐败、甚至将国家导向毁灭呢？

熊彼特延续了韦伯的领袖民主思想，并在批判古典民主理论的基础上，提出了竞争性精英民主理论。熊彼特认为，古典民主理论强调民主（democracy）是人民（demo）的统治（cracy）。如果人民想要统治，起码应该有作为统治者的"人民"，作为统治观念的"人民的意志"和作为统治服务目标的"公共福利"等基本要素。但是现实中存在这些要素吗？在熊彼特看来，这些要素是不存在或令人质疑的。如本讲开头所引述，熊彼特认为普通公民在政治领域中是政治上的"原始人"。他们盲目冲动而听任操纵，无法提供熊彼特所认为的统治所需要的统治者、统治意志和统治目标等基本要素。这种基本要素的缺失，造成了古典民主的困境。熊彼特认为，造成这一困境的根源正在于古典民主理论把民主看成了一种价值目标。

如果民主不是一种价值目标，那么是什么呢？熊彼特强调从经验中认识民主，也就是说，民主不是什么理想政体的目标或政治价值，而是现实中以民主的名义发生的现象、行为等的政治经验，经验上的民主是什么，它的概念就是什么。从这种经验的视角，熊彼特提出，"民主是一种政治方法……是为达到……政治决策而实行的某种形式的制度安排"。[1] 换言之，民主主要是一种政治事务的决策方法。他进一步地描述到，政党经营和政党广告的各种宣传，选举操控和政治交易的各种把戏，恰恰是政治的精义；政治精英们通过使用各种方式和手段，进行相互竞争，赢取公民的选票，使自己当选；人民的政治参与仅仅是投票，人民只有接受或拒绝未来的政治精英统治者的机会；政治精英当选后，政治将是政治精英的活动领域，人民无需也不必参与政治。简言之，政治民主是为了获得决策权而进行的选举竞争。

熊彼特在1942年发表的上述观点，既是他对当时政治经验的观察，也刻画

---

〔1〕〔美〕约瑟夫·熊彼特：《资本主义、社会主义与民主》，吴良健译，商务印书馆1999年版，第359页。

了二战后西方发达国家的主流民主实践，即自由主义民主（Liberal Democracy），又称代议制民主。[1] 经验主义大师达尔（Robert A. Dahl）曾经描述过西方发达国家的代议民主的经验内容，对这些内容进行分析可知，代议民主的理论基础是精英民主的观念。达尔对代议民主的概括主要有：①政策的制订存在两个阶段，先是公民投票选择代表，然后代表行使决策权。②投票行为之外的政治参与，由于空间和时间的限制，变得更受到限制。公民与政治领导之间的沟通不对称。③民族国家幅员辽阔人口众多，差异性大。④政治专业人士取代政治业余人员，从而展现出公开角逐民选公职的竞争。⑤政党在选举中动员公民参加选举，更在政府机关中动员公职人员制定和执行政策。从达尔对代议民主的经验描述上看，公民的民主行为是投票选择代表；政党则是选举动员和政策动员的工具；经过竞选担任公职的职业化政治精英行使公共事务的决策权。达尔描述的代议民主几乎是对熊彼特的精英民主观的落实。

熊彼特还把民主政治的过程和市场消费的过程相提并论，认为政治竞争如同经济市场的运作，投票者如同消费者，在政治企业家提供的政策产品中进行挑选，政党如同经济领域的协会那样协调竞争。他认为英国是上述民主的典型。[2] 不过，熊彼特的民主观仍然没有解决韦伯所面对的质疑：如何制约政治精英？假设把政治过程等同于消费过程，如果政治企业家提供假冒伪劣产品，牺牲公民消费者的利益，消费者不可能随时投票把政治企业家选下去，那么普通消费者怎么办？如果不赞同政治过程就等于市场过程，那么政治过程和市场过程有什么内在差别，政治过程应该具有怎样的性质呢？公民个体是政治上的"原始人"吗，或者说在时间轴的分布上一直是政治的"原始人"吗？政治决策总是由精英作出吗？这些疑问都是韦伯和熊彼特的精英民主理论无法提供圆满回答的。在实践中精英民主理论也遇到了各种各样的挑战。这些挑战从质疑精英民主的民主程度是否充分开始，探索民主政治的本质和经验，并提出了不同的深化民主的解决方案。

---

〔1〕　这里的讨论局限于二战后西方主流民主体制，认为精英民主与代议民主之间存在密切的关联。但在全世界的范围内，精英民主和代议民主的关系未必是对应的。精英民主也可能表现为多元民主等形式。代议民主如果仅仅是表面形式，其理论基础也不一定是精英民主理论。

〔2〕　［美］熊彼特：《资本主义、社会主义与民主》，吴良健译，商务印书馆1999年版，第21章。

二、多元民主理论：民主是多重少数人的统治

20 世纪 50 年代，达尔提出的多元民主（Pluralist Democracy）理论非常流行。达尔批评了精英民主理论，提出多元民主理论作为对前者的代替。他认为，代议制民主受制于规模和参与的矛盾定律，即公民人数越多，对决策的直接参与就越少，因此越有必要把权力委托给别人。这个矛盾给代议制民主带来了参与的困境：公民无法充分地参与和控制政治精英的决策过程，政治参与显得乏力。[1] 而如果没有社会意义上的公民参与，达尔非常怀疑带有精英民主色彩的宪政制约的效果，怀疑倡导宪政制约的麦迪逊式民主。达尔不相信仅仅凭借宪法制约，就能防止暴政的出现。在批判精英民主观念的同时，达尔提出了新的社会意义上的多元主义民主观。

事实上，达尔的多元民主观与精英民主观之间的关系远非那么针锋相对，而是有更为复杂的关联。首先，达尔从精英理论中继承了两个重要的方面。第一个是经验主义民主观。与熊彼特一样，达尔区分了理想民主和现实民主，认为城邦时代的民主观念是一种理想民主。但是达尔强调，他与主张特定民主理想的思想家不同，他研究的是现实民主，是民主制度的实际运行。他采取的经验主义研究视角，与熊彼特是一致的。第二个重要的方面是，达尔接受了熊彼特的一个基本的民主观点，即民主的核心是选举领导人。根据这个核心，达尔建构了多元民主理论的 7 项基本制度，这些制度都是围绕着选举过程展开的。它们包括：[2]

1. 宪法授权当选官员对政府的政策决定进行控制；

2. 被选官员要在经常的、公平进行的选举中接受挑选；在这样的选举中，强制是比较少见的；

3. 实际上所有的成年人都有权在官员的选举中投票选举；

4. 实际上所有的成年人都有权参加官职的竞选；

5. 公民有权就政治事务表示自己的看法，包括对官员、政府、制度、社会经济秩序和流行的意识形态加以批评，而不受严重惩罚的威胁；

6. 公民有权寻求任何其他的消息来源，而且这些消息来源同时存在并受到

---

〔1〕［美］罗伯特·达尔：《论民主》，李柏光、林猛译，商务印书馆 1999 年版，第 116～119 页，第 123 页。

〔2〕［美］罗伯特·A. 达尔：《多元主义民主的困境——自治与控制》，周军华译，吉林人民出版社 2006 年版，第 10 页。

法律保护；

7. 公民有权建立相对独立的社团或组织，包括独立的政党和利益集团。

虽然都围绕着选举这一核心，但是多元民主观与精英民主观相比，还是有三个重要的差别。多元民主强调选举是公平和自由的过程，但是精英民主并没有这样强调，反而是允许各种操纵选举的伎俩。多元民主主张被选举权的普遍性，允许公民有机会参与选举竞争，精英民主的观点则是认为政治是政治精英的领域，被选举权对政治精英来说才有意义。多元民主重视公民的知情权、言论自由和结社权等政治权利和自由，但是精英民主对此即便不是否定的，也基本上是忽略的，精英民主并不看重公民除了选举权之外的政治权利。因此总的来看，虽然两种理论都认为民主是关乎选举的制度安排，但是多元民主比精英民主更加关注公民的基本政治权利。这一点已经涉及公民的政治参与，下文中还会深入讨论。

同时，达尔也对精英民主理论提出了两个决定性的挑战。第一个挑战是，政治权力中心由精英转变为团体。在熊彼特的民主观中，作为个人的政治精英垄断了单一的政治权力中心，公民除了投票外，被放逐到政治空间之外。但是精英民主理论忽略了政治领袖和公民之间的中间地带。多元民主理论却看到，在这个广阔的中间地带，活跃着形形色色的团体。人们为什么组成团体，这些团体对选举或民主有什么影响，这些都是多元主义研究的核心问题。[1] 达尔对这个中间地带政治现象的描述是，这里存在着形形色色的团体，这些团体为了各自的特殊利益，彼此竞争，最终产生了从长远来看总体上对公民有利的公共政策。在团体竞争的过程中，精英占据的单一权力中心被肢解了，形成了以团体为核心的多个权力中心。由于任何一个团体相对全体公民而言都是一少部分人，即"少数人"，因此多个团体之间的竞争性政治就被达尔称之为"多重少数人的统治"，即多元主义政治，或多头政治（Polyarchy）。

这种多元主义政治是通过社会制约形成的民主政治，其中社会制约是最根本的权力制约途径，也是防止暴政的必要途径。与麦迪逊民主相比，达尔认为，麦迪逊民主所强调的政治领袖之间的宪法制约是缺乏效力的，因为它只是表面形式，真正发挥决定性作用的是社会制约。如果没有社会制约，仅仅靠宪法制约不会产生效果；如果有社会制约，宪法制约是否还有必要，同样值得怀疑。[2]

〔1〕 ［英］戴维·赫尔德：《民主的模式》，燕继荣等译，中央编译出版社1998年版，第254～257页。

〔2〕 ［美］罗伯特·达尔：《民主理论的前言》（扩展版），顾昕译，东方出版社2009年版，第18～19页。

随着现实经验的变化，到 20 世纪 80 年代，达尔分析了多元民主在现实中遇到的困境。他提出，社会政治、经济和文化等资源的结构性不均衡强化了政治上的不平等，扭曲了多元民主。团体中领袖与成员的关系更具有权威色彩，团体的数量在减少，团体之间的影响力差距在加大，公民美德为利己主义代替。在此前提下，政治不平等可能意味着多重少数人的统治蜕变为某些精英的竞争。达尔曾经提出经济民主作为解脱困境的方法，但他后来认为解决资源的结构性不均衡是一个很困难的问题，对此没有简单的答案。[1]

在 1982 年出版的《民主及其批评者》（*Democracy and its Critics*）一书中，达尔没有继续强调多元民主的困境。他虽然讨论了资源的相对平等是多头政体的条件，但更多地是强调第三次民主转型的重点是多头政体的进一步民主化。这本书提及的多头政体主要出现在既有的民主体制内和以前没有民主化的组织结构中。[2] 从这些论述看，达尔虽然用团体概念代替了精英概念，政治分析的层次发生了根本的变化，展示的政治图景也非常不同。但在政治不平等加剧的条件下，多元民主存在向精英民主转化的可能性。

达尔对精英民主理论的第二个挑战是，他重视公民的有效参与，为扩大公民政治参与的范围和途径提供了辩护。在建构多元民主的基本制度时，达尔就强调了公民的政治权利，例如，言论自由权、知情权和结社权。这些权利显然都是致力于保障公民的政治参与行为。达尔所讨论的多元主义民主，本身就是公民通过团体参与政治的过程。达尔也明确地提出，他赞同小规模的政治集会，提出具有代议性质的公民参与途径。[3] 从这些观念来看，达尔关于公民政治参与的范围和形式，远远大于精英民主所允许的公民参与。

但是，达尔并不是简单地支持公民的政治参与。他曾经提出，仅仅强调政治参与规模的提高，对民主体系的稳定可能有害。原因在于，在各种社会团体中，

---

〔1〕 〔美〕罗伯特·A. 达尔：《多元主义民主的困境——自治与控制》，周军华译，吉林人民出版社 2006 年版，第 95～121 页，第 151～164 页，第 181 页。

〔2〕 〔美〕罗伯特·A. 达尔：《民主及其批评者》，曹海军、佟德志译，吉林人民出版社 2006 年版，第 232～330 页。

〔3〕 达尔在提出"理想民主的标准"时，把"有效的参与"作为第一条，参见〔美〕罗伯特·达尔：《论民主》，李柏光、林猛译，商务印书馆 1999 年版，第 43 页；后来针对美国宪法不民主的表现，他提出通过热心公众（attentive public）和微型民众（minipopulus）的政治参与途径，减少专家决策的弊端，参见 Rober A. Dahl, *How democratic is the American constitution?* New Heaven：Yale University Press，2001，pp. 152～154.

社会经济地位低下的社会团体往往是政治生活中最不积极的，这些团体中很可能出现权威主义人格。如果政治参与规模不加区分地加以扩大，权威主义倾向的团体可能进入政治舞台，导致对民主政治规则的共识下降，从而虚弱多元政体。[1]由此可知，相比精英民主理论认为公民政治参与仅仅是投票，达尔扩展了对政治参与的肯定性辩护；但他认为公民政治参与应该是有效的政治参与，而不能盲目扩大参与规模。

根据达尔的理论，关于精英民主是否足够民主这个问题，多元民主理论的回答是，精英民主可能是无效的，实质上，民主并非精英的民主，而是多重少数人的统治；多元民主面临资源结构不均衡的难题，有蜕变为精英民主的可能，经济民主的补救措施不容易实现；但是无论如何，公民的有效政治参与应当增加。

三、参与民主理论：创造一个参与性社会

参与民主（Participatory Democracy）理论在更大程度上挑战了精英民主理论，并为一些新兴民主观念提供了理论基础。1960 年，阿诺德·考夫曼（Arnold Kaufman）首次提出"参与民主"的概念。在 60 年代美国新左派运动中，考夫曼是学生运动的精神导师之一。在他的影响下，新左派第一份宣言《休伦港宣言》批判了美国精英主义的权势政治，提出参与性民主这个学生运动的核心观念。考夫曼所说的参与民主，主要触及校园活动、学生运动、工作场所、社区管理以及社会政策领域，并没有讨论国家层次的政治参与问题。[2] 1970 年，英国政治学家卡罗尔·佩特曼（Carole Pateman）出版《参与和民主理论》（*Participatory and Democratic Theory*）一书，标志着参与民主理论正式出现。这本书出版后几乎每一两年就再版一次，迄今已经重印 20 余次，可见影响力之大。

佩特曼在书中首先批判了作为一种民主正统学说的精英民主理论。她的批判可以概括为三点：

---

〔1〕［美］罗伯特·达尔：《民主理论的前言》（扩展版），顾昕译，东方出版社 2009 年版，第三章附录。

〔2〕 Kaufman, Arnold S., "Human Nature and Participatory Democracy", in Carl J. Friedrich, ed., *Responsibility*：*NOMOS III*，NY：The Liberal Arts Press, l960, pp. 266～289, reprinted in William E. Connolly, ed., *The Bias of Pluralism*，NY：Atherton Press, l969. 阿诺德于 1960 年在上述文献中提出"参与民主（a democracy of participatory）"；1962 年美国密歇根大学学生运动发表了一篇著名的"休伦港宣言"，阐述"参与民主（participatory democracy）"的意义，批评美国的政治结构，阿诺德是该学生运动的主要顾问之一。

第一，精英民主理论在经验上的片面性。佩特曼指出，精英民主理论的重要文献，尤其是熊彼特的《资本主义、社会主义与民主》，实际上诞生于成熟的政治实证研究阶段之前。因为没有大量实证研究成果作为论据，所以熊彼特的精英民主理论并非扎实的经验研究之作。熊彼特虽然推崇对民主进行经验研究，但他的作品并非那么科学实证。另外，精英民主理论关注的经验是片面的，只是现实政治的一部分，而非全部。对于研究的目的，佩特曼也指出，熊彼特强调经验主义取向，显然忽略了理论还具有指导实践的规范功能。

第二，精英民主理论在规范上忽视了人民的参与。精英民主理论家通过描述现实，建构理论，事实上也引导了特定的民主理想和民主规范。那就是，精英"应该"统治，人民"应该"冷漠。精英民主理论抛弃了传统民主理论对人民参与的关注，也不重视民主体系具有促进个人政治品质发展的优点。"参与"这一观念在精英民主理论中地位低微，而且被视为危险。佩特曼分析，这种观点根源于两个理由。其一，20世纪初期工业社会规模巨大和极其复杂，出现官僚组织和科层管理，许多实证主义思维的政治学者怀疑不可能实行传统的民主参与。其二，20世纪对极权主义政治的警惕，导致对大众政治参与的怀疑。二战前德国希特勒是高票当选的元首，二战后一些极权政治也建立在大众广泛参与和支持的基础上，因此，"参与"和"极权主义"之间似乎存在着某种关联。这种似是而非的关联使一些精英民主理论家把大众参与视为政治上的洪水猛兽。佩特曼指出，精英理论对人民参与的不欢迎态度，实质是一种反民主的表现。

第三，精英民主理论在实践上加深了民众的政治冷漠。在"精英应该统治"的观念影响下，大多数公民在民主性格上趋于消极，政治兴趣弱化，减少参与公共事务。对此，精英民主理论家的解释是，大多数公民的政治冷漠有利于维护政治体系的稳定，或者，大多数人的政治参与不应该超过维持选举机制的最低水平[1]。政治冷漠并不是问题，如果公众积极参与反而可能导致极权主义。[2]

对于精英民主是否足够民主的问题，佩特曼的回答非常明确，那就是，精英民主不是充分的民主，应在国家层次的精英民主外，创造一个参与型社会，以补充前者。

在参与民主的理论基础方面，佩特曼没有纠缠于古希腊的城邦政治，而是从

---

〔1〕 ［英］卡罗尔·佩特曼：《参与和民主理论》，陈尧译，上海人民出版社2006年版，第二章。
〔2〕 ［英］卡罗尔·佩特曼：《参与和民主理论》，陈尧译，上海人民出版社2006年版，第一章。

近代以来的政治理论中挖掘理论资源。佩特曼认为，卢梭（Jean‐Jacques Rous-seau）、密尔（John Stuart Mill）和科尔（Cole, G. D. H. ）的政治思想或民主理论，分别从参与型社会的社会条件、如何参与和参与的功能这三个方面，对参与民主理论作出了贡献。表1概括了佩特曼从参与民主理论的角度分析三种理论而获得的理论资源。

表1 参与民主的理论基础[1]

	适用的社会	如何参与	功能
卢梭	经济上平等和独立，农民组成的小规模社会	进行决策	1. 确保私人利益和良好政府的方式； 2. 教育功能； 3. 提升个人自由； 4. 决策容易得到服从； 5. 增强个人的社会归属感
密尔	现代政治体系，早期工业化国家	普通公民参与讨论，决策由受过教育的人作出，强调地方层次的参与和工业领域的集体管理	1. 教育功能，也是好政府的标准； 2. 参与工业集体管理有利于提高效率
科尔	针对现代工业化社会	参与团体与管理。 1. 参与功能性团体； 2. 地方层次的参与； 3. 参与工业领域； 4. 保留政治代表，用功能性团体对其进行监督； 5. 建设基尔特社会主义	1. 自我表达和自我管理； 2. 真实的民主； 3. 教育功能

在参与的社会适用性上，卢梭、密尔和科尔的阐述有一个从规模有限到普遍适用的变化。卢梭认为公民参与适用于小规模的农业社会，因为个体在这样的社会中，享有的社会资源比较均衡，在公共事务上也能拥有独立和平等地位。密尔认为早期工业化国家也有参与的可能性。但是鉴于个体的社会地位和状况千差万

---

〔1〕 ［英］卡罗尔·佩特曼：《参与和民主理论》，陈尧译，上海人民出版社2006年版，第二章。

别，密尔提出了不同程度参与的参与观念。科尔分析的社会类型是现代工业化社会。他提出现代社会应当争取实现普遍的基尔特社会主义。对参与的社会适用的不同观点，可以理解为参与适合社会的不同发展阶段，也可以理解为参与适合不同的社会形态。这意味着，如果一个社会同时存在着不同的社会形态，那么参与可能有不同的适用方式。

在如何参与方面，三位思想家的侧重点有明显的差异。卢梭主张每个公民参与讨论和作出政治决策。公民应直接进行参与，不能代议，因为个体的政治意志是无法被代表的，也不需要有组织的团体，因为团体追求的是特殊利益，而不是公共利益。除了直接参与，公民有权作出决策。卢梭所论述的公民参与是平等、彻底和全面的。

密尔则强调有差别的参与。他主张，在民主政府中，受过教育的人进入各种政治职位，劳动阶级则参与讨论，提出建议、告诫和引导，但最终由精英作出决策。虽然密尔强调劳动阶级的参与讨论和精英作出决策两者不能互相代替，但是如果决策权掌握在精英手中，如何保障劳动阶级的参与权利，如何使劳动阶级有动力参与讨论，是需要解决的问题。

在参与的范围上，密尔的论述更为具体。其一，他强调参与地方层次的公共事务。密尔认为，"只有通过小范围地实践大众政府的活动，才能在更大规模上学会如何运作大众政府"。[1] 其二，参与工业领域的集体管理。密尔提出，工业组织中的合作形式将推动参加者的道德转变，工人更有劳动者的尊严，彼此更加合作和支持，也会提高效率。根据这样的趋势，密尔畅想未来的联合体是一种具有社会主义性质的集体劳动，"不是资本家作为主人，劳动者在管理中没有任何声音的联合体，而是劳动者根据平等条件建立起来的联合体，所有人共同拥有资本和使用资本，在他们挑选并可以罢免的管理者的领导下进行工作"。[2] 这是全体劳动者虽有分工的不同，但无地位的差别，彼此密切合作实现经济民主的图景。

科尔在建构基尔特社会主义时，强调公民参与所有的基尔特组织。如表1所示，他提出了5种参与途径。与密尔一样，科尔也认为地方性参与是个人学习民

---

〔1〕 ［英］卡罗尔·佩特曼：《参与和民主理论》，陈尧译，上海人民出版社2006年版，第29页。

〔2〕 John S. Mill, *Principles of Political Economy with some of their Applications to Social Philosophy*, ed. by William J. Ashley, London: Longmans, Green and Co. 1909, IV. 7. 21.

主参与的途径。工业领域的奴役反映着政治领域的奴役，所以为了摆脱奴役，就必须推进工业民主，实现实质性的经济平等，即机会和地位的平等。在工业领域的参与中，自愿服务的动机将取代利润动机，自我管理成为提高劳动效率的关键。与卢梭有点类似的是，科尔也批判代议制的虚伪性。但他并没有全盘否定代议制的功能，而是提出建立有特定功能的团体，专门监督代表的工作，促使代议制发挥出应有的功能。最主要的参与方式则是公民直接参与各种层次的基尔特团体，既参与横向的团体，也参与纵向的团体，既参与讨论，也参与决策。

在参与的社会适用性和参与内容上虽然不尽相同，但在参与的意义和功能方面，三位理论家看法类似。卢梭认为公民独立参与机制是维持公民平等和独立的必要途径，也是良好政府实现的方式。他的论证很有逻辑性。卢梭讲到，因为每个人都是平等和独立的，所以个人意志既不会受别人影响或强制，也无法影响或强制别人；又由于个人的公共选择只有在其他人都作出同样选择的情况下，才能实现；因此个人的公共选择恐怕只能超越狭隘的个人利益，而选择符合公共利益的决定。否则，如果个人选择只符合自身利益的决定，恐怕最终无法达成任何公共决策。在作出超越狭隘个人利益的决定时，个人使自身利益和公共利益相结合，因此是符合理性的自由行为，而以政府名义通过的上述决定，也是符合公共利益的决定，因此政府成为良好的政府。所以，只有个人独立平等地直接参与公共决策，才能实现个人自由和良好政府的目标。

密尔也认为参与能实现良好政府，但是阐述的理由与卢梭不同，他从参与型政府能促进社会精神进步的角度进行了思考。密尔提出好政府的标准有两个，一个是，通过现有的能力、道德、知识以及社会成员的积极活动，促进社会事务的良好管理，另一个是通过制度促进社会中精神进步的程度，包括在人们的知识、品德、实践活动或效率方面的进步。在这两条标准中，第二条尤其重要。而第二条所追求的积极的、具有公共精神的民主性格，只有在大众的、参与的政府中才能产生。基于这个良好政府的标准，密尔明确地反对仁慈专制主义。他承认，仁慈专制主义能够确保政府的"商业"活动完全得到实施，但是他质疑到，在那样的政体下会培养怎样的人，人们的思想和能力又能得到怎样的发展。实际上密尔认为商业的繁荣无法取代参与对人的性格的教育作用。社会事务的有序管理，也不能成为抑制人的精神和个性乃至压制自由的借口。相比参与型的政府，仁慈专制主义不是一种良好政府。

科尔也把参与和良好政府联系起来，他提出只有参与才能形成真实的民主。

如前所述，科尔认为代议制是一种虚假的民主，因为个人作为一个整体是无法被代表的，被代表的仅仅是某个容易辨认的功能方面，所以代议制对民主的作用非常有限。另外在现有的代议制下，选民无法真正地选择和控制代表，这就意味着代议制实际上否定了公民的参与权。[1]只有在直接参与各种基尔特组织的过程中，才有真实的民主，公民才能实现自我表达和自我教育，实现自我对环境的控制。

在重新诠释上述理论的基础上，佩特曼提出了自己的参与民主定义。那就是，参与民主是所有公民充分参与公共事务决策的民主。在决策的范围上，从政策议程的设定到政策的执行，都应该有公民的参与。在决策上，公民应有平等的决定权。另外佩特曼提出，全国层次上的代议制不是民主的充分条件，要实现所有人最大程度的参与，民主的社会化必须在其他领域、特别是工业领域中进行。

工业领域应该实行参与民主吗？参与民主是否会导致经济效率的降低呢？佩特曼专门讨论了工业民主的性质，分析了参与民主对工业和个人的影响。她首先限定，工业领域中的上下级关系是政治关系。工业领域的决策对普通人的生活有重大影响，是所有普通人交往领域中最富有政治性的领域，因此工业民主本身就是政治关系，并提供了国家政治之外最重要的参与领域。在工业民主中，佩特曼重点研究了参与行为对经济效率和劳动者心理的影响。她创造了三个概念来描述工厂中的参与现象。一个概念是部分参与，指工人只能参与讨论，不能参与决策的过程。另一个概念是充分参与，指工人和管理者共同讨论和共同决策的过程。这两种情况都是真实的参与，最后一个概念描述的是虚假的参与，指管理者操纵工人，使工人同意管理者的决策的过程。借助这些概念，佩特曼分析了美国不同行业的工人状况、工厂参与实验和南斯拉夫工业组织等不同的案例，最终得出结论，工厂的真实、充分的参与将带来劳动效率的提高和工人心理状况的改善。

佩特曼从多个方面阐述了参与民主的意义。她论述了参与民主的教育功能，尤其是心理方面的效能感、民主技能和程序的掌握。在心理方面，参与民主有助于培养非奴役的性格。个人的自治就是自我管理，自我管理要求个人对自己负责任，对自己充满信心，并且能有效地参与和控制生活环境。这也是民主性格的一部分。拥有了这样的民主性格，就有利于形成积极的、有知识的、对政府事务具有敏锐兴趣的公民。

---

[1] [英]卡罗尔·佩特曼：《参与和民主理论》，陈尧译，上海人民出版社2006年版，第二章。

在心理方面，参与民主也能培养政治效能感，即个人对处理各种事务尤其是政治事务的自信和成就感。不同形式的参与有不同的政治效能感。参与地方层次的政治效能感，能向上辐射到国家层面。组织成员的政治效能感比非组织成员高，在组织成员中，政治组织成员的政治效能感比非政治组织的政治效能感高。参与能培养政治效能感，不参与则意味着培养政治无效能感。[1] 参与民主的教育功能还体现在，公民只有在参与实践中，才能获得参与能力。参与活动具有累积性，个人参与越深入，就越具有参与能力，参与制度也才能持续下去。另外，参与民主通过补充代议制促进了优良的政治。佩特曼非常明确的提出，参与民主是对代议政制的补充，而非代替。她提出在参与性社会中，公民能更好地评价国会议员的行为和决策，能更好地作出全国性决策，而投票的意义也将因此发生改变。[2]

最后佩特曼强调，创造参与民主的根本途径在于创造参与性社会，即所有领域的政治体系通过参与过程得到民主化和社会化的社会。这些领域必须首先在国家层次以外，包括家庭、学校、工作的工业领域、地方政府的社会政策领域等等。在所有领域中，与日常生活最密切的领域应该是最初的参与领域。只有当个人有机会直接参与和自己生活相关的决策时，他才能真正控制自己日常生活的过程。学校是参与要求最强烈和参与最多的领域，工业领域或职业领域是最重要的参与领域。

佩特曼的参与民主理论产生了深远的影响，也引起了很多质疑。她的参与观念直接影响了当代社群主义、共和主义理论以及其他的民主观念，而这些观念成为挑战精英民主、对话自由主义的主力军。对参与民主的质疑主要集中在以下方面：其一，参与民主是否不现实，具有乌托邦的色彩。不仅在政治领域还在经济领域实现民主，这在很多人看来是不可能的。佩特曼虽然欣赏南斯拉夫的工人自治经验，但鉴于前南斯拉夫政权已经瓦解，似乎其工人自治的经验也不具有成功推广的意义。她使用的工厂实验的论据，大多是小型、零散的经验研究，无法证明其广泛的适用性，西方工业结构的主流仍然倾向于权威主义。另外，由于参与民主理论方兴未艾，参与民主的方式和效果还需要验证。其二，参与民主具有不彻底性。参与民主回避了一些基本问题，例如，工业领域的民主化是否应改变财

---

〔1〕 ［英］卡罗尔·佩特曼：《参与和民主理论》，陈尧译，上海人民出版社 2006 年版，第 48 页。
〔2〕 ［英］卡罗尔·佩特曼：《参与和民主理论》，陈尧译，上海人民出版社 2006 年版，第 103 页。

产所有权制度；如果参与民主无法代替代议制民主，那么在政治精英主导代议民主的前提下，普通个体是否还有足够的动力参与选举，他们社会领域的参与经验如何转化为改善代议民主的资源？其三，参与民主忽略了自由和民主之间的张力，存在着民主过度扩张导致自由毁灭的危险。战后的精英民主理论家一直怀有对参与的质疑，即参与可能带来暴政。参与民主所提出的广泛参与观念，实质上是民主进一步地政治化和社会化，是民主的深入发展。对这种观念的更激进的维护，表现在其后出现的强势民主观念，而对参与民主观念较为保守的回应，则是协商民主理论。

四、强势民主：民主就是参与过程本身

佩特曼的参与民主理论得到许多理论上的共鸣，巴伯（Benjamin Barber）的强势民主（Strong Democracy）观念就是一个典型。巴伯在《强民主——新时代的参与政治》（*Strong Democracy: Participatory Politics in a New Age*）中激烈地批评自由主义民主是弱势民主，提出建立所谓的"强势民主"。强势民主观比参与民主观更为激进，参与民主观认为参与民主是对代议民主的补充，但是强势民主观提出用强势民主代替代议民主。

巴伯首先从类型上区分美国的民主经验。他认为美国存在两种民主，一种是华盛顿民主，由政客组成，排斥普通公民；一种是邻里民主，由邻里、街区协会、家长教师联合会和公众行动团体组成，具有不大于城镇的地域，人们共同裁决公共事务。前者是弱势民主，因为其民主价值是谨慎的、暂时的、相对的、有条件的和弱势的，服务于个人主义，所以又叫自由主义民主；后者是强势民主，因为其民主价值是强势价值，处于重要、基础和不可代替的地位。

巴伯从理论基础上批评了弱势民主。他提出，自由主义民主赖以为基础的人性论、知识论和政治观，在本质上是自由主义的，而不是民主主义的。自由主义强调个人和个人利益，这种观念削弱了个人与个人利益所依赖的民主实践。巴伯的潜在论证前提是，个人自由依赖于民主实践，而民主实践依赖于民主文化而非个体主义。由于自由主义民主脱离了民主实践，因此将趋向于可能导致独裁人格的无政府主义、加速权力集中的现实主义和促使公民处于消极被动状态的小政府主义。巴伯甚至说，弱势民主是动物管理的政治，有极权主义的趋势。

弱势民主的替代选择，就是强势民主。巴伯提出，"参与模式中的强势民主是在缺乏独立理据的情况下，通过对正在进行中的、直接的自我立法的参与过程

以及对政治共同体的创造，将相互依赖的私人个体转化为自由公民，并且将部分的和私人的利益转化为公益，从而解决冲突"[1]。根据定义的描述，公民身份体现为参与和共同体两个方面，两者缺一不可。没有参与的共同体是集体主义，没有共同体的参与是盲目的进取或利益的交换。巴伯对比了权威型民主、司法型民主、多元主义民主、统合性民主与强势民主，把强势民主这一政治类型的特点概括为：参与型；以行动为价值；平民主义的制度偏好；公民态度是积极主动和中央集权化的；政府是中央集权化并积极有为的；没有伪装的意识形态。[2]

除了上述特点外，巴伯的强势民主与弱势民主非常不同的一点是，弱势民主关注结果，强势民主关注过程。而巴伯认为，政治既是目的也是手段，政治就是过程本身。政治就像旅行一样，行程与目的地同样重要。他借用奥克肖特（M. Oakeshott）的一个比喻来强调政治过程的重要性——政治就像水手"在无边无际的大海上，既没有港口，也没有庇护所，甚至没有下锚的地方，既没有起点，也没有预定的目的地，在那里只有漂浮在平坦的龙骨上的冒险精神"。[3]

巴伯对强势民主的途径、功能和意义进行了详细地阐述。由于强势民主重在参与的过程，因此巴伯用心良苦地设计了许多参与民主的具体方案，这成为他的一份独特的学术贡献。例如，他详细地论述了复兴公民身份的各种强势民主方案，包括12条参与途径。这些方案相比佩特曼的类似构想更加全面和具体，为参与民主提供了许多可资借鉴的方式方法。

巴伯还颇具新意地诠释了强势民主的功能和意义。例如，他提出讨论的9大功能，包括利益表达；劝说；议程设置；探索相互关系；形成亲密关系与感情；维持自主；见证与自我表达；重新表述与重新概念化以及体现在追求公共利益和创造积极公民过程中的共同体建构。[4] 这些概括清晰全面地揭示出与人协商讨论的意义，为协商民主理论的深入和实践提供了资源。巴伯高度评价强势民主的政治意义。他提出民主只有在强势民主的状态下才能存在，只有在有能力胜任和负责任的公民而不是伟大的领导者的状态中才能保存。有效的独裁政治要求伟大的领导者，而有效的民主则要求伟大的公民。公民并非与生俱来，而是在自由的

---

〔1〕 ［美］本杰明·巴伯：《强势民主》，彭斌、吴润洲译，吉林人民出版社2006年版，第160页。
〔2〕 ［美］本杰明·巴伯：《强势民主》，彭斌、吴润洲译，吉林人民出版社2006年版，第172页。
〔3〕 ［美］本杰明·巴伯：《强势民主》，彭斌、吴润洲译，吉林人民出版社2006年版，第148页。
〔4〕 ［美］本杰明·巴伯：《强势民主》，彭斌、吴润洲译，吉林人民出版社2006年版，第210~230、345页。

国家中实施公民教育和政治参与的结果，换言之，公民是强势民主的结果。[1]

相比佩特曼，巴伯的激进之处在于，他提出的强势民主不是对自由主义民主的补充，而是一种代替。因此关于精英民主是否足够民主的问题，巴伯的回答无疑是，当然不够！强势民主将代替精英民主，只有强势民主才是民主的生存之道。

五、协商民主：公共讨论是政治决策的方式

参与民主理论在 20 世纪后期的重要发展是协商民主（Ddeliberative Democracy）理论的兴起。1980 年，约瑟夫·毕塞特（Joseph M. Bessette）在《协商民主：共和政府的多数原则》（*Deliberative Democracy: the Majority Principle in Republican Government*）一文中首先使用了协商民主的概念，主张公民参与而反对精英主义的宪政解释。协商民主引起广泛关注则是在 20 世纪 90 年代后期。詹姆斯·博曼（James Bohman）和威廉·雷吉（William Rehg）是倡导协商民主理论的主要学者。罗尔斯（John Rawls）、吉登斯（Anthony Giddens）和哈贝马斯（Jürgen Habermas）都把自己看成协商民主论者。迄今西方社会对协商民主仍然有持续的研究。

协商民主理论也对精英民主理论提出了质疑。乔恩·埃尔斯特（Jon Elster）在"市场与论坛"一文中，对于精英民主理论认为政治等同于市场的假设，提出一个问题"什么使政治行为区别于经济行为"。他的结论是，政治应该被看成既包括市场也包括论坛的制度，因为政治在本质上是公共的，在目的上则是工具性的。协商政治要求公民超越市场的私利而诉诸论坛的公共利益，改善政治决策实现共同目的。[2] 精英民主理论把民主仅仅看作一个市场过程，忽略了民主的公共性。

关于协商民主的理论基础，德雷泽克（John S. Dryzek）提出，它有着自由主义和批判理论的双重基础。协商民主和自由主义的结合，是自由主义允许个人的偏好由于协商发生转变，而协商民主尊重个人的独立选择，并能够整合自由主义各原则之间的冲突。协商民主与批判理论也有重要的共同点。批判理论不仅批

---

〔1〕［美］本杰明·巴伯：《强势民主》，彭斌、吴润洲译，吉林人民出版社 2006 年版，"1990 年版序言"第 8 页。

〔2〕［美］乔恩·埃尔斯特："市场与论坛：政治理论的三种形态"，载［美］詹姆斯·博曼、威廉·雷吉主编：《协商民主：论理性与政治》，陈家刚等译，中央编译出版社 2006 年版，第 3~26 页。

判主流话语、意识形态和结构性经济力量融合在一起形成的超宪法的扭曲力量，而且关心公民认识和抵制这些力量的能力，鼓励通过参与民主政治完善公民的能力。通过参与来提高公民的政治能力，也是协商民主的核心。[1]

哈贝马斯通过综合自由主义和共和主义，提炼出作为程序性民主的协商民主。他首先比较了自由主义和共和主义在各个方面的特点。自由主义保障的是有消极自由观的公民，公民的主体权利通过法律得到确认，政治过程如同市场过程，国家仅仅是经济的守护者。共和主义与自由主义不同，它主张公民权是参与性权利，对公民自由平等地位的确认来自客观的法律秩序，政治过程不是市场过程，而是公民相互交往形成的独特结构，国家是道德的共同体。在比较两者的基础上，哈贝马斯提出用具有共和主义精神的协商过程和具有自由主义实质的决策程序，将上述两种观念结合起来，使政治的实践理性转化为话语原则和论证形式，使民主政治转化为话语政治。

这种转化后的话语政治又称协商民主或程序性民主。协商民主重视共和主义的观念，把政治意见和意志形成的过程当成政治核心过程，同时又接受自由主义推崇的个体权利和原则，用个人主义的程序作为民主程序制度化的保证。[2]哈贝马斯所探讨的话语政治，不仅涉及议会等官方的政治过程中的协商制度，还涉及公共领域中的其他交往活动的协商制度。他的协商民主观念是有特定内涵的政治过程，通过建构交往理性，哈贝马斯尝试用民主政治来平衡工具理性，解决资本主义发展的危机。

除了哈贝马斯独特的协商民主观念外，大多数协商民主论者普遍认为，协商民主是公共协商过程中自由平等公民通过对话、讨论、审视各种相关理由而赋予立法和决策合法性的一种治理形式。仅仅了解协商民主的基本定义，还不足以区分协商民主和其他民主形式，尤其是与协商民主非常近似的参与民主。为了区分两者，梅维·库克（Maeve Cooke）提出协商和非协商参与两个对立的词语。[3]实际上协商民主和参与民主是既有区别又有联系的两个概念。表面上看，协商民主是参与民主在政治领域内的政治过程；但两者其实也有一些基本的差异。下面

---

〔1〕　John S. Dryzek, *Deliberative Democracy and Beyond*：*Liberals*，*Critics*，*Contestations*，New York：Oxford University Press，2000，p. 3，10，20~21.

〔2〕　［德］哈贝马斯："民主的三个规范性模式"，载《中国社会科学季刊》，1994 年 8 月。

〔3〕　［爱尔兰］梅维·库克："协商民主的五个观点"，载陈家刚选编：《协商民主》，上海三联书店2004 年版，第 66 页，第 43~67 页。

把协商民主和参与民主的基本差异概括为三个方面：

1. 方式不同：参与民主不仅包括协商，还包括其他非协商的方式，例如，建立邻里委员会、互联网合作组织、示威集会等；协商民主则主要强调公共讨论和推理等协商方式。

2. 领域不同：参与民主更强调创造一个参与性社会，特别是在国家政治层次以外的家庭、学校、工业领域和地方层次；协商民主侧重于考察政治决策的过程。

3. 基础不同：参与民主更为强调经济平等；协商民主讨论的平等比较复杂，涉及机会平等、资源平等和能力平等。

协商民主是参与民主在政治领域的适用，在这个意义上，协商民主可谓是一种有局限的参与民主。正如詹姆斯·博曼和威廉·雷吉所说，协商民主通过强调公共讨论、推理和判断，调和了各种激进的包容性民众参与的观点。[1]

托马斯·克里斯蒂亚诺（Thomas Christiano）和梅维·库克重点讨论了协商民主的价值。克里斯蒂亚诺从三个方面进行了论述。从协商产生的结果上看，协商民主有工具价值。协商民主将产生三种结果：一是增强了法律和社会制度的正义；二是加深了法律的合法性；三是促使公民美德得以培养和发扬。从协商过程本身来看，协商民主具有内在的价值。协商过程体现了人们对待彼此的、应有的方式，即尊重和关怀，这本身是非常重要的，它独立于作为结果的公民美德。从协商被看作政治合法性的充分必要条件来看，有没有协商民主的过程，成为检验政治结果正当性的一种检验标准。[2]梅维·库克则提出，协商民主在体现知识、自我、美好生活的规范方面，也就是说在回答"我们是谁"方面，有独特的不可代替的价值。但是在教育功能、建设共同体、促进公平的民主结果和促进民主结果的实践理性等方面，协商民主的作用都不是完全独立和超越其他模式的。[3]

协商民主理论目前还处于讨论之中，针对协商民主的质疑主要来自协商民主论者内部。詹姆斯·博曼和威廉·雷吉提出，协商民主还需要具体地回答四个方

〔1〕［美］詹姆斯·博曼、威廉·雷吉主编：《协商民主：论理性与政治》，陈家刚等译，中央编译出版社 2006 年版，中文版序，第 1 页。

〔2〕［美］托马斯·克里斯蒂亚诺："公共协商的意义"，载［美］詹姆斯·博曼、威廉·雷吉主编：《协商民主：论理性与政治》，陈家刚等译，中央编译出版社 2006 年版，第 284~211 页。

〔3〕［美］梅维·库克："协商民主的五个观点"，载陈家刚选编：《协商民主》，上海三联书店 2004 年版，第 66 页，第 43~67 页。

面的问题。其一，必须说明协商决策的目标：这种目标是共识、某种更弱的合作或者是妥协。其二，必须解释协商的过程，包括公共讨论、正式制度和各种决策的方法。其三，必须诠释促进民主协商的特定条件，例如，在什么意义上，公民在协商中是自由和平等的？这种平等是机会的平等、能力的平等、还是资源的平等？自由和平等如何联系起来？其四，协商的条件还必须应用于当前的社会状态，包括日益增强的文化多元主义、社会经济差异和种族关系等。[1]

由上可知，关于"精英民主是否足够民主"的问题，协商民主的回答是：不够民主，政治需要以公共协商的方式来进行决策，以补充现有的民主制度。

六、结语：问题背后

二战后，精英民主理论成为主流，然后遇到多元民主、参与民主、强势民主和协商民主等民主理论的先后挑战。各种民主理论显现出"民主范式的复兴与超越"的景象，这不仅仅是话语本身的转变，其背后的决定性因素是社会结构类型的变迁。

精英民主之所以在古代社会萌芽，但却在现代社会兴起，二战后成为主流，与传统/现代工业化社会的结构性变化密切相关。关于传统/现代的两分，有圣西门（Saint - Simon）和斯宾赛（Herbert Spencer）的尚武社会/工业社会，滕尼斯（Firdinand Tönnies）的共同体社会/利益社会，涂尔干（Emile Durkheim）的机械团结/有机团结，齐美尔（Georg Simmel）的自然经济社会/货币经济社会，韦伯的巫魅化社会/祛魅化社会等二元解释模式。社会学通常认为，工业革命后到20世纪70年代左右是工业化社会时期，而工业化社会的一个普遍特征是脱离了终极价值，实行科层制管理，导致工具理性扩张，价值理性萎缩。这既是韦伯所谓的"专家没有灵魂，纵欲者没有心肝"[2]的原因，也是马尔库赛（Herbert Marcuse）所谓的"单向度的人"，阿伦特（Hannah Arendt）所谓的"孤独者"，哈贝马斯所谓的"系统对生活世界的殖民化"的原因。在公民比较典型地呈现出单向度、孤立、隔离、空虚的精神状态时，其政治人格也趋于萎缩、片面或扭曲。具有这样政治人格的公民与国家的关系，往往是抽象而隔膜的。民主政治自

---

〔1〕〔美〕詹姆斯·博曼、威廉·雷吉主编：《协商民主：论理性与政治》，陈家刚等译，中央编译出版社2006年版，"导言"第9页。

〔2〕〔德〕马克斯·韦伯：《新教伦理与资本主义精神》，于晓、陈维纲等译，生活读书·新知三联书店1987年版，第143页。

然成为精英把持的领域。

以参与民主为代表的各种新兴民主观念的提起，则与工业化社会向后工业化社会的转变有内在关联。20 世纪 70 年代左右，西方社会进入后工业化时期。社会变迁表现为工业经济向后工业经济转变，服务业代替机器化大生产成为主流产业，进入信息社会、消费社会和风险社会，市场的放任主义受到限制，国家负责提供基本保障和福利。这些根本转变意味着个性化的生产方式复兴，分散的、多元的生活风格出现；国家受到来自普通个体权利诉求的压力，在某种程度上对精英民主进行制约；公民有可能在更加平等开放的政治空间中，采取多中心的、自治的、参与的政治行为；信息社会则为个体提供了更便利迅捷的途径，使普通个体得到信息，发表意见，参与公共事务的讨论。这些社会转变使公民的政治性格更加成熟，有能力重返政治领域。在西方发达国家，后工业社会条件是促使参与民主等新兴民主观念兴起的基本前提，但也要看到，由于后工业社会是延续工业社会而来，工业社会的逻辑仍然发挥着重要作用，同时后工业社会的关系和建制还在随着信息社会的发展而变迁，因此在理论上也会出现内在继承性的、对话式的发展，具体表现为精英民主理论和参与民主理论等新兴民主理论彼此共存，各种理论的相互关系也会继续发生变化。[1]

【推荐文献】

1. ［美］约瑟夫·熊彼特：《资本主义、社会主义与民主》，吴良建译，商务印书馆 1999 年版。

2. ［美］罗伯特·达尔：《民主理论的前言》（扩充版），顾昕译，东方出版社 2009 年版。

3. ［英］卡罗尔·佩特曼：《参与和民主理论》，陈尧译，上海人民出版社 2006 年版。

4. ［美］本杰明·巴伯：《强势民主》，彭斌、吴润洲译，吉林人民出版社 2006 年版。

5. ［美］詹姆斯·博曼、威廉·雷吉主编：《协商民主：论理性与政治》，陈家刚等译，中央编译出版社 2006 年版。

---

〔1〕 聂露："精英民主是否足够民主?"，载《二十一世纪》2012 年 4 月。

【拓展阅读材料】

1. 民主的细节　　　　2. 什么叫精英　　　　3. 强势民主的方案

第二讲　追求公平的自由主义：
罗尔斯论正义 *

自由主义是西方现代的主流政治学说和意识形态。既然这种主义以"自由"为名，它最关心的当然是"自由"，它将自由视为人类的最基本和最重要的价值，树立起一套完整的道德规范和制度原则。公认的"自由主义之父"是英国著名思想家洛克（John Locke），他通过自然权利和社会契约理论阐发了自由主义的基本原则：权利优先于并决定了权力，权利通过法治来实现和保障，法治的主要目标是守法且有限的政府。[1] 历经三百多年，自由主义遭遇了重重的理论和现实挑战，其中最重要的一个指责便是自由主义"不公平"，或者至少是"不够公平"。有人指责自由主义在政治上以代议制民主为基本框架，内里暗自支持精英政治，抑制了每个人公平参与政治的机会；有人指责自由主义在伦理上谨守中立，使得多元格局中的弱势一方实际上处于被压制的地位；有人指责自由主义在经济上放任自由竞争，导致市场经济的马太效应日趋严重，贫富分化日益明显……公平是人类的重要价值，自由主义一直勇敢地面对自由与公平之间的矛盾，三百年来，"如何让自由主义变得更公平"一直是许多思想家殚精竭虑的大问题。1971 年，罗尔斯（John Rawls）出版了《正义论》（*A Theory of Justice*），试图系统性地解决自由主义自诞生以来所面对的公平问题。围绕着这部著作展开的争论，将自由与公平之间关系的理论探索全面推向了新的高度，成为数十年占据英美政治哲学和道德哲学的核心议题，自由主义也在其中获得了当代的新形态。

一、罗尔斯其人其书

罗尔斯 1921 年 2 月 21 日出生于美国马里兰州的巴尔的摩（Baltimore），2002 年 11 月 24 日去世，享年 81 岁，他在去世前不久还出版了《作为公平的正义》

---

* 作者：李筠，中国政法大学政治与公共管理学院政治学系副教授，研究范围涉及西方政治文化传统和政治现代化、西方政治思想、国家建构理论等。

〔1〕 ［英］洛克：《政府论（下篇）——论政府的真正起源、范围和目的》，叶启芳、瞿菊农译，商务印书馆 1996 年版，第 84~90 页。

（*Justice As Fairness*）一书。罗尔斯宏大学术计划的起点正是 1958 年发表的《作为公平的正义》这篇论文。

罗尔斯 1943 年在普林斯顿大学毕业，二战时参军入伍，他拒绝升官，退伍后继续求学。1950 年罗尔斯在普林斯顿大学获得了博士学位，随后开始了他的教师生涯。他先后执教于普林斯顿大学、康奈尔大学、麻省理工学院、哈佛大学，后来还担任了哈佛大学哲学系系主任。罗尔斯的一辈子可谓地地道道的学问人生。

自 1958 年发表《作为公平的正义》开始后，罗尔斯又陆续发表了《宪法的自由和正义观念》（1963 年）、《正义感》（1963 年）、《非暴力反抗的辩护》（1966 年）、《分配的正义》（1967 年）、《分配的正义：一些补偿》（1968 年）。从这些论文来看，罗尔斯很早就立志建立一整套"追求公平的自由主义"，《正义论》三易其稿，最后在斯坦福大学高级研究中心"闭关"完成，于 1971 年出版。[1]

《正义论》一经出版，可谓掀起了学术界的滔天巨浪。由于《正义论》首版封皮为绿色，学子们称其为"绿魔书"。政治哲学和道德哲学是《正义论》引发激烈、广泛、持续讨论的主战场。围绕着《正义论》产生的英语学术专著超过 5000 部，论文更是难以计数，有人戏称美国学术界形成了一个"罗尔斯产业"，许许多多人凭借批评和支持罗尔斯而发表论文、著作，进而谋求教职、晋升职称。还有许许多多人从事与之相关的著作、期刊的编辑、出版、发行等工作，这些人已经构成了一个完整的"生意圈"。

许多学者因为批评《正义论》而成为"一代宗师"。比如，罗尔斯的哈佛同事诺齐克（Robert Nozick）受《正义论》启发并专门对其展开批评的《无政府、国家和乌托邦》一书，为他赢得了一流政治哲学家和自由至上主义旗手的声誉；[2] 因《公正》公开课成为世界级学术明星的桑德尔（Michael Sandel），其成名作《自由主义和正义的局限》就是批评罗尔斯的专著，他因此书成了社群主义的领军人物；[3] 社群主义的哲学家们，如麦金太尔（Alasdair Chalmers MacIntyre）、查尔

---

〔1〕 ［美］约翰·罗尔斯：《正义论》，何怀宏、何包钢、廖申白译，中国社会科学出版社 1988 年版，译者前言第 1 页。

〔2〕 ［美］罗伯特·诺齐克：《无政府、国家与乌托邦》，何怀宏等译，中国社会科学出版社 1991 年版。

〔3〕 ［美］迈克尔·J. 桑德尔：《自由主义与正义的局限》，万俊人等译，译林出版社 2001 年版。

斯·泰勒（Charles Taylor）、沃尔泽（Michael Walzer）均有重要的专著批评《正义论》，[1] 由此形成了西方哲学界长达二十年的"自由主义与社群主义之争"，这场争论堪称 20 世纪最为壮丽的学术景观之一。自由主义阵营的哲学家们也通过各种方式力挺罗尔斯，毕生反对"社会正义"观念的哈耶克（F. A. Hayek）在其大部头名著《法律、立法与自由》当中，多次将毕生论证"社会正义"观念的罗尔斯引为同道，说他们其实并无实质分歧；[2] 20 世纪另外一位伟大的自由哲学家哈贝马斯（Jürgen Habermas）可谓是罗尔斯最深刻的知音。[3] 除了政治哲学和道德哲学领域之外，罗尔斯的《正义论》对法学、社会学、经济学，乃至神学都产生了巨大的影响。正是在《正义论》这种广泛、深刻、持续的影响力之下，美国人惊呼"政治哲学复兴了"！

《正义论》出版之后，面对潮水一般的批评，罗尔斯居然稳如泰山地沉默了二十多年！直到 1993 年，他出版了《政治自由主义》一书，用一个修缮后的政治哲学系统来回应二十多年来的批评。[4] 结果，它又激起了一股学术热潮，这次不再是以社群主义为主力的围剿，而是罗尔斯支持者们的分裂！一方认为《政治自由主义》是对《正义论》的升华，"重叠共识"理论将"正义两原则"推向深入；另一方则认为《政治自由主义》是对《正义论》的削弱，极端者甚至认为是背叛，他们指责罗尔斯放弃了整全学说而只顾政治理论的周全，局部即使再成功，整体上也是失败的。自由主义内部因此酿成了严重的分化，至今余波未平，由此产生了更为多元化的自由主义理论，其中罗尔斯亲传弟子涛慕思·博格（Thomas Pogge）和约书亚·科恩（Joshua Cohen）都已自成一家。

自由主义到底应该是只关注政治制度的基本原则，比如权利优先于并决定了权力、法治、有限政府，还是将诸多先贤阐发过的与自由主义密切相关的哲学、道德哲学、心理学、经济学、法学、社会学，乃至神学等诸多学科整合为一个整

---

[1] ［美］A. 麦金太尔：《追寻美德——伦理理论研究》，宋继杰译，译林出版社 2003 年版；Charles Taylor, *The Ethics of Authenticity*, Cambridge: Harvard University Press, 1991；［美］迈克尔·沃尔泽：《正义诸领域——为多元主义与平等一辩》，褚松燕译，译林出版社 2002 年版。

[2] ［英］弗里德利希·冯·哈耶克：《法律、立法与自由》（第二、三卷），邓正来、张守东、李静冰译，中国大百科全书出版社 2000 年版，第 169 页。参见周濂："哈耶克与罗尔斯论社会正义"，载《哲学研究》2014 年第 10 期。

[3] ［德］哈贝马斯：《在事实与规范之间——关于法律和民主法治国的商谈理论》，童世骏译，生活·读书·新知三联书店 2003 年版。

[4] ［美］约翰·罗尔斯：《政治自由主义》，万俊人译，译林出版社 2000 年版。

全学说。从理论的进展和自由主义的前途来看，后者恐怕是更好的选择。自由主义的政治原则已经广为实践并取得了高度的认可，当今的西方理论家们尽管批评自由民主制度有这样那样的缺陷，但他们之中的绝大多数都承认，自由民主制度是一切更加美好的未来赖以存在的前提。不过，自由主义如果要捍卫自己的政治原则，就不能停留在强调这些原则的实践必要性，而必须在新的时代条件下不断地赋予它们理论正当性。否则，自由主义将丧失说服力、吸引力和感召力，它的政治原则也将沦为教条，很容易就遭到轻视乃至蔑视。在这个意义上，从《正义论》到《政治自由主义》的变化，反映了作为自由主义当代首席哲学家的罗尔斯所作出的艰难选择，这一选择并非自由主义向前发展的唯一可能性，而是将更加丰富的可能性揭示了出来。

罗尔斯对追求公平的自由主义不仅仅有重大的理论创见，还通过自己擅长的方式参与到社会政治活动当中，声援平权运动和女权运动，是当时非常重要的公共知识分子。限于篇幅，本讲主要讨论罗尔斯的《正义论》，为进一步学习《政治自由主义》和当代自由主义的发展提供基本的线索。

二、《正义论》的核心观点和问题意识

《正义论》的核心观点在全书中出现得非常早：英文版正文共 587 页，核心观点出现在第 60 页；中译本正文共 575 页，核心观点出现在第 56 页。"正义两原则"首次阐述如下：[1]

第一个原则：每个人对与其他人所拥有的最广泛的基本自由体系相容的类似自由体系都应有一种平等的权利。

第二个原则：社会的和经济的不平等应该这样安排，使它们：①被合理地期望适合于每一个人的利益；并且②依系于地位和职务向所有人开放。

随后罗尔斯马上申明，正义两原则内部必须遵循字典式排列的优先规则，具体的设定是第一原则优先于第二原则，第二原则中的②优先于①。[2]我们通常将第一原则简称为"基本权利和自由平等原则"，将第二原则的①简称为"差别原则"，②简称为"机会均等原则"。于是，罗尔斯的核心观点可以被简化表述为，

---

〔1〕　John Rawls, *A Theory of Justice*, Cambridge: The Belknap Press of Harvard University, 1971, p. 60. ［美］约翰·罗尔斯：《正义论》，何怀宏、何包钢、廖申白译，中国社会科学出版社 1988 年版，第 56 页。

〔2〕　［美］约翰·罗尔斯：《正义论》，何怀宏、何包钢、廖申白译，中国社会科学出版社 1988 年版，第 57 页。

基本自由和权利平等原则优先于机会均等原则，优先于差别原则。

如果只是想了解罗尔斯的核心观点，读《正义论》的头十分之一就看到了！美国人写书总是把最重要的观点写在前面，不像中国人写书，铺垫、铺垫、再铺垫，到最后终于柳暗花明，让读者拨云见日，如释重负。但我们光看"正义两原则"，第一个天大的疑问就出现了：基本自由和权利平等、机会均等、差别原则不都是老生常谈吗？罗尔斯说了这么简单的东西就成了战后最伟大的哲学家了？就掀起了讨论的热潮，数十年不衰？五千专著、无数论文、多少"宗师"就围绕着这么简单的东西出现了？冷静细想，罗尔斯葫芦里卖的药肯定没那么简单！

看罗尔斯的文字，能够相对容易地明白"基本自由和权利平等原则"和"机会均等原则"的大致意思，但"差别原则"到底是在讲什么？没错，这正是罗尔斯"正义两原则"的"薄弱环节"——在对罗尔斯的专业批评当中，"差别原则"是重中之重。罗尔斯对"差别原则"的解释是：不平等的社会安排"只有在这种期望的差别有利于较差状况的代表人时才是可辩护的"。[1] 罗尔斯在全书中多次从不同的角度表述"正义两原则"，其中最后一次对"差别原则"的表述是：不平等的社会经济安排"在与正义的保存原则一致的情况下，适合于最少受惠者的最大利益"。[2] 如此看来，我们可以把"差别原则"理解为"优先照顾弱势者原则"。社会制度安排必须实现人人平等，如果不平等无法避免，社会制度就要把这种无可避免的不平等安排得对弱势者有利。用大家熟悉的木桶短板理论来讲，扎成木桶的板子最好一样长，如果确实不可能凑齐那么多一样长的板子，木桶的容量就是由最短的那块板子决定的，如果想让木桶装的水多一点，重要的是去弥补短板，而不是把长板继续加长。

另外一个上面提到的术语也需要加以解释："字典式排列。"在字典当中，Az 排在 Ba 前面，第一字母决定了二者的前后顺序，然后才是第二字母，以此类推。罗尔斯用这种规则确立了正义两原则内部的结构性关系：基本权利和自由平等是第一位的，无论多么有利于实现机会均等和差别原则的制度或措施，一旦破坏了基本权利和自由的平等，都是不可取的；机会均等优先于差别原则，破坏了机会均等去照顾弱势者是不可取的；照顾弱势者当然更不能去破坏基本权利和自

〔1〕 [美]约翰·罗尔斯：《正义论》，何怀宏、何包钢、廖申白译，中国社会科学出版社1988年版，第74页。

〔2〕 [美]约翰·罗尔斯：《正义论》，何怀宏、何包钢、廖申白译，中国社会科学出版社1988年版，第292页。

由的平等。原则之间的这种绝对的先后顺序是罗尔斯的重要发明，后面会见识到它其实"暗藏杀机"。

既然正义两原则可以说成基本权利和自由平等、机会均等和优先照顾弱势者，罗尔斯为什么总是要把话说得那么绕、那么复杂呢？他为什么就不能用简单明晰、通俗易懂的话来讲他的道理呢？罗尔斯的语言风格几乎让没有经过一定训练的初学者望而却步，不用说从句套从句的英文表述，单是中文译本也很难理解。面对书中云山雾罩的长篇大论，大多数人都觉得不知所云，好像每个汉字都认识，但它们连在一起却不知道到底是什么意思。晦涩的语言让人们心里自然生出第二个天大的疑问：罗尔斯究竟想干什么？其实罗尔斯在"序言"一开头就交代了全书的目的：他要用改良过的、更抽象的洛克、卢梭、康德的社会契约论论证方式，来提出一套关乎社会基本结构正义标准的基本规则，并取代占据主流地位的功利主义。[1]

至此，我们看到了罗尔斯《正义论》的勃勃野心，他是要挑战西方有史以来的所有正义论模式，证明它们都没有正义两原则合理，他要做"千古第一"。罗尔斯把既有的正义论模式归结为四种（也就是他的四个对手）：功利主义、绝对主义、直觉主义和利己主义。

功利主义的原则是"最大多数人的最大幸福"，它由边沁（Jeremy Bentham）提出、密尔（John Stuart Mill）加以完善。功利主义与中国人日常使用的"功利"这个词其实恰恰相距万里，它是说无论个人还是国家作出一个行为的正当道德标准是"最大多数人的最大幸福"，至于行为者本人是否在这个"最大多数"的范围之内，并不重要，即便他不在这个范围之内，他依据"最大多数人的最大幸福"行事才是道德正当的。显然，功利主义充满了"大家"优先于自我的利他主义精神，它恰恰和"什么事情都以我自己的利弊得失"为标准的利己主义相对。

功利主义和利己主义都以"功利"为标准，不过前者是以"大家"的功利为标准，后者只是以自我的功利为标准。绝对主义正义论的代表是康德，道德标准就是绝对律令，无论如何都不能违反，"不可杀人"是道德律令，那么，任何情况下都不能杀人。

直觉主义并不需要杰出的理论代表，因为它时时刻刻出现在我们的生活当

---

〔1〕　[美]约翰·罗尔斯：《正义论》，何怀宏、何包钢、廖申白译，中国社会科学出版社 1988 年版，第 1～2 页。

中，它诉诸我们几近天性的道德良心。当我们对一件事情的善恶作出判断之时，很可能既不知道功利主义、绝对主义或者别的什么主义，甚至也没有念过《论语》或《圣经》，我们就用直觉作出了判断，而且我们的判断也不会完全都是利己主义的。不知道各种主义，没读过圣贤诗书，并不妨碍我们每个人拥有道德良心，在无数的生活事件中作出自己的道德选择。道德直觉几乎是天生的"良能"，无论它与生物基因有关也好，还是出于后天的文化熏陶，总之，一个正常人完全拥有这种道德能力。

当我们了解了罗尔斯的勃勃野心之后，第三个天大的问题随之而来：要证明正义两原则比功利主义、绝对主义、直觉主义和利己主义更合理，应该怎么办？如何才能证明?！这几乎是一个大得让人根本无从谈起的问题。在这个时候，就可以理解罗尔斯为什么使用极端晦涩的语言了。他的计划是挑战既存的所有正义论模式，指出西方有史以来的大哲学家的论述和百姓日常的道德良心中蕴含的不足。换言之，他几乎进入了一个"与一切人为论敌"的超级战争状态：他的晦涩语言是自我防卫的盾牌和甲胄。

也因此，他的晦涩语言（和烦琐论证结构）不是针对不需要主义和诗书的普通人，甚至也不是针对那些对道德问题感兴趣的人，而是针对西方有史以来最伟大的哲学家们，罗尔斯必须在所有先贤面前做到滴水不漏。《正义论》的知识容量极其可观，当罗尔斯在针对柏拉图、亚里士多德、斯多葛、伊壁鸠鲁、霍布斯、洛克、卢梭、休谟、斯密、康德、黑格尔、边沁、密尔、西季威克发言的时候，人们并不了解他们，也就很难理解罗尔斯和他们之间发生了什么。绝大多数学术著作尽管形式上都不是对话体，但都不是"独白"，而是"对白"，只有去读更多与之相关的著作，尽力把整个"隐秘的对话"复原，让它们形成一个相互支援的网络，才能够更准确地把握作者的观点。

由此看来，光了解《正义论》的核心观点是远远不够的，它只是万里长征的第一步，更重要的、更精彩的是罗尔斯的论证过程。在这样一个"独自挑战全世界"的竞赛当中，罗尔斯不仅展示了西方有史以来的政治哲学和道德哲学的精要，而且展示出异彩纷呈的论证和思维方法。这些方法之精要、之有益，以致竞赛的结果（罗尔斯到底成功击败四大对手没有）已经变得没那么重要了。现在暂时抛开晦涩语言带来的沮丧，去看看罗尔斯到底用什么方法证明"正义两原则"比功利主义、绝对主义、直觉主义和利己主义更合理。

三、《正义论》的论证

既然是超级竞赛，比赛规则就异常重要，罗尔斯所公布的比赛规则集中反映了他在论证和思维方法上的巨大创新。罗尔斯在《正义论》里面讲过一个"分蛋糕"的小故事，已经成为"如何巧妙制定规则"的经典：如何才能把蛋糕分得人人平等？罗尔斯给出的方案是：切蛋糕的人最后一个拿。[1] 就这样一条简明的规则，就能够实现基本的目的。这个方案的优势在于它够简明，它不必去附加人性论的考虑，不必去附加道德原则的证明，不必去附加行动选择的分析。切蛋糕的人如若因为想拿到大块而切出了大块，这个大块只会被别人先拿走了，他肯定得不到，所以，他能够实现自己利益最大化的唯一方式就是尽量把蛋糕切得平均，这样他就能通过不吃亏的方式来保证自己的利益。这个小故事已经广为流传，成为程序正义的经典例证。由此也可以体会到，优秀的规则对说明问题和解决问题具有四两拨千斤的巨大威力。

（一）资格审查

第一步，要明确的是正义两原则和功利主义、绝对主义、直觉主义、利己主义展开竞赛，针对的目标是什么？罗尔斯的意图并不是用正义两原则在所有领域取代四种主义，而只是想证明什么才是"社会基本结构"的正义原则这个对于人类社会最基础又最重大的问题上，正义两原则比四种主义更为合理。简言之，竞赛是关于谁最有资格成为决定一个社会中"什么是正义的"这个问题的标准，而不是让它成为评判所有问题的标准。[2]

让我们先用罗尔斯提到的基本合格标准来检验一下四大主义，它们分别是一般性、普遍性、公开性、有序性、终局性。也就是说，要成为一个社会的正义标准，首先得满足这五个标准才算合格。一般性指的是标准针对的是不特定的无数事情，而不是具体事情的标准。比如，"不能杀人"是指不能杀任何人，而不是不能杀张三。普遍性指的是标准对整个社会而不是它的局部有效力。公开性是指标准是为每个社会成员所知晓的。有序性指的是标准不是一条而是多条的时候，

---

〔1〕　［美］约翰·罗尔斯：《正义论》，何怀宏、何包钢、廖申白译，中国社会科学出版社1988年版，第81页。

〔2〕　［美］约翰·罗尔斯：《正义论》，何怀宏、何包钢、廖申白译，中国社会科学出版社1988年版，第9页。

必须能够清楚地说明哪条更加优先，否则标准就会陷入相互矛盾的状态，从而在整体上失效。终局性指的是标准必须是判定何为正义的最终标准，在它之上，不能再有别的标准，否则在它之上的那条标准才是真正的正义标准。[1]

这五条合格标准，我们会看到，只有功利主义完全满足，其他三种主义都有重大缺陷，因此，只有功利主义进入下一轮，成为与正义两原则进行最终决战的对手。我们先解释绝对主义、直觉主义、利己主义的缺点：

绝对主义满足一般性、普遍性、公开性和终局性，绝对律令是一般规则，完全公开（自然法铭刻在每个人心中），具有普遍而终局的效力，但它的刚性过强，无法满足有序性。绝对律令都是不容妥协的，它们之间产生冲突的时候怎么办？它没有办法在许多绝对律令之间给出谁更优先的规则，也就非常容易让人暴露在规则的冲突之下无所适从。

直觉主义几乎无法满足任何一条标准，它很难将一般标准和具体事情的标准区分开；每个人的直觉又都不同，任何一个人的道德直觉都不可能也不应该成为整个社会的普遍标准；它很难公开，因为直觉本身就是说不清楚的事情；它也没有排序，标准始终天然地混在一起，难以条理分明；它也不具有终局性，此时的直觉判断很容易被彼时的直觉判断所取代，也无法知道或者根本不必知道改变判断的理由是什么。

利己主义无法满足一般性、普遍性、公开性，倒是可以满足有序性和终局性，它永远以自我为中心展开计算，所以无法得出一般标准，永远只是对自己有利或有害的具体标准；每个人的利益不同，所以，任何一个人的利害标准都不可能也不应该成为社会的普遍标准；每个人的利害标准通常是自己心里的小算盘，不能示人，在敌明我暗的情况下才能最好地实现自我利益最大化；不过它只有自我利害这么一个标准，所以无需排序自然就明确有序，而且，自我利害至上使得它具有明确的终局性。

功利主义满足五条标准，"最大多数人的最大幸福"是一般标准，不是针对具体问题；它对全社会都适用；它完全公开；只有"功利"一条标准，所以有序；最后，"功利"就是最终标准，它的头上没有更高的标准。

通过上述简单的资格筛查，我们可以基本作出判断：绝对主义因为自身的刚

---

〔1〕［美］约翰·罗尔斯：《正义论》，何怀宏、何包钢、廖申白译，中国社会科学出版社1988年版，第125~130页。

性特点而难以对许多道德标准作出排序，对标准之间的冲突无能为力，所以它无法承担为一个社会决定"什么是正义"的重担；直觉主义则太过个人化，没有办法变成一整套明确的公共标准，所以也不行；利己主义则是一种反社会的标准，以它为标准实际上根本无法展开社会合作，更不用说让它来决定"什么是正义"。在此需要再次声明的是，资格筛查只是证明没有过关的主义不能承担决定一个社会中"什么是正义"的重任，而没有完全否认它们的合理性和有效性，它们在社会生活中同样会起作用，在很多地方甚至发挥着很重要的作用，即便令人不快的利己主义，同样也有其存在的合理性。

（二）原初状态和无知之幕

第二步，"社会基本结构的正义"这个竞赛的锦标的内涵究竟有哪些内容，罗尔斯如何将"正义两原则"和功利主义的最终对决放置到"原初状态"和"无知之幕"下来作出最终的评判。各种主义标准的比较不是漫无目的的，它针对的是"社会基本结构的正义"，"这些原则是那些想促进他们的利益的自由和有理性的人们将在平等的最初状态中接受的，以此来确定他们联合的基本条件。"[1]简言之，人们在平等状态下到底会选择什么样的"初始契约"，这个初始契约将会成为这个社会的基本规则，其他一切规则都以它为原则制定和执行。后续的这些规则中，首要的是宪法，根据初始契约来确立政府的形式，尤其是立法机构；而后立法机构根据原始契约（宪法精神）和宪法规则展开立法；而后司法机构和行政机构执行宪法和法律。这个契约结成的最终选择可以被视为一个社会的根本原则和这个国家的立国之本。

大家已经看到了，罗尔斯选择了近代以来最为著名的自由主义论证模式"社会契约论"作为最终较量的游戏规则。这是罗尔斯对自由主义政治哲学的巨大贡献：虽然社会契约论在近代经过霍布斯、格劳秀斯、普芬道夫、洛克、卢梭和康德等一系列伟大哲学家的阐发，革命性地摧毁了以君权神授为核心的传统政治正义论模式，进而成为主流的正义论论证模式，但是，它首先遭到了休谟"事实与价值二分法"的严肃挑战，而后又遭到了资本主义、工业革命迅猛发展带来的社会经济挑战，最终，它被边沁和密尔的功利主义取代，失去了首席论证模式的地位。罗尔斯试图恢复社会契约论的论证效力，但时过境迁，必须对它加以改造、

---

〔1〕　［美］约翰·罗尔斯：《正义论》，何怀宏、何包钢、廖申白译，中国社会科学出版社1988年版，第9页。

升级、换代才能够在新的时代条件和学术环境中重新焕发光彩。因此，罗尔斯的正义论又被称为"新社会契约论"。

罗尔斯的新社会契约论确实有许多重大创新之处，其中最明显的是"原初状态"和"无知之幕"两个巧妙的设计。它们是罗尔斯设计的人们对正义两原则和功利主义作出选择的基本条件，当然，也可以适用于绝对主义、直觉主义、利己主义。用社会契约论的传统术语来说，它们相当于罗尔斯的"自然状态"学说。与传统社会契约论一样，它们之中蕴含着对人性和人的基本状态的假定。社会契约论就是一种证明"什么样的人会选择什么样的基本社会规则"的理论。

与霍布斯、洛克等先贤对自然状态的态度一样，罗尔斯并不认为原初状态是实际存在的："原初状态当然不可以看作一种实际的历史状态，也并非文明之初的那种真实的原始状况，它应被理解为一种用来达到某种确定的正义观的纯粹假设状态。"[1]它是一个高级的思维游戏，即我们每个人凭自己的良心和理性（而不是通过历史调查证明我们的先人在他们的时代）作出对"什么是正义"的基本选择。那么，我们每个人所拥有的良心和理性是什么样的呢？人与人之间存在着差异，哲学家们对此也看法不一：霍布斯就认为，人自然就被虚荣和恐惧（暴死）的激情所驱动，理性是达成激情目的的手段，所以自然状态是一切人反对一切人的战争状态，社会契约论的选择就是通过制造强大的利维坦（国家）来克服自然状态；[2]洛克则认为，人自然是自利的，但也是心中有自然法的，人通过劳动获取财产，自然状态是田园牧歌的生活，但由于没有裁判者，所以发生纠纷难以解决，为了克服自然状态的这一小小不便，人们通过社会契约建立一个政治社会，而后把有限的权力信托给一个守法有度的政府。[3]哲学家假定了什么样的自然状态，就假定了什么样的人性和人的基本状态，就会推出相应的社会契约内容作为社会和国家的根本原则。

罗尔斯的原初状态大致可以从客观条件和主观条件两个方面来加以规定。在客观方面，罗尔斯假定了两点：一是人的身体和精神能力大致相似，处于一种"自然平等"的状态，或者可以解说成"无论如何，他们的能力是可比的，没有一

---

〔1〕 [美]约翰·罗尔斯：《正义论》，何怀宏、何包钢、廖申白译，中国社会科学出版社1988年版，第10页。

〔2〕 [英]霍布斯：《利维坦》，黎思复、黎延弼译，商务印书馆1985年版，第94~95，128~132页。

〔3〕 [英]洛克：《政府论（下篇）——论政府的真正起源、范围和目的》，叶启芳、瞿菊农译，商务印书馆1996年版，第59~76页。

个人能够压倒其他所有人。他们是容易受攻击的，每个人的计划都容易受到其他人的合力的阻止"。[1] 二是"中等程度的匮乏"，即"自然的和其他的资源并不是非常丰富以致合作的计划成为多余，同时条件也不是那样艰险，以致有成效的冒险也终将失败。当相互有利的安排是可行的时候，它们产生的利益与人们提出的要求尚有差距"。[2]

在主观方面，罗尔斯假定了如下几项：首先，人们有大致相近的利益和需求，他们为利益和需求有各自的打算；其次，他们有理性，但理性是有限的，不仅知识、记忆力、注意力有限，而且容易被欲望、偏见、私心所歪曲。显然，罗尔斯假定的原初状态非常接近"一般人"的状态，客观上，他们既不是衣食无忧，不至于完全没有合作的必要，比洛克的"人"有更多合作的必要，也不是极度匮乏，为了生存，只能在生存法则之下展开动物般的竞争，比霍布斯的"人"要从容许多；在主观上，他们有理性，但既有限也容易受非理性因素影响，他们有道德情感，但既不是圣人也不是绝对自私自利。这样一群"中间状态"的人，基本上就是我们每一个普通人。

那么，为什么还需要无知之幕呢？原初状态为什么不能够单独成为结约的条件？罗尔斯设计无知之幕把"具体的知识"全部过滤掉了，这样一来，人们能够更加"公正地"作出选择。无知之幕首先假定人们不知道自己的社会地位、阶级出身、天生资质、自然能力、理性和力量，总之，关于自身的一切具体信息都不知道；其次，人们不知道他人的善恶观念，也不知道他人的心理特征；最后，他们不知道这个社会的政治经济状况，也不知道这个社会所达到的文明或文化水平。[3] 这样一种限制使得每个人自然就会本着未来如何与他人相处与合作的姿态来考虑自身的利益，选择一种温和理性的规则作为社会的基本准则。因为无知之幕屏蔽所有"具体的知识"，人们就容易理性地交换意见，容易被说服——他们不必为自己具体的利益，而是为了比较长远的利益打算；他们也没有必要就许多具体的问题讨价还价，因为大家手里都没有筹码；他们能够在感情上相互冷

---

〔1〕 ［美］约翰·罗尔斯：《正义论》，何怀宏、何包钢、廖申白译，中国社会科学出版社1988年版，第121页。

〔2〕 ［美］约翰·罗尔斯：《正义论》，何怀宏、何包钢、廖申白译，中国社会科学出版社1988年版，第121~122页。

〔3〕 ［美］约翰·罗尔斯：《正义论》，何怀宏、何包钢、廖申白译，中国社会科学出版社1988年版，第131页。

淡，没有具体信息，也就不存在喜欢谁、讨厌谁，自然也就不会讨好谁、针对谁。所以，人们在无知之幕背后，只能对原则而非具体事件的是非善恶作出选择，无知之幕制造的是一个公平的选择环境。

（三）正义两原则与功利主义的抉择

原初状态的人们在无知之幕下，究竟会选择正义两原则还是功利主义作为整个社会的正义标准？下面首先简单地考察一下绝对主义、直觉主义和利己主义。绝对主义无法成为大家的选择是因为它呈现出一种绝不妥协的刚性，原初状态下的人在无知之幕下，只要有两个人坚持各自的绝对律令，契约就无法达成，何况是无数人。鉴于人的善恶标准是极度多元的，绝对主义就不可能成为大家的公约数，所以绝对主义不可能成为社会契约的结果。直觉主义虽然在日常生活中很常见，却很难成为社会的公共标准，我们订立契约的结果显然不可能是"这个社会的正义标准是跟着感觉走"。这种标准对于个人无伤大雅，甚至是有益的，但对于一个社会来说，等于没有提出任何标准，所以，直觉主义不会成为社会契约的内容。利己主义，罗尔斯将它称为"第一人称的专制"，我想、我要、我决定，以自我为中心，这实际上是无法合作的状态。既然持这种立场的人无法合作，他也就不会加入社会契约的商定，商定契约的人都是知道自己的力量不足而必须与他人合作的人。因此，选择利己主义作为社会契约的内容，等于根本就不用契约，大家停留在原初状态中，自然就是利己主义的。既然选择合作，就必须放弃绝对自私自利，所以，利己主义也不会被选择作为正义的标准。

现在就剩下正义两原则和功利主义进行比较，看看原初状态下的人们在无知之幕背后更青睐哪一个。首先，基本权利和自由平等原则比最大多数人的最大幸福能够给人更多的基本保障。在不清楚自身与他人状况和社会经济状况的时候，人更愿意选择有一份起码的保障，虽然不一定能成为赢家，但起码不会输得精光，所以，基本权利和自由平等是一个稳妥的选择。而且，即便选择功利主义，也不妨碍加入这个稳妥的选项。退一步讲，功利主义也不能反对基本权利和自由平等原则，一旦反对，它就无法实现自身允诺的"最大多数人的最大幸福"。连基本权利和自由的平等都破坏了，大多数人的幸福恐怕是无从谈起的。

其次，机会均等原则保证每个人对未来的经营在起点上是公平的，人们完全可以因为上述"稳妥"的考虑而青睐它。它和功利主义也是可以兼容的，最大多数人的最大幸福如果连机会均等都不承认，那所得的幸福根本不可能是"最大多数人的"，而只可能是少数特权者的幸福。

因此，我们可以看到，正义两原则与功利主义在前两个问题上并无内容上的分歧，只不过正义两原则表述得更明确，而功利主义是内涵着它们的。所以，人们不必为这两项内容纠缠。正义两原则与功利主义的实质分歧实际上在于差别原则。

最后，在保障基本权利和自由平等原则和机会均等原则的条件下，到底是优先照顾弱势者更好，还是人均福利最大化更好？——罗尔斯论证了用福利平均值代表集体福利比用福利总量代表集体福利更好，因此，可以把功利主义说成平均功利主义。这个选择用罗尔斯的术语来说就是"最大最小值原则"和"平均值最大化原则"之间的选择。[1] 最大最小值原则其实就是我们在上文提到的"木桶短板原理"，木桶的容量是由最短的木板决定的，在正义论里面就可以说成一个社会的正义状况就是由遭受最不公平待遇的那些人决定的，任何一个人受到的不公平待遇有多恶劣，这个社会的正义状况有多恶劣。而最大值原则显然不这么看，它认为社会的正义状况是由平均值来体现的。那么，原初状态下的人在无知之幕背后是会选择最大最小值原则还是最大化平均值原则呢？

基于他们对自身和他人的实力对比、道德冲突、社会经济状况都一无所知，为了结成社会之后不吃亏，最大最小值原则会更让他们喜欢：即便我是最差的那一个，全社会都会来帮助我，他们的福利改善是以我这个状况最差者的福利改进为前提的。平均值最大化原则实际上让并没有自信优于别人的他们仍然感到惶恐：万一我就是处于平均值之下的人呢？按照原初状态的设定，人与人是自然平等的，那么，平均值就意味着中位数，一半人在其上、一半人在其下。一旦如此之多的人、如此高的概率会处于劣势，它就不会再成为"稳妥"的选择。因此，在最大最小值原则与平均值最大化原则的决战当中，后者会带来更多的风险、不安全、难预测而被放弃，前者恰恰因为减少了每个人的风险、提高了每个人的安全、可预测程度高而受到青睐。

由此，我们完成了原初状态下处于无知之幕背后的正义标准选择，正义两原则最终胜出，成为最后的方案。它才是一个社会最可取的正义标准，比起绝对主义、直觉主义、利己主义有着明显的优势，比起功利主义也有明显的优点。可以

---

〔1〕　[美]约翰·罗尔斯：《正义论》，何怀宏、何包钢、廖申白译，中国社会科学出版社1988年版，第146页。

说，正义两原则实际上是功利主义的矫正升级版，它用差别原则（最大最小值原则）取代了平均值最大化原则，已经不满足于"最大多数人的最大幸福"，而是要去实现"幸福的生活每一个人都不能少"！

四、对《正义论》的批评及其分析

限于篇幅，本讲简化了罗尔斯的推理过程，也无法细致地呈现罗尔斯与诸多大哲学家的精彩交锋，这都有待进一步深入。但交锋总是不可避免的，上文提到，《正义论》出版之后，批评如浪潮一般汹涌袭来。下面简单分析三种有代表性的批评意见，以便进一步理解罗尔斯和正义论。

（一）反思的均衡：哲学是梦吗？

第一种批评通过指责原初状态和无知之幕的非现实和非历史性质，来否认选择（正义两原则）的有效性。罗尔斯预料到了这种指责，它是对几乎所有社会契约论一贯的指责，所以罗尔斯在《正义论》中已经予以了"预防"。纯粹思维游戏并不会因为其非现实和非历史性质而丧失其有效性，任何一种理论，尤其是正义论，都是对现实和历史的抽象。所以，对所有抽象理论都可以指责它们是非现实和非历史的，来否定其有效性，而不单单只是针对罗尔斯的正义论。

《正义论》的伟大之处在于它基于捍卫自身有效性的考虑，发明出一套检验哲学和社会科学有效性的思维方法，罗尔斯将它命名为"反思的平衡（Reflective Equilibrium）"。[1] 任何正义理论的第一前提都是抽象的假设，人性本善和人性本恶同样都抓住了人性真实的一面，也都失去了某些重要的东西，不存在滴水不漏的大前提。如果大前提是完美的，按照逻辑学的原理，一切都可以从中推导出来。这恰恰不是哲学而是神学的基本做法和思维方法。所以，一切哲学天生面临着大前提都必然存在缺陷这个问题。但这并不意味着一切哲学都是梦话，也不意味着正义两原则和功利主义的比较是两个梦之间的比较。反思的平衡是一种比较不同理论有效性的方法，它强调前提与结论之间既要达成一种平衡，而且这种平衡是可以反思的。所谓前提与结论之间的平衡，是指前提不能过于强大，以至于所有可能的结论都被包含其中。比如，我们假设人的道德是完备的，或者人所拥有的资源是绝对充分的，那么，得出什么样的美好社会都很正常，但这样的论证

---

〔1〕 ［美］约翰·罗尔斯：《正义论》，何怀宏、何包钢、廖申白译，中国社会科学出版社 1988 年版，第 17～19 页、44～47 页。

是没有效力的。同时，前提也不能过于孱弱，以至于无法从中得出有意义的结论。而前提和结论之间的平衡并不是静态的、一劳永逸的，恰恰相反，它是动态的，甚至是脆弱的，它也是开放的，一旦出现必要的新知识，就必须严肃予以考虑，去获取新的平衡。

以霍布斯的社会契约论为例，他非常强调人性中激情的主导地位，自然状态就成了绝对的冲突状态，因此社会契约的目标就是克服这种自然造成的冲突，办法只能是一种强于所有人的意志来压制住所有人的激情，利维坦由此诞生。霍布斯的理论之所以处于难以动摇的经典地位，恰恰就在于他在人的激情与国家之间达成了很高的均衡，虽然现实和历史中的人和国家不完全是他所描述的样子，但也都蕴含着激情和意志的逻辑，它们并没有因为"不完全是那个样子"就完全失效，变成"完全不是那个样子"。因此，罗尔斯的新社会契约论试图去调试人性和人的基本状况的设定，同时推导出正义两原则这个比利维坦更让人觉得有温情的结论。罗尔斯将理论的比较带入了一种相互开放切磋的状态，反思的平衡确实无法在认识论的意义上一劳永逸地解决"什么是正确、什么是真实"的问题——这个问题并没有终极答案，如果终极答案出现，也就意味着哲学终结了；但它可以在哲学追求真理的道路上提供一种评判的标准，促使哲学的进展更加"合理"，使人们在不断反思知识有效性的过程中，以开放的心态和思维去不断地接近真理。

除了通过对哲学本身的探讨为罗尔斯辩护之外，实际上，原初状态和无知之幕的"现实性"和"历史性"都是非常强的。的确，每个人都处于各种不平等当中，但每个人的"自然平等"不也是事实吗？尤其现在，还有一个人能够强于其他所有社会成员的总和并压制他们吗？"中等程度的匮乏"不也是绝大多数人的现实状况吗？这个世界之中，亿万富翁毕竟是少数，为温饱而斗争的人确实也很多，但毕竟大多数社会已经处于物质文明达到一定程度的水平了。而人是自利的，用理性去实现自己的目的，但这种理性是有限的，会受到欲望、偏见和私心的影响，这不也是人的真实写照吗？罗尔斯对人的这种假定，恐怕比霍布斯笔下的"激情人"和洛克笔下的"勤劳而恬淡的人"更接近平凡的现代人。总体而言，原初状态看上去很抽象，实际上就是最接近我们普通人基本状态的假定，所以，对它的批评并不是特别多，也不是特别激烈。社群主义认为罗尔斯把人设定成孤立的原子状态完全是错误的,这其实是一种误会。[1]

反倒是"无知之幕"激起了很多激烈的批评,概而言之,过滤掉人对"具体知识"的掌握,真的就有利于人作出公平的选择吗? 从抽象的思维方法而言,亚当·斯密正是用"无偏私的旁观者"(impartial observer)来证明什么才是良好的"道德情操",[2]罗尔斯实际上是发扬光大了这一思路,用"无知之幕"把所有人都变成"无偏私的旁观者"。

然而,很多批评者和读者没有注意到的是:"无知之幕"本身也很接近每一个人的生活实况。每个人真的就绝对了解自己吗? 社会地位、阶级这些与外在社会标准相关的具体信息能够相对明确地知道,可自己的天资、能力、理性水平、道德观念、心理特征这些事情,每个人也不都对自己清清楚楚,实际上,绝大多数人反而都是不太清楚的。每个人都知道其他人的信息,可以作出比较,可问题是每个人究竟知道多少人的具体情况呢? 仅仅考虑具体信息的数量(认识的人有多少)而暂时不考虑质量(认识得有多深)就很容易发现,交际再广泛的人,如果把自己认识的人的数量作为分子,把全世界或者一个社会的总人口作为分母,结果几乎是趋近于零! 实际上每个人尽管知道一些,但比起总量而言,基本上是接近一无所知,那么,把自己的地位、才智等和他人展开比较也就失去了认识基础。而一个社会的社会经济制度和文明水平,每个人都知道一些,但绝大多数人也只是有直观的认识而不可能把握它的全部,每个人对这些问题的认识与这个问题本身的复杂状况也构成了巨大的反差,如果用一个分数来表示的话,每个人所拥有的知识也几乎趋近于零!

人们的所知,只是这个世界的沧海一粟,过于依赖这沧海一粟,只会让自己变得更偏私而已,而不会变得更明智。既然每个人都只知道沧海一粟,那还不如都放下这一粟,避免它带来的偏私,更加纯粹地用良心和理性作出"什么是正义"的选择,这恐怕才是更加可取的状态。所以,"无知之幕"既深刻地反映了每个人更为宏观的基本生存状态,也把人们拉进一个更加公平的选择环境当中,它比那些执着于手中握有的沧海一粟而得来的坐井观天之论,反而更加现实,当然,也更加公平。

---

〔1〕 [美]迈克尔·J. 桑德尔:《自由主义与正义的局限》,万俊人等译,译林出版社 2001 年版,第 211~214 页。

〔2〕 [英]亚当·斯密:《道德情操论》,蒋自强等译,商务印书馆 2003 年版,第 24~27、84~85 页。

（二）诺齐克：自由优先于平等

第二种批评指责"差别原则"并不公平，而且是非常不公平。前面已经提到，原初状态下的人们在"无知之幕"背后会因为"求稳"的心态而更加青睐差别原则（最大最小值原则），而非平均功利主义（平均值最大化原则）。但很多批评者认为"求稳"既不一定是必然的心态，也不会带来更公平的选择，因此，一旦选择了差别原则，在"无知之幕"撤除之后，人们会因为遭受不公而对当初的选择后悔。"原初状态"的设置和"无知之幕"对具体信息的屏蔽，的确使人们面对茫茫的未来而有可能选择一种"最不坏"的方案（差别原则），但人的心理条件并不相同："最不坏"方案很可能是（自认为）弱者、不自信者、风险厌恶者的稳妥选择，但这个社会当中仍然有许多（自认为）强者、自信者、风险偏好者，他们的思路就不是稳妥地选择"最不坏"而是努力去追求"更好"。因此，即便他们不会像利己主义者那样选择以自我为中心、以自己的标准当作全社会的正义标准，他们完全有理由选择一个更积极进取的方案，于是平均功利主义乃至总量功利主义都会成为他们的选择。一个社会当中究竟是自认为的强者多还是弱者多，很可能决定了结构的根本走向到底是选择"最不坏"思路还是"更好"思路。这和一个社会总体的文化相关，这个问题稍后细谈。总之，从文化心理的意义上讲，更积极进取的选择是完全有可能的。

另一方面，社会契约签订、"无知之幕"撤除之后，人们很可能对差别原则并不满意，认为它并不公平：根据差别原则，社会改善以弱势者的改善为前提，社会制度的安排就是一种"劫富济贫"。但问题在于，即便作为一个社会的共同成员，某人有义务帮助弱势者，但他/她的财产（或其他资源）就因此被强制性地拿走了，比如通过各种税收来向弱势者提供福利，这对他/她公平吗？弱势者处于弱势地位可能是由于其懒惰和无能造成的，而富人的财产是通过自己的勤勉和能力获取的，这样的情况下，强制性地劫富济贫对勤劳和能干的人是不公平的，因此，差别原则会挫伤勤劳和能干的人——反正一个人懈怠到什么境地都会在这个社会中得到帮助，都可以像懒惰或无能的人那样搭便车，于是，整个社会就会失去创造和进取的活力。更重要的是，任何赋予国家正当性（分配的正义）来模式化地进行再分配，都是对个人权利的严重侵犯，不仅没有道德依据，而且会因为违背了限制权力的自由主义原则，而引发不可估量的灾难。诺齐克和许多右翼自由主义者正是从这个角度批评罗尔斯的差别原则的。

作为罗尔斯最著名的批评者之一，诺齐克提出了一整套与罗尔斯针锋相对的"持有正义"理论。诺齐克认为，只要财产的初始获得是正义的，转移是正义的，并且初始获得和转移出现不正义的时候是可以矫正的，那么这个社会就是正义的。[1] 显然他不同意罗尔斯的差别原则，以他的持有正义理论来衡量，差别原则不仅是多余的，而且是有害的。说它多余，是因为初始获得正义、转移正义和矫正正义就足以支撑起社会正义的基本标准，无需对弱势者提供原则性和制度性的扶助；说它有害，是因为对弱势者的扶助不仅使得所有社会成员的财产权都失去了保障，而且它会以分配正义之名授权国家来侵夺所有人的财产权。围绕着持有正义理论，诺齐克借助了康德的"人是目的"理论和洛克的劳动财产权理论，创造性地发明了最小国家理论，坚决以"个人权利神圣不可侵犯"和"国家权力必须受到严格限制"的自由主义信条来批判罗尔斯的差别原则。

诺齐克与罗尔斯的争论构成了"罗尔斯热潮"极其重要的组成部分，它是自由主义阵营内部右派与左派的直接交锋，在自由与平等这对自由主义内在的永恒矛盾当中，诺齐克代表的右派坚决捍卫自由（个人权利），对平等不那么在意，因为平等而伤害到自由是他们坚决不允许的。罗尔斯基于自由主义一贯重自由、轻平等的"弱点"提出了向平等倾斜的方案，大大缓解了 19 世纪自由主义与社会达尔文主义结盟所带来的不近人情的形象，差别原则使得自由主义在平等问题上有了属于自己的值得尊敬的理论。但对于自由主义而言，自由与平等的矛盾冲突是永恒的，有多少种自由主义，实际上就有多少种在自由与平等之间谋求均衡的方案，每一种所选择的均衡点和它决定的基本结构也就大不一样。究竟是自由多一点更符合公平正义，还是平等多一点更符合公平正义，不同的时代、不同的人必定会有不同的选择。诺齐克和罗尔斯之间的争论对中国的意义，不仅在于帮助人们深入理解自由与平等之间的矛盾冲突，更重要的是，它提醒人们自由与平等的矛盾冲突是在自由与平等携手共存共进的基础上才存在，失去了自由，平等将变成毫无意义的奴隶之间的平等；失去了平等，自由将变成毫无意义的特权者的自由。因此，自由与平等再有矛盾冲突，就像诺齐克和罗尔斯的争论一样，是"同事之间的争吵"而绝不是敌人之间的战斗，自由与平等之间的矛盾冲突更应被看成它们如何相互促进来不断接近正义的过程。

---

〔1〕 ［美］罗伯特·诺齐克：《无政府、国家与乌托邦》，何怀宏等译，中国社会科学出版社 1991 年版，第 156 页。

（三）重叠共识：穿越文化的正义

第三种批评指责罗尔斯的正义论是西方文化背景下的产物，不适用于非西方社会。这个问题在上文已经涉及，不同的文化塑造出来的人很可能具有不同的心理品质、认知结构、行为习惯，因此他们会对原初状态的人性假定产生严重的冲击，即便在无知之幕下，他们也可能因为自认为是强者、自信者、风险偏好者乃至进取者，而选择平均功利主义甚至总量功利主义。更重要的是，文化的差异会不会导致人们甚至不去选择即便权利和自由平等原则和机会均等原则，这样一来，不仅仅是罗尔斯正义论被文化高墙限制住了，整个人类将因为文化相对主义而失去基本的共同正义标准。更棘手的是，当今世界的每一个国家都或多或少地处于多元文化的状态之中，文化如果限制住了正义论，那么，在一个国家之内都不再可能形成统一的正义标准。正义论能跨越文化吗？如果说哲学的论证效力问题和自由与平等之间谁更优先的问题在西方学术界引起了广泛、深入、持久的探讨，那么，正义与文化之间的关系则为非西方国家更加关注的问题。这个问题在罗尔斯出版《政治自由主义》来系统回应批评的时候已经给出了关键的解答，而后罗尔斯通过对"公共理性"这一主题的持续研究深化了对这个问题的认识。

重叠共识（overlapping consensus）是罗尔斯用以解决"多元文化状态下正义如何可能"这一问题的核心概念，它是许多整全学说对政治正义观的共识。所谓整全学说，就是从最高善恶标准往下不断推演，形成一整套对世界的道德认识。罗尔斯提醒我们注意现代社会的三个基本事实：①现代社会中"理性多元论"是无法回避的事实，也就是说，必然存在着多种不同的理性的完备学说，它们既可能是宗教学说，也可能是哲学学说、道德学说。单一学说完全统治一个社会已经成为过去。②即便是历史上，要让单一学说统治一个社会，也只有运用国家的压制性手段才能实现。而现代社会尊重和保障人的信仰、良心、思想和言论自由，国家在这方面的压制已经不合法。③国家的长治久安至少需要积极公民在态度上的实质性支持。至少这些积极公民拥有相同或相近的政治正义观，国家才能得到真心诚意而不是迫于威慑的服从。[1] 在这些事实面前，人们陷入了多重的两难：国家的长治久安需要政治正义观，但它已经不能再通过强制推行一套学说去实现；理性的整全学说是多元的，但绝不可以、实际上也不可能通过国家强制让它

---

〔1〕　［美］约翰·罗尔斯：《政治自由主义》，万俊人译，译林出版社 2000 年版，第 37～39 页。

们整齐划一。在现代社会，国家所必需的正义观的"一"和理性整全学说事实上的"多"形成了巨大的矛盾，关键问题指向了"正义是否可能"！

重叠共识正是罗尔斯为现代社会中"一"与"多"矛盾找到的解决方案。每一种理性的整全学说都会涉及"何为正义"的问题，它们有可能是重叠的，比如，所有古老的文化传统都确认"不能杀人"是正义的，所以，文化并非绝对冲突，它们之间也有巨大的共性，而这些共同的正义标准就是一种重叠共识，用来支持当下社会的政治正义观。然而，光诉诸既有的共同点是不够的，因为现代社会的许多事情是传统文化未曾面对的，更重要的是，相同观点在不同文化中的地位并不相同，因此必须找到动态求取重叠共识的方法。

所以，重叠共识固然是寻找既有共同点的结果，但更是一种理性地商谈"我们之间有什么样的共识"的结果。人们不必在意某一个关于政治正义的共识在某种特定文化中处于什么样的地位，如果大家都认为它不错，就把它作为共同的正义标准。而且，"合理的分歧"应受到正视，人们的观点不会完全相同，有些分歧是合理的，必须予以尊重。这既是自由主义的要求，也是现代社会多元性的要求。而且，社会成员可以也应该一起向前看，文化固然是立身之本，但人们也拥有共同的目标（至少是保持现存国家的稳定性，否则就不再需要共同的政治正义了），在追求共同目标的过程当中，社会成员相互理解、相互影响，甚至相互塑造，可以创造出新的共识。无论是通过共同点的肯认、通过协商，还是通过共同创造未来，重叠共识通过"公共理性"被动态地、持续地、友爱地塑造出来，成为共同的正义标准。从文化的角度来看，只有理性地寻求重叠共识，支持政治正义的塑造，一种文化才能在开放的社会中得以保存和发展。

正因为罗尔斯确认了文化多元性的事实，他不再通过阐述一套整全学说来解决"何为正义"的问题，而是把重叠共识这种已经存在并且在不断生长的"交集"作为正义的基础，而且，只是在政治领域之内。如何找出和培育重叠共识，"公共理性"就显得格外重要，因此，罗尔斯与哈贝马斯有很多共同的话题。寻找重叠共识并不是一件轻松的事情，恰恰相反，它是非常艰难的。但只有沿着这条艰难的路走下去，拥有不同文化的人们才能仍然团结在一起，而不至于被文化分割成对方的死敌。通过积极地寻找重叠共识，人们努力地理解对方、尊重对方，不断积累共同的正义标准，维护社会和国家的和平，只有这样，人们才能为实现自己最高尚、最珍贵的文化理想保留基本的生存条件和合理的生活条件。换言之，如果人们不能使正义穿越文化，实际上也保存不了人们珍爱的文化，那将会是一个正义和文化皆毁的悲惨结局。

【推荐文献】

1.［美］约翰·罗尔斯：《正义论》，何怀宏、何包钢、廖申白译，中国社会科学出版社1988年版。

2.［美］约翰·罗尔斯：《政治自由主义》，万俊人译，译林出版社2000年版。

3.［美］约翰·罗尔斯：《作为公平的正义——正义新论》，姚大志译，上海三联书店2002年版。

4.［美］罗伯特·诺齐克：《无政府、国家和乌托邦》，姚大志译，中国社会科学出版社2008年版。

5.［美］迈克尔·J. 桑德尔：《自由主义与正义的局限》，万俊人等译，译林出版社2001年版。

【拓展阅读材料】

**1. 程序正义与
实质正义**

2. 正义的两面

第三讲 自由至上主义：哈耶克论自由和法治*

　　二战之后的自由主义非常繁荣，一方面，极权主义（Totalitarianism）的灾难迫使整个西方思想界进行严肃的反思，自由主义最为积极，可谓硕果累累；另一方面，二战之后的社会经济状况发生了很大的变化，黑人平权运动、女权运动和环保运动风起云涌，自由主义必须对新时代作出回应，予以引导。哈耶克（Friedrich August von Hayek）在这两个方面都作出了卓越的贡献，罗尔斯的学说则主要集中在后一个方面，即中文通常称之为"新自由主义"的方面。在自由主义的光谱当中，罗尔斯居于中间偏左的位置，他更重视平等和公正，支持福利国家和国家干预社会经济事务，与格林（Thomas Hill Green）和凯恩斯（John M. Keynes）代表的二战前的自由主义在精神上一脉相承，为了区别于洛克和斯密代表的古典自由主义，一般将其命名为"新自由主义"（New Liberalism）。哈耶克的主张在很多方面与罗尔斯相反，居于自由主义光谱的右翼，强调自由的极端重要性，反对以平等和正义之名伤害自由的任何思想、运动和制度，强调市场经济的自足性，坚决反对福利国家和国家干预社会经济事务，主张恪守洛克和斯密的小政府原则。与哈耶克持相似立场的还有诺齐克、卡尔·波普（Karl Popper）、以赛亚·伯林（Isaiah Berlin）、雅各布·塔尔蒙（Jacob P. Talmon）、弥尔顿·弗里德曼（Milton Friedman）等政治哲学家、政治思想史家和经济学家。他们反对偏左的新自由主义，主张回到洛克和斯密的古典自由主义，强调自由至上，因此被冠名为"自由至上主义"（Libertarianism），也称为"新自由主义"或"保守自由主义"（Neo – Liberalism）。中文的"新自由主义"指向了两种持相反立场的自由主义，当我们看到这个中文词的时候一定要想想，它到底意味着罗尔斯代表的偏左一些的新自由主义（New Liberalism），还是哈耶克代表的偏右的新自由主义（Neo – Liberalism）。

---

　　* 作者：李筠，中国政法大学政治与公共管理学院政治学系副教授，研究范围涉及西方政治文化传统和政治现代化、西方政治思想、国家建构理论等。

一、哈耶克其人其事

哈耶克1899年5月8日出生于奥地利维也纳，1992年3月23日在德国弗莱堡去世，享年93岁。哈耶克的父亲在奥匈帝国宫廷任职，祖上被封为小贵族，所以哈耶克的名字中有代表贵族身份的"冯"（von）。哈耶克少年聪慧，很早就阅读哲学著作，对亚里士多德颇有兴趣。而且，哈耶克还有一个同样少年聪慧的远房表亲维特根斯坦（Ludwig Josef Johann Wittgenstein），他后来成为哲学巨人，对20世纪哲学作出了重大贡献，产生了重大影响。少年时代的哈耶克和维特根斯坦关系亲近，也经常交流思想，据哈耶克回忆，他们作为军官参加第一次世界大战之时仍然讨论哲学，哈耶克也是最早读到维特根斯坦《逻辑哲学论》手稿的人之一，他在哲学和方法论上都受到了维特根斯坦的影响。不过，哈耶克比维特根斯坦更具政治敏锐性，政治立场也非常鲜明，后来当纳粹德国吞并奥地利的时候，维特根斯坦并不在意，哈耶克则忧心忡忡，并迅速加入了英国籍。

第一次世界大战结束后，哈耶克进入维也纳大学学习，分别于1921年和1923年获得法学和政治学博士学位，他同时还学习了哲学、心理学和经济学。在大学期间，哈耶克受到奥地利经济学派早期成员门格尔（Carl Menger）和维塞尔（Friedrich von Wieser）的影响，毕业后维塞尔将他推荐去米塞斯（Ludwig Heinrich Edler von Mises）手下任职，哈耶克被米塞斯反对社会主义的理论所折服，自此以后，他终身都是所有社会主义的坚决反对者，既包括纳粹的国家社会主义，也包括苏联的共产主义，还包括政治、经济、哲学中各种形态的社会主义。在米塞斯的帮助下，哈耶克创办了"奥地利商业周期研究中心"并担任所长，他承续了奥地利经济学派捍卫自由市场经济的立场，并在货币和商业周期理论中取得了重要的理论进展，迅速成长为一名旗帜鲜明的自由派经济学家。他与伦敦政治经济学院建立了联系，尤其与该院同为自由派经济学家的坎南（Edwin Cannan）教授"惺惺相惜"。

1931年初，因为看重哈耶克的自由派立场，伦敦政治经济学院经济系主任罗宾斯（Lionel Robbins）邀请哈耶克去作讲座，结果大获成功。罗宾斯顺水推舟，请哈耶克到伦敦政治经济学院任教。随后，哈耶克与罗宾斯的愉快合作迅速展开，在罗宾斯主编的《经济学》杂志上，哈耶克发表了多篇批评凯恩斯的重磅文章，哈耶克与《经济学》一时风头无两，哈耶克与凯恩斯的论战也成了热门话题。

不过，哈耶克在当时没有取得与凯恩斯论战的最后胜利。一方面，整个英国当时都处于左派思潮的笼罩之下，以哈耶克所在的伦敦政治经济学院为例，有韦伯夫妇、格雷沃姆·沃拉斯，以他们和著名作家萧伯纳为核心的费边社在当时英国思想界可谓领袖群伦；有拉斯基，他是当时最炙手可热的政治学家；有艾德礼，他后来成为第一任工党执政下的英国首相。所以，思想的总体氛围实际上很不利于哈耶克。另一方面，他的对手凯恩斯几乎是"英国完人"：凯恩斯出生于剑桥大学的学术世家，很早就取得了学术界高度认可的成就，正是他开创了宏观经济学，长远来看，他在经济学领域的地位可以和亚当·斯密相提并论，政治上，国家干预经济的经济学合理性证明和政策性框架由他完成，并迅速成为罗斯福新政的理论基础，很多人将他开出的药方视为将西方从"大萧条"中拯救出来的妙手；他还是社会活动家，他家是剑桥知名教授们经常聚会的场所，在聚会中他总是引领话题，他的朋友很多却几乎没有敌人；他还是卓越的理财者，通过投资把家庭财务搞得红红火火（以便长期支撑名流朋友们来家聚会）；他还是一名有良知的政府官员，作为财政部官员参加巴黎和会的时候，他认为大国之间的分赃协议对战后经济不利、很难维持和平，随后愤而退出和会，公开发表《合约的经济后果》一书批评政府；最后，他还是二战后布雷顿森林体系的重要设计者之一，为二战后的经济和金融秩序倾其所能。所以，哈耶克对阵的是一位"神一样的对手"。结果可想而知，哈耶克并未完成他与凯恩斯的约战，他答应凯恩斯给他的《就业、利息和货币通论》写书评，最后始终没有交稿，在大多数英国人看来，是哈耶克输了。不过，故事并未就此结束。

1938 年，纳粹吞并奥地利，哈耶克加入了英国籍。他开始将注意力转移到政治学研究上，他此后的重要著作也都是政治学和法学著作，经济学反倒谈得少了。1944 年，二战尚未结束，英美法和苏联还是盟军的情况下，他出版了《通往奴役之路》(*The Road to Serfdom*)，激烈攻击社会主义，认为苏联和纳粹一样是邪恶的极权主义，都是"通往奴役之路"。哈耶克由此在政治上声名鹊起，成为捍卫自由的标志性人物。在政治立场上，哈耶克与凯恩斯倒是颇为一致，他们的私交也很好，在纳粹空袭伦敦之时，伦敦政治经济学院临时搬到剑桥，为保安全，教授们两人一组守夜，哈耶克的搭档正是凯恩斯，他们在讨论中度过了许多个漫漫长夜。战后，哈耶克赴美宣传《通往奴役之路》，随后周游了许多国家，最终因为离婚和再婚的事情于 1950 年离开伦敦政治经济学院，赴美国芝加哥大学任教。芝加哥大学经济系在弗兰克·奈特(Frank Knight)的带领下成为美国乃至世界经济学界的重镇，它的自由派风格和哈耶克很接近，不过哈耶克任职不久就转到了思想与社会委员会。在这里，哈耶克索性放开手脚，深入而全面地研究哲学、政治哲学和思想史，这一阶段的研究成果便是被后世奉为经典的《自由秩序原理》（*The Constitution of Liberty*, 1960），不过这部大部头的理论著作没有取得通俗性更强的《通往奴役之路》那样热烈的反响。

1962 年，哈耶克回到欧洲，在弗莱堡大学任教，于 1968 年退休。在此期间，他开始创作另外一部大部头著作《法律、立法与自由》（*Law, Legislation and Liberty*），该书的三卷分别于 1973 年、1976 年、1979 年出版，此书奠定了哈耶克在法理学领域的重要地位。1974 年，哈耶克"时来运转"，在此之前的 40 年，凯恩斯主义大行其道，工党在英国、社会民主党在瑞典似乎都证明了凯恩斯的正确性，福利国家几乎成为无可置疑的目标，作为凯恩斯主义、工党、福利国家的坚决反对者，哈耶克自然难以摆脱当年失败者的形象。让哈耶克"咸鱼翻身"的是诺贝尔经济学奖，瑞典皇家科学院为"表彰他在货币政策和商业周期上的开创性研究，以及他们对于经济、社会和制度互动影响的敏锐分析"，把当年的诺贝尔经济学奖授予了他。然而，具体是哈耶克的哪部著作获奖，他们却没有提。

从长线的历史发展来看，70 年代的西方世界开始进入"重新右转"的轨道，凯恩斯主义和福利国家并未能根治资本主义的周期性衰落，在经历了战后恢复的黄金时期之后，西方经济又进入下行阶段，此时对凯恩斯主义和福利国家批评不断，而哈耶克因此成了经济上的"先知"：你看，他在 40 年前就说这一套不行！而且，西方世界与苏联的冷战不断升级，苏共"二十大"上，赫鲁晓夫的《秘密报告》公开了斯大林"大清洗"的真相，这使得苏联在西方人心目中的高尚道德形象迅速破产，古巴导弹危机几乎差一点就把人类拖入毁灭性的核战争，此时人们又想起哈耶克在《通往奴役之路》当中的警告，他在政治上也成为"先知"。世风变换，三十年朝左、三十年朝右，坚决捍卫自由、法治、市场经济的哈耶克用他数十年如一日的坚持等来了左风停歇、右风劲吹的"好日子"。

自 20 世纪 70 年代后半叶开始，西方国家普遍右转，削减福利国家的规模，削减国有企业，扶助市场竞争，实行金融和资本自由化，美国和英国最为典型，在共和党人里根就任美国总统、保守党人撒切尔夫人就任英国首相之后，都在右转的道路上进行了大刀阔斧的改革，被福利国家弄得暮气沉沉的英美似乎又找到了回春之术，而他们将这一切都归之于他们的思想教父哈耶克。1975 年初，撒切尔夫人在就任保守党党魁之后就与哈耶克会面，同年的保守党大会上，她从包里掏出《自由秩序原理》拍在桌子上斥责同僚仍然对工党抱有幻想。里根总统也邀请哈耶克到白宫与他会面。1984 年，在撒切尔夫人的推荐下，英国女王伊丽莎白二世加封哈耶克为勋爵。1991 年，布什总统授予哈耶克"美国总统自由勋章"。哈耶克于 1992 年去世，在他生命的最后近 20 年时间里，他可谓享尽了西方世界的最高荣耀，使他生命的中间 40 年的落寞和压抑被一扫而光。

哈耶克的热潮并没有随着他去世而结束，恰恰相反，苏联解体和东欧剧变使得他对社会主义的"先知式"论述再度受到热捧。反思社会主义和捍卫自由主义都需要从他的智慧中汲取营养，于是，哈耶克的著作被翻译成多国文字行销全世界。中国正是在这样一种思想背景下引进了哈耶克，恐怕没有哪位当代西方政治理论家的著作如此之全地被译成中文，又得到中国思想界如此广泛而深入地讨论。下面以《自由秩序原理》和《法律、立法与自由》两部著作为主来讨论哈耶克的政治思想。

二、自由、理性与秩序

哈耶克被当作"自由至上主义"的代表人物，根源于他对自由的重要性的强调，哈耶克将自由的重要性提到了这样的高度："自由不只是诸多其他价值中的一个价值，……还是所有其他个人价值的渊源和必要的条件。"[1]自由是其他价值的基础，没有自由，平等、民主、法治、幸福……一切的美好都无从谈起。没有自由，平等就只是奴隶之间的平等；没有自由，人民根本不可能当家作主；没有自由，法律就只是被统治者的锁链；没有自由，幸福只会是镜花水月。所以，没有自由这个"1"在最前面领航，后面所有价值所代表的"0"恐怕就要真的归零了。

那么，哈耶克所讲的如此重要的"自由"到底是什么呢？"他的自由主义归根结底是建立在他这一信念基础之上的，即具有古典自由特性的社会秩序能够最好地使公民个人满足自己的偏好，并避免他人的强制。"[2]在《自由秩序原理》第一章"自由辨"当中，哈耶克对"自由"给出了简洁明快的定义：自由是古典意义上的一种"人的状态"（condition），"在此状态中，一些人对另一些人所施以的强制

---

〔1〕 G. Dietz, "Hayek on the Rule of Law", in Fritz Machlup ed. , *Essays on Hayek*, Routledge & Kegan Paul, 1977, p. 111.

〔2〕 参见《布莱克维尔政治学百科全书》（中国政法大这出版社 1992 年版）中的"哈耶克/Hayek, Friedrich August von（1899 ~ ）"条。

（coercion），在社会中被减至最小可能之限度。"[1]"自由"就是"强制"的不存在，这种个人的状态并不只是个人的事务，同时也是评价社会秩序的价值尺度，他的目的在于重申"自由"在社会秩序当中的基础性地位，其他价值再美好，也不能取代自由作为社会秩序首席价值的地位。

光呐喊自由很重要，并不足以让哈耶克成为一代宗师，作为理论家，关键是他必须有力地证明自由确实如他所强调的那般重要。哈耶克对自由主义的重大贡献在这个地方清楚明白地展现出来：他发明了一整套证明自由为什么重要、为什么合理的论证方式。在哈耶克之前，自由主义论证自由的理论模式主要有两种，洛克所采用的自然权利和社会契约理论以及边沁和密尔所采用的功利主义理论。哈耶克则另辟蹊径，将自由与"自生自发秩序"（Spontaneous Order）联系在一起，用自由与这种秩序之间相互维护、相互促进的关系来证明自由既是合理的、重要的，也是必要的。

哈耶克从秩序的内在特征来论证自由的重要性和必要性，从知识论的角度来阐释"理性主义"，[2] 从而把自由、理性与秩序之间的联系充分地揭示出来。哈耶克把理性主义分为两类：进化论理性主义和建构论唯理主义，它们分别对应着自生自发秩序和人造的秩序，更深层次地对应着自由和强制。哈耶克援用了塔尔蒙的论述来概括这两种理性主义的差别："一方认为自生自发及强制的不存在乃是自由的本质，而另一方自由只有在追求和获致一绝对的集体目的的过程中方能实现；……一派主张有机的、缓进的和并不完全意识的发展，而另一派则主张教条式的周全规划（doctrinaire deliberateness）；前者主张试错程序（trial and error procedure），后者则主张一种只有经强制方能有效的模式（an enforced solely valid pattern）。"[3] 两种理性主义的核心差别可以概括为是否承认"理性的限度"（Limitations of Reason）。进化论理性主义承认理性的限度：不仅承认理性无法对其自身完全理解，而且承认理性无法完全理解社会。建构论唯理主义则不承认理性的限度：不仅不承认理性理解自身存在着局限，也不承认理性无法穿透我们生活的

---

〔1〕［英］弗里德利希·冯·哈耶克：《自由秩序原理》（上），邓正来译，生活·读书·新知三联书店1997年版，第3页。

〔2〕［英］弗里德利希·冯·哈耶克：《自由秩序原理》（上），邓正来译，生活·读书·新知三联书店1997年版，第二章"自由文明的创造力"。

〔3〕［英］弗里德利希·冯·哈耶克：《自由秩序原理》（上），邓正来译，生活·读书·新知三联书店1997年版，第64页，另见第334页注释4及第335页注释10、11。

这个社会。哈耶克赞成前者，反对后者，他晚年一部著作的题目就是对后者最好的评价："致命的自负。"[1]

从哈耶克对进化论理性主义和建构轮唯理主义的区分中，可以看到以下两个重要推论：其一，它们对文明的形成及人的理性在此过程中的作用看法不同。前者认为，文明是不断试错、步步积累的结果，而不是人理性设计的产物；而后者认为，文明是人类强大理智设计的成果，而且，如果它不是人类理性的产物，其存在的意义就应该受到质疑。其二，它们对各种传统的态度不同。前者认为，各种传统的形成有其自身的内在逻辑，不一定能够为人所认知，但人类仍然应该尊重这些传统；而后者认为，传统只要不能够经得起理性的检验，就应该被抛弃。

哈耶克把"自生自发秩序"和"人造的秩序"（在《法律、立法与自由》中又叫做"内部秩序"和"外部秩序"）对立起来，通过对比它们的性质、运作模式和后果，深刻地展示了自由和强制的关系。"自生自发秩序"是哈耶克理论的核心概念，也是哈耶克理论里面最难理解的概念，它是"人之行动而非人之设计的结果"，是无数个人独立的决策和行动的非意图的结果。[2]理解自生自发秩序的困难在于：它"并不会主动进入我们的意识中，而必须靠我们的智力对之进行探索"，[3]但自生自发秩序的复杂程度又超过了人之心智所能把握的程度。哈耶克明确主张理性的有限性，坚持"进化论理性主义"，所以简而言之，人们只能够凭借有限理性以谦卑的态度去不断地发现（而绝不是发明）自生自发秩序。

哈耶克简明扼要地讲，自生自发秩序源于其要素对某些行为规则的遵守。那么这些"要素"和"行为规则"到底指的是什么？要素问题相对简单，从论述的内容和治学的立场和方法（方法论个人主义）来看，自生自发秩序的要素就是指有正常理性的生活在社会中的个人。[4]而规则问题就要复杂得多，这套规则的内

---

〔1〕 [英]F. A. 哈耶克：《致命的自负：社会主义的谬误》，冯克利、胡晋华译，中国社会科学出版社 2000 年版，第 73～100 页。

〔2〕 [英]冯·哈耶克：《哈耶克论文集》，邓正来译，首都经济贸易大学出版社 2001 年版，第 374 页。参见[英]弗里德利希·冯·哈耶克：《自由秩序原理》(上)，邓正来译，生活·读书·新知三联书店 1997 年版，第 63～64 页；[英]弗里德利希·冯·哈耶克：《法律、立法与自由》(第一卷)，邓正来、张守东、李静冰译，中国大百科全书出版社 2000 年版，57～58 页。

〔3〕 [英]弗里德利希·冯·哈耶克：《法律、立法与自由》(第一卷)，邓正来、张守东、李静冰译，中国大百科全书出版社 2000 年版，第 57 页。

〔4〕 [英]弗里德利希·冯·哈耶克：《法律、立法与自由》(第一卷)，邓正来、张守东、李静冰译，中国大百科全书出版社 2000 年版，第 63～64 页。

涵其实就是自生自发秩序的本质所在。哈耶克提出，问题在于何种行为规则会产生社会秩序，而特定的规则又会产生何种秩序。因为"只有当那些引导个人以一种使社会生活成为可能的方式行事的规则是经由选择的过程进化出来的时候，社会才可能存在"。[1] 也就是说，只有人类有了维持自己共同生活的规则，并得到普遍遵守时，人类的共同生活和相应的秩序才能实现。否则，如同动物界一样简单而绝对地遵守"弱肉强食，适者生存"的规则，人类就不可能进入社会生活的状态。人之所以区别于动物而过上有序的社会生活，正是因为一种区别于动物界规则、更区别于物理规则的社会规则成为人的行为指引。哈耶克明确地认为，从社会秩序的形成来看，一种秩序之所以最初是以自生自发的方式形成的，是因为个人所遵循的规则就是自生自发的结果，而不是刻意制定的产物。[2]

　　关于规则以及自生自发秩序之中的规则，下一部分将详细探究，在此先要了解清楚：有自生自发规则的社会秩序到底是什么样子，它实际上是人们应对环境的相似做法："为了确使某种明确的秩序得以形成，个人对它们周遭的各种事件所做的调试或应对就必须具有相似性，当然只须在某些抽象的方面保有这种相似性就足够了。"[3] 人们根据相同的规则对具体情势作出反应，就会达成一种整体上的协调一致，这种协调一致甚至难以为人所理解。就像蜜蜂筑巢一样，一只蜜蜂采蜜是可以被观察到的，但一群蜜蜂居然自动分工合作就搭建起了精美的蜂巢，个体的自发行为与无数个体自发行为的后果之间，存在着几乎不可思议的鸿沟。

　　自生自发秩序初看上去非常神奇，细想之后会让人们感到敬畏，它至少有以下三个特点：一是物理界、动物界有自生自发秩序，人类社会也有，但它们并不是一回事。这个论断既反对将物理规则等同于人类社会规则（Might is right）的论调，也反对将人类社会视为无规则领域的论调。二是在自生自发秩序中，个人作为参与者，他们的意图和目的具有基本的一致性，而非绝对的一致性。这种一致性是通过对普遍规则的遵守而自动达成的，而不是"人造的秩序"所寄望的通过

────────────

〔1〕　［英］弗里德利希·冯·哈耶克：《法律、立法与自由》（第一卷），邓正来、张守东、李静冰译，中国大百科全书出版社 2000 年版，第 65 页。

〔2〕　［英］弗里德利希·冯·哈耶克：《法律、立法与自由》（第一卷），邓正来、张守东、李静冰译，中国大百科全书出版社 2000 年版，第 67 页。

〔3〕　［英］弗里德利希·冯·哈耶克：《法律、立法与自由》（第一卷），邓正来、张守东、李静冰译，中国大百科全书出版社 2000 年版，第 65 页。

理性的命令和强制来达成的。三是自生自发秩序是由多样的要素（个人）之间的互动形成的。多样性的存在是互动的前提，自生自发秩序与多样性存在着密切的联系，它不仅依靠多样性，而且信任多样性会达成一种和谐的状态。

通过与"人造的秩序"相对比，自生自发秩序的特性和优势会进一步呈现出来。第一，自生自发秩序能够充分调动和利用每个人所拥有的知识，而人造秩序却无法充分利用个人的知识。因为人造的秩序基于特殊目的而构建，它只要求其中的个人按照"命令"完成任务，而无须在已经被假想为理性完美构建的秩序中发挥任何人的主动性。在人造的秩序中，人不必去面对未知的具体情势，而只要做好这个秩序的"螺丝钉"就好。只有自生自发秩序才能以普遍的自生自发的抽象规则，指引个人完全调动他所拥有的知识来应对未来的具体情势。比如，在市场经济当中，一个卖馒头的手艺人会不断地琢磨他的配方，无论是适应主要消费者的口味，还是优化工艺、节约成本，总之，他会尽可能挖掘和利用一切知识去把生意做好——这一切都是自生自发的。而在国营粮店当中，做馒头的人完全没有动力去挖掘和利用知识来把馒头做得更好，他只要完成做馒头的命令就好，至于馒头口味如何、成本如何，都等待命令者的新命令，在新命令出现之前，他只要一切如旧就大功告成——这一切都取决于命令。

第二，自生自发秩序与人类优秀而又必需的价值紧密相连，它们成就了自生自发秩序，自生自发秩序也成就了它们，这三种价值是"人造的秩序"完全无法提供的，甚至是它故意要消灭的。第一种是自由。自由不仅是一种极其重要的价值，也是一种极其重要的手段："自由赋予了文明以一种'创造力'，是它赋予了社会以进步的能力"。[1] 自由之所以拥有这样的作用，很重要的原因在于，"自由社会的特征之一是，人的目标是开放的，而且能够不断产生人们为之努力的新目标"。[2] 而且自由也是保证每个个人实现这些目标的必要条件，即自由是保证每个个人主动地运用自己的知识去达成自己的目标。因而，这样的社会必然是一个良性发展的社会。

第二种是法治。如果说自由是自生自发秩序得以存在的必要条件，那么，法

---

〔1〕 ［英］弗里德利希·冯·哈耶克：《自由秩序原理》（上），邓正来译，生活·读书·新知三联书店1997年版，第26页。

〔2〕 ［英］弗里德利希·冯·哈耶克：《自由秩序原理》（上），邓正来译，生活·读书·新知三联书店1997年版，第36页。其中"而且能够不断产生……"之前的引文，哈耶克转引自［英］卡尔·波普：《开放社会及其敌人》（美国版），普林斯顿大学出版社1950年版。

治就是自由存在的必要条件。哈耶克认为"法治"（rule of law）是自由最重要的保障，他反对法律实证主义的法律观，郑重地重申自然法意义上的法治："法治是这样一种原则，它关注法律应当是什么，亦即关注具体法律所应当拥有的一般属性。"[1]哈耶克所关注的法治针对的是一种"元法律原则（a meta - legal doctrine）"，[2]而不是具体的法律细节，正是高居于具体法律（包括宪法）之上的一般性规则构成了对自由最有力的保障。[3]

第三种是竞争。维护亚当·斯密意义上的自由竞争是哈耶克返回古典自由主义的重要标志之一。哈耶克对自由竞争的维护与对计划经济的批判是交织在一起的，主要集中在《通往奴役之路》这部著作里面。"自由主义的论点，是赞成尽可能地运用竞争力量作为协调人类各种努力的工具，而不是主张让事态放任自流。它是以这种信念为基础的：只要能创造出有效的竞争，这就是再好不过的指导个人努力的方法。它并不否认，甚至还强调，为了竞争能有益地运行，需要一种精心想出的法律框架。"[4]竞争是哈耶克眼中调节不同社会中的个人目标的最有效的方式，为了确保这种方式得以良性运作，法治是必须的，因此自由竞争的市场经济必然是法治经济。

从以上三点的论述中，可以得出这样一个结论：法治或者说一般性规则系统的存在是自生自发秩序得以存在的最核心的必要条件。"人造的秩序"认为自身拥有无所不能的理性，目标是建成一个已经画出蓝图的理想社会，所以，一切社会成员只要按照蓝图施工就好，社会必须强制每个人都为建成理想社会而奋斗，在这种社会当中，只有强制、没有自由，只有命令、没有规则，只有服从、没有竞争。

第三，既然一般性规则对于自生自发秩序如此重要，那么，什么样的一般性规则才是"适当的"？此时必须记得，哈耶克坚持的是进化论理性主义，也就是说，适当规则是在不断进化的，它在起作用，也在发生变化，但很可能并不为人

---

〔1〕［英］弗里德利希·冯·哈耶克：《自由秩序原理》（上），邓正来译，生活·读书·新知三联书店1997年版，第260页。

〔2〕［英］弗里德利希·冯·哈耶克：《自由秩序原理》（上），邓正来译，生活·读书·新知三联书店1997年版，第261页。

〔3〕"法治下的自由"这一立场贯穿了哈耶克的整个理论体系，对哈耶克而言，自由与法治是须臾不可离分的。下一部分会详谈这个问题。

〔4〕［英］弗里德利希·奥古斯特·冯·哈耶克：《通往奴役之路》，王明毅等译，中国社会科学出版社1997年版，第40～41页。

完全知道。哈耶克的这种立场与哈特（H. L. A. Hart）对"正义"变迁的解释极为相似。"习惯上正义被认为是维护或重建平衡或均衡，其重要的格言常常被格式化为'同样情况同样对待'（Treat like cases alike）。当然，我们需要对之补上'不同情况不同对待'（Treat different cases differently）。"[1]

但实质性问题在于，什么是"同样情况"，什么又是"不同情况"？什么样的差异才是决定性的？哈特认为，"非常明显，有关联的相似性的标准是可以随着特定人或社会的根本道德观而经常变化的"。[2]这种立场并不是认为居于形式规则背后的实质性规则是不存在或不可把握的，而是认为这些实质性规则由整个社会的根本道德取向决定，而且这种根本道德取向是会变化的，虽然通常情况下这种变化非常缓慢。社会根本道德取向的变化决定了人们不可能一劳永逸地概括出所有实质性规则，但人们可以在遵守形式规则的前提下，去探求或接近社会根本道德取向所蕴含的实质性规则。比如，几乎从有人类社会开始，就有了"不能杀人"这条基本规则，但奴隶是人吗？亚里士多德和希腊人就认为不是，因此，杀死一名奴隶并不是杀人，而是损毁了奴隶主的财产。当今社会显然已经不会再认为任何人是奴隶，没有人可以因为坚持他所杀的人是奴隶而得到法律上的豁免。社会对人的看法变了，不过变得非常缓慢，奴隶制被彻底消灭是 20 世纪的事情。这一切究竟如何变化的，是一个极其复杂的过程，即便是专门研究这个问题的历史学家，也很难把整个事情完全说清楚。这就是道德的进化过程。但需要注意的是，人们并不会因为实质性规则无法被一劳永逸地把握住就失去它们，进而堕入道德和法律的虚无主义。每个人都有道德进化长河所赋予的道德感和正义感，尽管说不清楚它们是什么，但每个人都确确实实地拥有它们。

"人造的秩序"否认了任何不可知性，因此它会把国家的命令作为绝对的正当规则，从而不承认形式规则与实质规则之间的张力，甚至废除形式规则，进一步完全废除规则，以命令代替规则。它也不会在意人们的道德感和正义感，因为在它看来，说不清楚的东西就是不存在的，没有意义的。但是，道德和正义恰恰是由这种不能完全说清楚的道德感和正义感支撑起来的，它们让道德和正义处于"日用而不知"的状态，我们每个人都"无意识地"过着道德的生活。

---

〔1〕　[英]哈特：《法律的概念》，张文显等译，中国大百科全书出版社 1996 年版，第 157 页。
〔2〕　[英]哈特：《法律的概念》，张文显等译，中国大百科全书出版社 1996 年版，第 160 页。

三、规则与法治

哈耶克的自由至上主义当中，最独特也最重要的概念是"自生自发秩序"，他对这个概念的深入阐释不仅形成了一个庞大的有关"规则"的理论体系，更重要的是，这个体系将自由主义传统中的许多重要元素都整合到一起，尤其是对自由主义历来重视的法治予以了新的独到的阐释。

（一）规则系统与行动结构

哈耶克把自生自发秩序区分为两种类型："一是作为进行个人调适和遵循规则的无数参与者之间互动网络的秩序（或称行动结构），二是作为一种业已确立的规则系统的秩序"，[1] 简称为"行动结构"和"规则系统"。它们之间既有区别又有联系。

首先，它们的演变逻辑不同，行动结构的生成和进化以规则为依据，而规则的进化则并不依赖行动结构。行动结构的进化是依据规则展开的，受到规则体系制约的，所以行动结构的进化方式有以下两个特征：①"它是在明确可辨的规则基础限制下发生的，而且是一永久循环的过程"；②"它是否定性的，它规定了何者不能存在，而不是何者能存在"。[2] 而规则系统的进化则不存在明确具有规定性的环境，它不受规则制约，它"在很大程度上是不确定的"，"它不遵循任何'进化之法则'。"[3] 因此，行动结构在既定的环境之中有迹可循，环境和迹象都可以凭借规则系统得到解说；但规则系统则没有更高级的存在背景或环境，没有"规则"意义上的线索可以捕捉，要言之，规则系统的进化是终极的。进一步的，对规则系统和行动结构进行解释的基本逻辑也是不同的。行动结构可以根据"个人主义的'自生自发秩序'论式"（即"规则遵循"）来解释，而后者"不能根据'规则遵循'的理路加以解释，否则就会陷入循环论证。"[4] 在后者的解释逻辑上，

---

〔1〕［英］弗里德利希·冯·哈耶克：《自由秩序原理》（上），邓正来译，生活·读书·新知三联书店1997年版，第29页；［英］弗里德利希·冯·哈耶克：《法律、立法与自由》（第一卷），邓正来、张守东、李静冰译，中国大百科全书出版社2000年版，第7页。

〔2〕［英］弗里德利希·冯·哈耶克：《自由秩序原理》（上），邓正来译，生活·读书·新知三联书店1997年版，第30页。

〔3〕［英］弗里德利希·冯·哈耶克：《自由秩序原理》（上），邓正来译，生活·读书·新知三联书店1997年版，第30页。

〔4〕［英］弗里德利希·冯·哈耶克：《自由秩序原理》（上），邓正来译，生活·读书·新知三联书店1997年版，第31页。

哈耶克的进化论理性主义立场意味着，人们不可能完全、绝对地理解规则系统的进化。如果规则系统可以被人类理性完全掌握，人类理性也就可以去设计它、建构它，这恰恰是哈耶克所反对的建构论理性主义的立场。所以，捍卫自生自发秩序就必须捍卫规则系统的自生自发品性。但人们并不需要对规则系统和它的进化持绝对不可知论或者神秘主义的立场，它并不是完全不可知的，更重要的是，每个人每天都生活在它当中。

其次，规则系统是文化的一部分，它是从文化中进化而来的。规则系统是一种文化的产物，而文化本身，在哈耶克看来，是进化的产物而非理性设计的产物。哈耶克的文化进化论立场是其整个社会理论可以追溯的最终理论环节。

规则系统非常独特，它"反映了关于社会世界的真知识，然而这种知识却在两个方面与科学理论不同：一是它不具有明确的形式，二是在很大程度上讲它不是那种'因果的知识'"。[1] 这种知识并不以理论的形式呈现出来，它不是以逻辑贯穿的精细演绎，而通常是以"信念"的面貌在具体情势的解决中呈现出来。人们往往以为它是零星散布、不成系统的，其实这恰恰是人类理性无法完全把握这种知识的表现。这种知识并不是理性思辨的产物，它也不一定能够被严格的理性验证，但它确实是这个社会赖以运行的土壤。每个人都知道"不能杀人""不能偷盗""不能奸淫"，但论证"为什么不能杀人、偷盗、奸淫"却是极其困难的事情，而且，不需要论证，每个人也都会遵守它们，因为每个人"自然而然"就认为它们是对的。哈耶克的这种知识论立场与休谟的知识立场非常相似，[2] 理性并不万能，而且不是裁断知识存在的"正当性"的唯一尺度；很多被启蒙理性主义哲学鄙视的知识不仅不是毫无价值，而且它们往往对社会秩序的影响更为巨大，它们才是社会秩序得以运行的基础。作为社会秩序存在和进步基础的规则系统知识并不像表现社会前沿的哲学或科学理论那样引人注目，但它的重要性并不比它们少，它的正当性并不需要它们来赋予。

规则系统作为社会秩序存在和进步的基础，它具有以下两个特点的知识：其一，这种知识是解决人们与其环境相协调、并达成与他人之间的预期一致性的唯一资源；其二，这种知识是"一种集无数代个人经验的大规模的'文化进化'过程

---

〔1〕［英］弗里德利希·冯·哈耶克：《自由秩序原理》（上），邓正来译，生活·读书·新知三联书店 1997 年版，第 32 页。

〔2〕参见罗尔斯对休谟知识论的解读。［美］约翰·罗尔斯：《道德哲学史讲义》，张国清译，上海三联书店 2003 年版，"休谟讲座"。

的产物。"[1]非常明显，无论是在宏观上促成社会的协调一致，还是在历史中达成的积累，规则系统的生成、进化、运作都为理性所不及。正因为它具有为理性所不及这一根本性质，人们就不能够轻率地以有限的理性去否定它存在的正当性和有效性。人们的任务是去探索和发现它的性质和特点，而不是妄图摧毁它，代之以理性的宏伟设计。任何设计都不足以与它的精细和完整相媲美。

再次，从来源上看，规则系统内部可以分为两种规则，一种是先天的、遗传继承的关于人的行为的普遍规则，它们与人的生物进化过程有关；另一种是习得的、文化传承的关于人的行为的规则。[2]前者是人类同一性的重要根据，后者是文化(社会秩序)多样性的重要根据。自生自发秩序中，这两种来源的规则达成了一种和谐的统一，也就是达成了同一性与多样性之间的统一。而这种统一本身也是自生自发的，不为理性所及的。哈耶克和布坎南一样认为，"文化的进化业已形成或产生了非本能行为的抽象规则，人们一直依靠这些抽象规则生活，但却不理解这些规则。"[3]也就是说，对于规则系统，人们处于一种习以为常、浑然不觉的状态。人们必须遵守这些天天都在用却不理解的规则，最重要的在于它们是制度建设的边界所在。

哈耶克对规则系统的论述表明，必须既反对那些主张全盘重构的建构论理性主义，也必须反对完全否认规则的无政府主义。这是哈耶克理论落实到制度建设层面(政治学最重要的问题)的结论，哈耶克在这一问题上的基本立场与卡尔·波普非常接近，他们"旨在点滴的建设，而不是全盘的建构"，[4]也不是放任自流。他们既不是建构论理性主义者，也不是无政府主义者，而是"制度改革者"。

(二)内部规则与外部规则

在规则系统的问题上，哈耶克进一步区分了"内部规则"和"外部规则"两种

---

〔1〕［英］弗里德利希·冯·哈耶克：《自由秩序原理》(上)，邓正来译，生活·读书·新知三联书店1997年版，译序："哈耶克的社会理论"，第33页。

〔2〕［英］弗里德利希·冯·哈耶克：《自由秩序原理》(上)，邓正来译，生活·读书·新知三联书店1997年版，译序："哈耶克的社会理论"，第36页。

〔3〕［美］詹姆斯·M. 布坎南：《自由、市场与国家——80年代的政治经济学》，平新乔、莫扶民译，上海三联书店1989年版，第115页；［英］F. A. 哈耶克：《不幸的观念——社会主义的谬误》，刘戟锋、张来举译，东方出版社1991年版，第24页；［英］弗里德利希·冯·哈耶克《自由秩序原理》(上)，邓正来译，生活·读书·新知三联书店1997年版，第36页。

〔4〕［英］弗里德利希·冯·哈耶克：《自由秩序原理》(上)，邓正来译，生活·读书·新知三联书店1997年版，第82页。而且，哈耶克在此以注释50指明参见卡尔·波普：《开放社会及其敌人》(London，1945)各处。

类型,[1] 这是哈耶克法理学的精要所在,也是哈耶克捍卫法治的要点所在。内部规则是"自由的法律";外部规则是"立法的法律"。内部规则指"在它们描述的客观情势中适用于无数未来事例和平等适用于所有的人的普遍的正当行为规则,而不论个人在一特定情形中遵循此一规则会导致的后果";外部规则指"只适用于特定之人或服务于统治者的目的的规则"。[2] 内部规则的重要性和效力并不为外部规则的存在而减损,而且外部规则也离不开内部规则。另外,相比而言,外部规则不可能具有内部规则所具有的普遍性。因为它本身具有明显的目的针对性,它以命令的方式要求命令接受者实现命令发布者的目的,这种特性决定了其自身难以克服的有限性。

当然,哈耶克也承认外部规则是必不可少的,他只是反对将外部规则与内部规则相混淆,或者将外部规则凌驾于内部规则之上,抹杀内部规则的重要性。这里还是以"不能杀人"来解释内部规则和外部规则的关系。"不能杀人"是内部规则,而有的组织建立起来就是专门在特定情形下为了特定目标而杀人,例如,军队。为此,军队必须建立起一套属于自己的外部规则——军人以服从命令为天职,目的就是为了在特定情形更有效率地杀人。但是,军队的这种外部规则只是对军人有效,对于军队之外的人是无效的,更重要的是,军队内部仍然必须遵守"不能杀人"的规则,否则它将溃不成军。军队对于每个国家都是必不可少的,但它的存在绝不会减损"不能杀人"对于这个国家、这个社会的效力。

内部规则具有以下三个特点:否定性、抽象性和目的独立性。

否定性(negativity)是 20 世纪古典自由主义复兴运动中非常突出的一个理论要点。以洛克和贡斯当为代表的古典自由主义特别强调自由和权利的否定性的一面,而对自由的肯定性(positivity)的一面则被格林(Thomas Hill Green)为代表的新自由主义所强调。中文语境中,一般将前者称为"消极自由"(Negative Freedom),将后者称为"积极自由"(Positive Freedom),前者强调国家不能侵犯个人的自由和权利,后者强调国家有义务帮助个人实现美好的人生。哈耶克、伯林、波普对格林一脉的新自由主义展开了严肃的批判,他们强调古典自由主义的原始意义,试图除去格林一脉在"自由"之上添加的肯定性含义,因为赋予国家帮助

---

〔1〕 [英]弗里德利希·冯·哈耶克:《法律、立法与自由》(第一卷),邓正来、张守东、李静冰译,中国大百科全书出版社 2000 年版,第二章第 8 节"自生自发秩序的规则与组织的规则"。

〔2〕 [英]弗里德利希·冯·哈耶克:《法律、立法与自由》(第一卷),邓正来、张守东、李静冰译,中国大百科全书出版社 2000 年版,第 29 页。

人们实现幸福的义务，就必须给国家干预社会经济事务的权力，也就会将国家侵犯个人自由和权利的行径正当化。哈耶克对自由的否定性（或者说"消极自由"）的强调，与伯林的《两种自由概念》这篇著名文章有着异曲同工之妙。[1]

内部规则具有否定性的特质，与消极自由的本质存在着密切联系。哈耶克明确指出，"正当行为规则一般都是对不正当行为的禁令"。[2] 内部规则的否定性是解释消极自由的最重要的理论环节。从实践上讲，具有否定性这一根本性质的内部规则是捍卫消极自由最基础的规则，它是使消极自由得以存续和发展的制度基础。内部规则只告诉人们什么是不能做的，而不告诉人们什么是应该做的，它充分体现了自由和法治的古老传统"法不禁止即自由"。内部规则都是禁令，不能杀人、不能偷盗、不能奸淫……都是"不能"！它的否定性决定了它不会告诉你"应该去做什么"。因此，内部规则的否定性恰恰给人的行动以自由的空间。在内部规则划定的明确界限之外，每个人都可以自由发挥。这种规制方式恰恰能够达成社会整体的和谐运转，因为它最充分地保障了自生自发秩序的各种功能，而没有自以为是地去破坏它，那样反而会使整个社会在理性不及却又破坏了社会自身功能的自负中无可避免地陷入混乱，个人自由在此过程中也会丧失殆尽。而外部规则不能只是否定的禁令，在绝大多数情况下它都必须是肯定性的命令，告诉组织成员必须做什么。否则它就没有把社会成员变成特定的组织成员，也就没有办法实现特定的组织目标。无论是国家的宪法还是公司的章程，都是以肯定性的规则为主。

抽象性是内部规则的第二个性质。关于这一性质的论述散布于《法律、立法与自由》各处，本讲将其中最为典型的描述之一摘录如下："所谓'抽象的'，其含义可见之于一项经典的法律程式之中：规则必须适用于未知其数的未来情势。"[3]

抽象性是内部规则与外部规则非常重要的区别所在。否定性并不为内部规则所独有，外部规则范围内同样存在一些否定性的规则，国家和公司都可以禁止它

〔1〕［英］以塞亚·伯林："两种自由概念"，载以塞亚·伯林：《自由论》，胡传胜译，译林出版社2003年版，第186～246页。

〔2〕［英］弗里德利希·冯·哈耶克：《法律、立法与自由》（第二、三卷），邓正来、张守东、李静冰译，中国大百科全书出版社2000年版，第55页。

〔3〕［英］弗里德利希·冯·哈耶克：《法律、立法与自由》（第二、三卷），邓正来、张守东、李静冰译，中国大百科全书出版社2000年版，第55页，参见哈耶克对这句话所作的注释5，第95～97页。

们的成员作出某种行为，比如某些公司会规定同事之间不许谈恋爱，否则发现之后必须至少有一个离职。所以，内部规则一定是否定性规则，但并不是所有否定性规则、所有禁令都是内部规则。由此看来，要区分内部规则和外部规则，还需要其他标准，此时抽象性标准就显得格外重要。内部规则本身的性质决定了它必定以开放的样态作用于社会行动中的每一个人，每个人都必须遵守，在未来无数的个案中都适用，因此具有极高的普遍性；相应地，外部规则本身的性质也决定了它只可能以封闭的(甚至独断的)样态作用于特定社会行动中的个人，只有组织成员遵守，只对在组织内部发生的个案有效，因此它总是"具体的"。所以，内部规则不像外部规则一样去塑造一种以组织为主要形态的具体秩序，比如政府各部门的建立及其权责的明确规定。它所塑造的是抽象秩序，是无法直观的，它指向未来，而不是明确地告诉人们"现在"是什么样子。典型抽象秩序就是"市场"，人们不可能用组织法去描述或规定它是个什么样的组织，因为它就不是一个具体的组织，但人们明确地知道它的存在、它的重要性和它的许多重要运作规律。

目的独立性是古典自由主义的核心价值范畴之一，最典型的表述是康德在《道德形而上学原理》所说的那段名言："人的行动，要把你自己人身中的人性，和其他人身中的人性，在任何时候都同样看作目的，永远不能只看作是手段。"[1]一般将其概括为"人是目的"。哈耶克把古典自由主义的这一立场与内部规则的特征联系起来，古典自由主义的特色在对法律的目的的现代阐释中发挥得淋漓尽致。"法律确实不服务于任何特定的单个目的，而只服务于不同个人的无数的不同目的。法律只为那些在整体上并不为任何人所知道的众多的不同目的提供手段。"[2]从目的的角度讲，法律不能成为任何特定目的(特定人的目的)的手段，即"法者，天下之公器"。法律不能为任何集团所垄断，而只能为整个社会所共有。这是古典自由主义立场在法律定位问题上的重要表现，它最重要的排除对象是掌权者、是执法者、是政府。所谓法律的"独立"，正是独立于"权力的操纵"。法律不是政府的武器，不是政府实现自身目的的工具，而是所有社会成员为了各自的目的都可以加以利用的工具，它对每个人都是公平和开放的。规则的

---

〔1〕　[德]康德：《道德形而上学原理》，苗力田译，上海人民出版社1986年版，第81页。
〔2〕　[英]弗里德利希·冯·哈耶克：《法律、立法与自由》(第一卷)，邓正来、张守东、李静冰译，中国大百科全书出版社2000年版，第176页。

目的独立性是保障自由最重要的必要条件。

从哈耶克的内部规则理论可以明确看到，自由与法治相生相随、形影不离，自由必须是"法治下的自由"（liberty under rule of law），法治必须是捍卫自由的法治。可以说，在 20 世纪，哈耶克最有力、最系统地重申了自由与法治之间的关系。

（三）未阐明的规则与阐明的规则

哈耶克进一步区分了两种不同类型的内部规则，即未阐明的规则（unarticulated rules）和阐明的规则（articulated rules）。这种界分与哈耶克的知识论立场密切相关。法学中未阐明的规则对应的就是知识论中的"默会的知识"（Tacit Knowledge）。

"所谓'未阐明的规则'，在哈耶克那里，乃是指一种描述性质的规则，亦即并未用语言或文字予以表达的惯常行为的模式，而'阐明的规则'则是形式化了的规范性质的规则，它们不仅描述行为，而且还经由确立适当标准的方式支配行为。"[1]成文法律并不是我们生活的社会中唯一的规则，生活中的很多规则都处于"日用而不自知"的状态；即便人们都知道这种规则的存在，也不一定能够找到适当的语词将它们表现出来；即便找到了或在历史中形成了相对公认的表述方式，也不一定必须将它们变为法律条文；即便人们有意愿将社会中公认的习俗以立法的方式加以固定，也需要一个过程。所以，没有以法律条文表现的阐明的规则不仅大量存在，而且它们才是指导日常生活的主要规则。一个拥有正常心智的人肯定知道"不能杀人"这个规则，但他不一定知道这个规则位于刑法典的第几条。绝大多数社会成员都不可能记住繁多的法律条文，但这并不意味着他们随时都会违法，社会并不会因为人们不知道法条而随时濒临崩溃，正是因为未阐明的规则常驻每个人心底。

我们用生活中的例子来解释"未阐明规则"（"默会的知识"）的普遍性和重要性。例如，烹饪主要依靠默会的知识，或许人们可以买到菜谱，照章办事，但是，在重量精确到"克"和时间精确到"秒"的情况下，最后的关键一步还总是会被菜谱弄得方寸大乱：盐少许！多少克盐才算"少许"呢？在阐明的规则无法指导我们作出恰当行动之时，人们却发现，不看菜谱（甚至可能不识字）的妈妈们

---

〔1〕 ［英］弗里德利希·冯·哈耶克：《法律、立法与自由》（第一卷），邓正来、张守东、李静冰译，中国大百科全书出版社 2000 年版，译序："研究哈耶克法律理论的一个前提性评注"，第 36 页；另参见［英］弗里德利希·冯·哈耶克：《自由秩序原理》（上），邓正来译，生活·读书·新知三联书店 1997 年版，第三章"知识的进步"。

手腕一抖就轻松解决了这个难题。她们掌握了关于烹饪的默会的知识，尽管她们说不出来，但她们做得很好。人们生活中存在着大量这种做得出来却说不出来的知识。例如，会骑自行车很容易，但如果一个人只是凭借语言，恐怕很难教会别人骑自行车，游泳也是如此，所有的"手艺"都是如此。人们的道德领域同样存在着大量这样的默会的知识，所以文盲也可以是有道德的人，否则根本无法想象在教育普及之前的数千年，人类社会是怎么维系下来的。人们通常将这种状况称为人的"道德感"。在生活之中，手艺和道德感与人们如影随形，它们才是生活的依靠。所以，强调默会的知识(未阐明规则)的重要性和普遍性，就要求尊重传统、尊重习俗、尊重普通人的良心，它们而非卷帙浩繁的法条才是一个社会的正义的真正源泉和根基，建筑在如此基础之上的自生自发秩序才能真正地实现自由、法治与繁荣。

【推荐文献】

1. [英]弗里德利希·冯·哈耶克：《自由秩序原理》(上、下)，邓正来译，生活·读书·新知三联书店1998年版。

2. [英]弗里德利希·冯·哈耶克：《法律、立法与自由》(一、二、三卷)，邓正来、张守东、李静冰译，中国大百科全书出版社2000年版。

3. [英]弗里德利希·奥古斯特·冯·哈耶克：《通往奴役之路》，王明毅等译，中国社会科学出版社1997年版。

4. [英]冯·哈耶克：《哈耶克论文集》，邓正来译，首都经济贸易大学出版社2001年版。

5. [英]阿兰·艾伯斯坦：《哈耶克传》，秋风译，中国社会科学出版社2003年版。

【拓展阅读材料】

1. 朝圣山学社

2. 多样性与差异

第四讲　自由、民主与国家：新共和主义是如何可能的？*

19 世纪 40 年代以来，共和主义的复兴影响甚巨，成为继社群主义之后挑战当代自由主义的强劲思潮，史称新共和主义（New Republicanism）。在各种新共和主义的主张中，佩迪特（Philip Noel Pettit）的理论体系最为完备。他在深入剖解伯林式消极自由观弱势的基础上，提出以"无支配的自由（Freedom as Non – domination）"取代"无干涉的自由（Freedom as Non – interference）"，为确保这种无支配自由的最终实现，佩迪特主张以论辩式民主（Contestatory Democracy）弥补自由民主的缺陷，从而为新共和主义提供更佳的制度保障。论辩式民主并非在法治和分权之间进行简单取舍，而是强调协商、包容和回应。这种新型民主虽然存在诸多不足，但也为更好地解决自由与民主的张力问题、进而重释当代民主的新内涵提供了新的理论范式。佩蒂特还主张重新审视国家干涉行为的性质，赋予共和主义的国家以不同于自由主义的积极形象。

一、无支配自由观的内涵与框架

作为当代新共和主义的代表人物，佩迪特无意重构一种不同于自由主义的价值目标和理论体系。他的目标是打破自由主义对自由概念的垄断，在共和主义的框架下，以无支配的自由观为核心，围绕自由、法律、公民、参与和身份等重要议题，深度阐释共和主义的自由观。从概念选择到方法解构，佩迪特的论证不乏新意，但也存在诸多误读和缺陷。作为共和主义的代表人物，佩迪特试图以无支配自由取代自由主义的无干涉自由，那么，如何理解无支配自由观的内涵，它是否正面回应并补充了无干涉自由观的不足，它存在哪些缺陷？这些问题对于探讨当代共和主义政治哲学的内在逻辑与未来走向具有重要的意义。

（一）无支配自由观的基本内涵

自由概念是自由主义的核心理念，也是共和主义反思和追问的重点。佩迪特

---

　　* 作者：庞金友，中国政法大学政治学系教授，研究范围涉及西方政治思想史、政治学理论、国家与社会、国家观念等。

并不想重构一种不同于自由主义的价值目标和理论体系，他只是试图打破自由主义对自由概念的垄断，从而界定一种新的自由观。

佩迪特的政治哲学以对自由概念的再诠释为起点。在他看来，以霍布斯、边沁为代表的自由主义者支持一种无干涉的自由概念。这里的干涉是指排除了自然因素后，他人、团体、社会以及政治权威对个人造成的选择、行动和意志上的限制。"一切干涉行为，不管是强制的还是操纵的，其干涉者的目的都是旨在通过改变可以获得的选择范围，改变分配给这些选择的预期收益以及控制选择的结果或实际收益，来恶化行为者的选择状况"[1]，因而，凡是干涉都是侵犯自由的。自由意味着免于干涉，意味着一切外在人为的有意限制的阙如。与之对应的是，共和主义眼中的自由可以被称之为无支配自由。支配之所以发生，根源于专断的权力。"所谓的专断就是仅仅按照权力主体的意志行使权力。同时，这种权力在权力客体有权作出某种抉择的情况中发挥它的效用。"[2]因此，只要有支配，就是侵犯自由的，也就是说，自由就是专断权力或者说支配的阙如。

在佩迪特看来，由于自由主义者关注干涉存在与否，而共和主义者关注支配存在与否，如此一来，就可以将人与人之间的社会关系分为四种情况，如下图所示：[3]

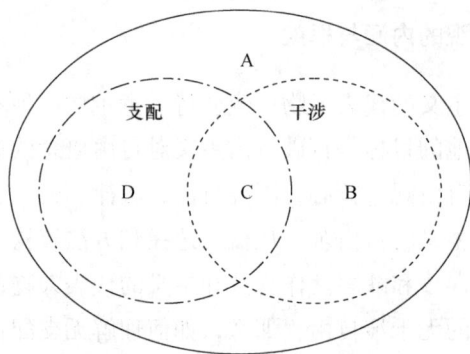

图1　无支配自由与无干涉自由

---

〔1〕　[澳]菲利普·佩迪特：《共和主义——一种关于自由与政府的理论》，刘训练译，江苏人民出版社 2009 年版，第 71 页。

〔2〕　[澳]菲利普·佩迪特：《共和主义——一种关于自由与政府的理论》，刘训练译，江苏人民出版社 2009 年版，第 70 页。

〔3〕　庞金友、刘影硕："从概念选择到方法解构：佩迪特无支配自由观的逻辑与缺陷"，载《教学与研究》2012 年第 1 期。

对于 A 和 C 两种状态，自由主义与共和主义是一致的：A 是自由状态，而 C 不是。而对于 B 和 D 两种状态，两者的分歧极为明显：自由主义认为 D 是自由状态，而 B 是不自由状态，共和主义则恰恰相反，认为 D 是不自由状态，而 B 是自由状态。可以看出，二者只关心各自对自由与否的判定标准，而忽略了对方对自由的判定标准。

自由主义将干涉与否作为评判自由的标准，自然也就将法律与自由对立起来，毕竟法律从以强制力为盾来看，其实施必然会带来某种约束和限制，"所有的法律都是强制的，它们的作用要么是限制，要么是强迫。他们要么是迫使我们采取某些行为，要么是禁止我们采取某些行为"。[1] 正如霍布斯所言："在法律未加规定的一切行为中，人们有自由去做自己的理性认为最有利于自己的事情。"[2]

但是在共和主义者看来，法律的强制性并不一定是自由的威胁，正如权力的存在也并非必然威胁自由一样。关键在于，无论是权力还是法律，其存在是否受到专断意志的支配。法律存在的可能性在于，法律可以是在非专断的基础上制定的，并且，"只有法律代表了人民的共同利益和思想观念，并符合一种理想法的形象，即只有当它们没有成为任何个人或群体之专断意志的工具时，才能做到这一点"。[3] 法律存在的必要性在于，制定良好的法律本身就是自由的构成要素。因为国家权力的存在是客观的，无法回避的。维护自由的关键不是消灭权力本身，而是消除权力的专断性。佩蒂特提出，良好的法律可以使人民免于支配，同时法律本身不会引入任何新的支配性力量或与政府的统治权一致的支配形式。[4]

当然，这里的问题是良好的法律是否存在以及如何产生。佩迪特认为，良好的法律就是符合理性的法律。正如他所认为的共和主义代表人物洛克说得那样，"支配亚当的法律就是支配他的所有后裔的法律，即理性的法则……法律按其真正的含义而言与其说是限制还不如说是指导一个自由而有智慧的人去追求他的正

---

〔1〕［澳］菲利普·佩迪特：《共和主义——一种关于自由与政府的理论》，刘训练译，江苏人民出版社 2009 年版，第 56 页。

〔2〕［英］霍布斯：《利维坦》，黎思复、黎廷弼译，商务印书馆 2010 年版，第 172 页。

〔3〕［澳］菲利普·佩迪特：《共和主义——一种关于自由与政府的理论》，刘训练译，江苏人民出版社 2009 年版，第 47 页。

〔4〕［澳］菲利普·佩迪特：《共和主义——一种关于自由与政府的理论》，刘训练译，江苏人民出版社 2009 年版，第 47 页。

当利益"[1]。何为理性呢？佩迪特认为，只要法律是按照人民的共同利益来制定并授予政府政治权力，就能使政府权力丧失专断性，同时也就创造了公民所享有的自由。存在这样的理性法律也意味着，"合法的权威将只有在追求公民的共同利益并且以一种符合全体公民之既定舆论的方式来追求这些利益时，才有权力、有能力进行干涉"。[2]

佩迪特的法律观为法律的存在作了最为积极的辩护。在他看来，自由主义的政治理想在逻辑上必然会回到自然法统治状态，或者无政府状态。只有如此，自由与强制干涉的矛盾才能消失。否则，一旦产生法律，产生国家，必然是个人牺牲一定自由的结果。而在共和主义看来，由于对自由的概念界定与强制干涉并不矛盾，因此，通过对理想法律的界定和论证在此理想法律下政治权力将丧失专断性，最终不但化解了强制干涉与自由的矛盾，反而还使法律成为构成自由的必不可少的内容。同时，将无支配作为法律存在的前提，也给国家的积极干预提供了法理支持。佩迪特自己也承认，即便是致力于共和主义目标与政策，国家机构也对人们的生活进行了系统的干涉，在执行法律、实施法律制裁的过程中也强制了平民个人。[3]但是，佩迪特坚信即便如此，只要干涉是非专断的就没有侵犯自由。

对于经过法律授权的代理者——政府，如何保证其不按照专断意志行使权力呢？佩迪特的回答是，通过授予公民"反权力"的权力。所谓"反权力"的权力，就是指公民拥有一种永久性的对他人、团体、政府行使支配权力的制约，拥有对政治决策（政治选举也算作一种决策）合理与否的论辩权力。

佩迪特之所以赋予公民这样的永久权力，正是在于无支配的自由"寻求的不是个人不会受到任何实际或预期的强制之掣肘的领域，而是不受来自专断的强制或者强制能力之掣肘的行动领域"。[4]因而，这样的自由观使得公民的无支配自由本身成为一种积极权力，能够有效制约政治权力。公民对政治决策的参与行为

---

〔1〕 ［英］洛克：《政府论(下篇)——论政府的真正起源、范围和目的》，叶启芳、翟菊农译，商务印书馆1964年版，第35页。

〔2〕 ［澳］菲利普·佩迪特：《共和主义——一种关于自由与政府的理论》，刘训练译，江苏人民出版社2009年版，第48页。

〔3〕 ［澳］菲利普·佩迪特：《共和主义——一种关于自由与政府的理论》，刘训练译，江苏人民出版社2009年版，第224页。

〔4〕 ［澳］菲利普·佩迪特：《共和主义——一种关于自由与政府的理论》，刘训练译，江苏人民出版社2009年版，第112页。

本身就是自由的内容之一，同时也是公民无支配自由的实现方式。因而，赋予公民此种权力的法律，本身就是对公民享有无支配自由的保证。在这个意义上，法律、自由、公民身份之间存在着一种三位一体的内在关系。正如佩迪特所说，"他们(共和主义者)将自由视为公民身份。公民身份必然是只能存在于良好法律体制之下的一种地位，就像共和主义传统认为的：公民身份的主要特征就是法治，公民身份是和自由可以等同的。自由被视为只能存在于良好法律体制之下的一种地位"[1]。一言以蔽之，佩迪特理解的共和主义自由是一种政治权力，以公民不受支配和自我统治为目标，以法律确认的公民身份参与政治决策论辩为实现方式。佩迪特认为，这是一种以非支配性权力控制支配性权力从而根除支配的宪政策略。

无疑，佩迪特理解的公民身份与古典共和主义对公民美德的要求极为相似。在这里，公民身份本身成为自由的象征，因而使得公民对政治决策中的论辩参与负有不可推卸的责任。重新强调公民身份，对于医治当下代议民主体制中的公民参与冷漠问题，确实是一剂可以尝试的药方。同时，代议民主体制下公民对政治权力的监督，仅仅体现于数年一度的政治选举，这样的监督被卢梭认为是虚假的，"他们只有在选举国会议员的期间，才是自由的；议员一旦选出以后，他们就是奴隶，他们就等于零了"[2]。更为重要的是，这样的政治参与只是体现于对统治者的选择而非真正对政治决策的参与。在公民监督很不充分的情况下，佩蒂特强调公民对政治论辩的参与，因为这样可以对权力产生有效的制约和监督。在公民参与和公民身份实现的过程中，虽然不可避免地带来对公民个人行动的限制，但是这种限制并没有对公民造成专断支配，因此，从根本上，公民通过参与最终实现了自由。

(二)无支配自由观的误读与缺陷

佩迪特的无支配自由观对西方自由主义的自由概念提出了质疑和挑战，但是这种挑战是否站得住脚，需要做进一步的分析与评判。实际上，佩迪特的无支配自由观既存在对自由主义的误解，又有自身的理论缺陷。

---

〔1〕 ［澳］菲利普·佩迪特：《共和主义——一种关于自由与政府的理论》，刘训练译，江苏人民出版社 2009 年版，第 47 页。

〔2〕 ［法］卢梭：《社会契约论——一名：政治权利的原理》，何兆武译，商务印书馆 2003 年版，第 120～121 页。

在佩迪特看来，共和主义自由观是对自由主义自由观的批判和超越，实际上，这种所谓的批判和超越存在着对自由主义理论体系的误读成分。

佩迪特将霍布斯、边沁视为自由主义的代表者。问题就出现在这里。首先，这些思想家的观点能否代表自由主义？显然这是有争议的。人们往往更倾向于把霍布斯在《利维坦》中支持君主专制的思想视为反自由主义的，而边沁更是反思和批判传统自由主义的、功利主义的代表。即便霍布斯在政治思想中存在对自由概念的认识，那也是在最原初的概念上把自由视为没有外在物理障碍的一种状态，在社会情况下，霍布斯认为个人有在法律未加规定的前提下行动的自由，在自我保存方面，个人拥有主权者也不能剥夺的权利。

自由主义在佩迪特眼里仿佛是铁板一块、有高度共识的，但实际上按照格雷的说法，自由主义内部流派众多，分歧重重，很难说哪一派能够完全代表自由主义的完整学说，"研究观念史和运动史的历史学家们，时常觉得根本就不存在一种自由主义，而毋宁是多种自由主义，他们只是通过一些松散的'家族相似'联系起来"[1]。在这样的情况下，即便是佩迪特对霍布斯等人的批判存在合理性，也不足以否定掉其自由主义的思想和观点。佩迪特把洛克视为共和主义的代表。然而，洛克（无论其政治思想中是否有共和的要素）却是公认的自由主义理论体系的奠基人。

佩迪特对自由主义的批判，是建立在他对自由主义代表者、自由主义核心概念和共和主义代表者作出刻意选择的基础之上的。这样的选择一方面极大地削弱了他的理论批判力，另一方面，自由主义代表者能够被他归入共和主义阵营，也预示着他的理论与自由主义的关系更多的可能不是冲突而是共识。

佩迪特认为自由主义所支持的自由是指外在干涉的阙如状态。正如上文所提到的那样，既然他对自由主义理论代表者的选择是"趋利避害"式的，那么他对自由主义所理解的自由概念也难免不发生误读。

在佩迪特提到的四种状态中，无干涉无支配状态是自由主义和共和主义都认同的最为理想的自由状态。然而，无干涉不能保证政治权力就没有专断；无支配又必然伴随法律的干涉。因而同时满足无干涉和无支配的自由要么无法实现，要么无异于退回到无政府、无法律的自然自由状态。自由主义派别之间虽然分歧很大，但是都不赞成把自由理解为自然状态下的自由，而是理解为社会中的自由。

---

〔1〕 [英]约翰·格雷：《自由主义》，曹海军、刘训练译，吉林人民出版社2005年版，第3页。

这样的自由必然会服从协调人与人之间关系的规则，这样的规则需要强制干涉来保证实现，"那种在强制性行为规则意义上的法律，无疑是与社会相伴而生的，因为只有服从共同的规则，个人才能在社会中与其他人和平共处"[1]。也就是说，自由主义所支持的自由并非与干涉完全对立。

在佩迪特看来，把自由理解为无支配比把自由理解为无干涉能够赋予国家更大的行动合法性。此处显然出现了一个理论错误，即佩迪特把自由当成了一种不可妥协和让渡的最高价值。然而由上文可知，如果把自由理解为无干涉，而自由又成为与其他价值无法妥协的话，那么人类为了逃避政治权威的干涉只好退回到自然状态——但是这却逃避不了他人的干涉以至于陷入"一切人对一切人的战争"。事实上，即便是在佩迪特的理论框架中理解霍布斯，他也没有赋予自由最大的不可让渡的价值。他认为人类可以为了安全一定程度上让渡自由权利，可以赋予主权者强制干涉的行动权力。

在哈耶克等古典自由主义的支持者眼中，自由并非一种没有干涉的状态，而是一种没有他人强制的状态。他认为，自由，"是一种人的状态，在这种状态下，社会中他人的强制被尽可能地减小到最低限度。这种状态我们称之为自由"。[2] 这里的强制是有特定含义的，它不是指干涉行为的发生，而是"一个人的外部条件受他人控制，为了避免更大的恶果，他被迫为实现他人的目的工作，而不能按照自己的计划行事"。[3] 也就是说，哈耶克理解的自由，正是个人不受他人、团体或政治权力的专断强制的状态。这样的观念，早在古典自由主义奠基者洛克那里就得到了认可。洛克认为，自由是在法律范围内随心所欲地处置或安排他的人身、行动、财富和他的全部财产的自由，在此范围内，个人遵循自己的意志，不受另一个人的任意意志的支配。[4] 从这个角度看，佩迪特的无支配自由概念对自由主义概念的所谓挑战，就不攻自破了：正是那些古典自由主义的代表者，支持着和无支配自由极为相似甚至是相同的自由概念。

---

〔1〕 [英]弗里德利希·冯·哈耶克：《法律、立法与自由》(第一卷)，邓正来、张守东、李静冰译，中国大百科全书出版社2000年版，第113页。

〔2〕 [英]弗里德利希·奥古斯特·冯·哈耶克：《自由宪章》，杨玉生等译，中国社会科学出版社1999年版，第27页。

〔3〕 [英]弗里德利希·奥古斯特·冯·哈耶克：《自由宪章》，杨玉生等译，中国社会科学出版社1999年版，第40页。

〔4〕 [英]洛克：《政府论(下篇)——论政府的真正起源、范围和目的》，叶启芳、翟菊农译，商务印书馆1964年版，第35~36页。

自由不是无干涉，但无论是无支配自由还是自由主义的自由，都必须以个人拥有独立选择权利的范围来实现。佩迪特在之后的文章中想通过将无干涉自由和选择自由、无支配自由和行动自由分别对应起来，以承认无干涉自由的存在和赋予无支配自由价值优先性的折中方式来为自身的自由观辩护。

但是一方面，佩迪特把无干涉自由和选择自由作对应，得出来的选择自由与"可以获得的选项的特征——他们的数量、多样性或重要性——和相关路径的特征"[1]相关联，以至于他认为享有行动自由的穷人由于受到自然障碍和经济贫困的限制，他们只有很少或者根本没有选择自由。但是在自由主义学者伯林看来，佩迪特所谓的选择自由不过是自由的条件而非自由本身："在自由和行使自由的条件之间作出区分是重要的。如果一个人太穷、太无知或者太软弱以至于无法运用他的合法权利，那么这些权利所赋予他的自由对于他就等于是无。但是这种自由并不因此就废止了。促进教育、健康、公正，提高生活水平，为艺术和科学提供发展机会……并不指向自由本身，而是独立于它的那些价值。"[2]

另一方面，佩迪特在叙述行动自由的时候，他仍然认为这样的自由存在之必要条件是，个体的选择自由受到免于他人干涉的保障。这样一来，他的无支配自由的实现仍然依赖于因公民身份而随之获得的一个不受干涉的领域。总之，无支配自由和无干涉自由之间的关系更应当是：两者都共享不受外在专断意志干涉的自由概念。虽然自由本身不是一般意义上的反对干涉，但自由的实现无论是针对专断干涉本身，还是针对专断权力（无论干涉与否）的存在，总免不了依凭一个个人不受专断干涉的领域的确立。如果是这样，那么无支配自由和无干涉自由就更加近似而非更有差异了。

佩迪特对自由主义在自由与法律关系认识上也存在误解。一个直观的证明就可以推翻佩迪特的误解——很多自由主义者都支持自由与法律的统一性而非矛盾性。在贡斯当眼里，"自由是只受法律制约，不因某个人或若干个人的专断意志

---

〔1〕 ［澳］菲利普·佩迪特："行动自由与选择自由"，载刘训练编：《后伯林的自由观》，江苏人民出版社2006年版，第336页。

〔2〕 ［英］以塞亚·伯林：《自由论》，胡传胜译，译林出版社2003年版，第51页。

受到某种方式干涉的权利"。[1] 在洛克的眼里，"哪里没有法律，哪里就没有自由"。[2] 在孟德斯鸠的眼里，"自由是做法律所许可的一切事情的权利；如果一个公民能够做法律所禁止的事情，他就不再有自由了，因为其他人也会同样会有这个权利"。[3] 在哈耶克的眼里，"法律、自由和财产权乃是一种密不可分的三位一体"。[4] 由是观之，重要的自由主义学者既没有支持一种干涉的自由概念，也没有把法律和自由对立起来看待。

再来看佩迪特界定的法律概念以及法律和自由的关系存在哪些内在的理论缺陷。如哈耶克所言，"在这么多伟大的思想家之间所存在的这一明显的冲突，并不意味着他们达至了相反的结论，而只意味着他们是在不同意义上使用着法律这个术语"。[5] 本书认为，可以将众多政治学者眼中的法律概念分为三种来看待。

第一种法律指的是政府的行政律令，是个人或者团体按照自身意志对他人造成强制的法律。霍布斯、边沁等被佩迪特称之为自由主义代表人眼中的法律正是如此。如果这样理解法律，那么法律自然就成为与人之自由完全对立的事物。

第二种法律指的是按照人的理性立法所建构的法律，这种法律一般往往以公意、人民利益或者共同利益为建构目标。佩迪特、卢梭等持这样的法律观。他们把真正的法律与人之理性等同起来，而这种理性又往往与人民的利益是一致的。因而，在法律、理性、人民的利益之间存在着三位一体的内在关系。正如卢梭所认为的，"我们无须再问应该由谁来制定法律，因为法律乃是公意的行为，我们……无需问人们何以是自由的又服从法律，因为法律不过是我们意志的记录"。[6] 在这种法律观念下，法律产生的干涉由于符合人民的利益，因而不是专断的，而是人之自由的保证。这样理解的法律概念就和霍布斯等人理解的法律概念产生了区别，"法律既然结合了意志的普遍性和对象的普遍性，所以一个人，

---

〔1〕 ［法］邦雅曼·贡斯当：《古代人的自由与现代人的自由》，阎克文、刘满贵译，上海人民出版社2005年版，第34页。

〔2〕 ［英］洛克：《政府论(下篇)——论政府的真正起源、范围和目的》，叶启芳、翟菊农译，商务印书馆1964年版，第35页。

〔3〕 ［法］孟德斯鸠：《论法的精神》(上册)，张雁深译，商务印书馆1961年版，第154页。

〔4〕 ［英］弗里德利希·冯·哈耶克：《法律、立法与自由》(第一卷)，邓正来、张守东、李静冰译，中国大百科全书出版社2000年版，第169页。

〔5〕 ［英］弗里德利希·冯·哈耶克：《法律、立法与自由》(第一卷)，邓正来、张守东、李静冰译，中国大百科全书出版社2000年版，第75页。

〔6〕 ［法］卢梭：《社会契约论——一名：政治权利的原理》，何兆武译，商务印书馆2003年版，第47页。

无论他是谁，擅自发号施令就决不能成为法律；即使是主权者对某一个别的对象所发出的号令，也绝不能成为一条法律，而只能是一道命令。唯有在这里才是公共利益在统治着"。[1]当然，佩迪特并不赞同卢梭实现公共利益的方式，因为卢梭强调公共利益在于人民的同意，而佩迪特主张的则是，公共利益的实现寄托于法律赋予公民对政府决策永久性的质疑和论辩的权力。

第三种法律概念认为，法律之为法律既非政治命令和行政律令，也非人之理性立法，而是人类生成的自由秩序背后遵从的规律或者说原则。支持这种法律观的学者包括哈耶克、莱奥尼等一批自由主义学者。他们认为，这样的法律是自发生成和客观存在的，而非人类理性的创造。人类的立法和行政律令之所以存在，是因为它们体现了真正的法律，但是它们本身并不能称之为法律。哈耶克等人认为，自由秩序与人的理性和人造秩序有一定的内在关联，也认识到真正的法律总是依赖于理性立法的体现，但是他们坚持认为，真正的法律是"法律之法"，它只能被发现而不能被创造。在法律和自由的关系上，这些学者首先持有与佩迪特同样的自由观，即认为自由乃强制或者说专断干涉的对立面（这里的"强制"显然不包括人们能对他人的行为施加的所有影响，强制不仅要以造成损害的威胁为前提，还要以实现别人的某种行为的意图为前提），[2]因而法律的存在是为了避免专断权力的产生。它划分了私人领域的界限，通过授予国家必要的政治权力对前者加以保障。这种法律具有消极性质，即否定政治权力对个人意志和具体选择目标的专断意志，从而否定人们相互之间的专断权力。基于这样的法律，政府权力由立法授予，虽不能避免干涉行为，但使权力局限于强制干涉的界限内，从而保护了私人领域免受他人专断干涉。

可以看出，佩迪特用自己概括的共和主义和自由主义各自的法律概念来作比较，本身就是对自由主义理论的误解。此外，佩迪特把法律的来源归于人之立法理性，从而为法律以及执行法律的政府打着公意的旗号对个人的大量干涉行为打开了方便之门，因为他所谓的永久论辩权力并没有规定个人不受权力侵犯的私人领域的范围。在现代政治社会里，论辩本身并非永远受理性的垂青，也并不能直接产生决策，最终决策的通过仍然需要民主投票以多数原则（简单多数或者相对

---

〔1〕［法］卢梭：《社会契约论——一名：政治权利的原理》，何兆武译，商务印书馆2003年版，第47页。

〔2〕［英］弗里德利希·奥古斯特·冯·哈耶克：《自由宪章》，杨玉生等译，中国社会科学出版社1999年版，第190页。

多数）来决定。如果法律以公共利益之名对个人领域进行干涉的话，在现实中往往表现为多数人按照自身的意志支配个人。退一步讲，人们之间也有共同利益和个人利益之分。而"人民或者选民概念，不大容易化约为个人的概念，甚至与个人概念不相容……立法活动很有可能与个人自由不相容"。[1] 如前文所述，自由的实现总是要以不受专断干涉的私人领域作为必要条件，这是个体按照自身意志追求个人利益的领域。而真正符合所有人利益的制度就应该体现为对私人领域的保障——这是公权力在私人领域有权干涉的唯一依据。如果这个领域都被所谓的公共利益所控制，个人的自由也就成了被抽象的公意或者特定的群体意志或目标所支配的奴隶，自由也就无从谈起了。根据这个论证可知，佩迪特虽然认识到法律与自由相统一的面向，但是却建立在对法律和实现自由方式的错误认识之上。

佩迪特对于无支配自由的实现以及体现这种自由的法律制定，很大程度上寄托于公民拥有和行使对政治决策的永久性论辩权力，这无疑是重申古典共和主义的公民美德观——虽然佩迪特认为这种公民参与美德只是实现无支配自由的工具。这里的问题在于，古典共和主义过于追求公民美德的缺陷也存在于佩迪特的相关理论之中。

上文提到，佩迪特在法律、自由与公民身份之间建立了三位一体的内在联系。尽管他认为自己的自由观接近于消极的个人自由，认为公民的政治参与仅仅是实现自由的工具，但是如果公民的论辩权是一种制约政府的权力，那么这仍然是行使公民的直接民主权力，而非实践自由。如果佩迪特把无支配自由认定为是一种权力的话，那么这可能是把民主和自由混为一谈，以至于在公共领域中无支配自由转变为一种公民权力，使无支配自由丧失了它作为自由的原有内涵。

从权力而非权利的角度看待公民的自由，为公民强加了政治参与的责任和义务。公民只有培养自身的公民美德，积极参与政治论辩才能体现出自身确实享有无支配自由。这样，公民的自由不但成为一种民主权力，还成为一种政治义务。其实，在现代社会里，现代人的自由比古代人的自由之优越性，源于现代人的自由对于个人独立和意志自主的尊重。这不但体现为一个不受他人专断干涉的私人领域，还体现为一种服务于个人自由的个人权利。公民在是否行使这种权利时都有个人的选择自由，"参与政治的权利在代议制中被改造成了个人自由的样式：

---

〔1〕 ［意］布鲁诺·莱奥尼：《自由与法律》，秋风译，吉林人民出版社 2004 年版，第 105 页。

个人拥有参与或不参与政治的自由"。[1] 佩迪特反其道而行之的观点无疑会造成民主权力与个人自由的紧张，从而可能以无支配自由之名威胁到个人自由。

更令人担忧的是，以公共利益为导向的决策和论辩，即便最终能使公民的无支配自由符合公共利益，这样的自由也不是个人选择不受专断干涉意义上的自由，而是追求以特定的美好目标为导向的积极自由。"对于无支配自由与理性自主意义上的积极自由，佩迪特则有些语焉不详"，[2] 如此来看，佩迪特对积极自由和无支配自由之间的区别显得暧昧不清。

(三)无支配自由的现代启示

无支配自由观所批判的无干涉自由并非是所有自由主义者的追求。在古典自由主义学者看来，自由主义自由和佩迪特眼中的无支配自由在概念上存在共识。从本质上来说，自由不是要消除权力与干涉，而是要排除权力的专断性，以实现人对自身命运和生活的独立安排。但是在如何排除权力的专断性给予自由现实的"肉身"以及如何看待自由与干涉的问题上，双方产生了分歧。佩迪特认为需要赋予公民对政治决策的永久性论辩权力。这实质上依循了"以权力制约权力"的路径，其本身并没有对个人领域提供直接的保证。它既容易将自由曲解为民主权力，也容易导致无支配自由转向由公共理性主导的积极自由。而在主流自由主义学者看来，要想消除权力的专断性，必须把自由与不受专断干涉的私人领域结合起来，如果佩迪特承认无支配自由也属于消极自由的范畴的话，那么个人之不受支配，必然意味着不受哪怕是所谓美好生活目标或代表公意的特定意志的支配，拥有在个人领域里自主选择的权利。"如果一个人受到法律和社会的过多限制，那么这就是一个有力证据，表明它在政治上附属于那个向他发号施令并施加诸多限制的集团。"[3] 也就是说，消极自由的要点不在于拥有制约他人权力之矛，而在于拥有保护个人领域之盾。事实上，佩迪特在其宪政策略中，除了公民的论辩权力之外，其余诸如宪政、三权分立等制度，本质上也是把政治权力限制在个人领域之外。由此可知，佩迪特的自由理论很大程度上仍然离不开自由主义的理论

〔1〕 张辰龙："邦雅曼·贡斯当：《古代人的自由与现代人的自由》"，载吴敬琏、江平主编：《洪范评论》，中国政法大学出版社 2006 年版，第 235 页。

〔2〕 刘训练："从'无支配自由'到'论辩式民主'——佩迪特的共和主义政治哲学述评"，载《天津师范大学学报（社会科学学版）》2009 年第 4 期。

〔3〕 〔美〕罗纳德·德沃金：《认真对待权利》，信春鹰、吴玉章译，中国大百科全书出版社 1998 年版，第 345 页。

体系。

佩迪特与自由主义主流学者一样，都认为法律与自由是内在一致的，但在如何看待法律上，双方出现了分歧。佩迪特把法律理解为符合公共利益并限制了权力的专断性。事实上，法律对权力专断性的限制，并非因为其符合某种公共利益，而只是服从法律背后的以个人自由与权利为导向的"法律之法"或者说法律的原则。根据法律的原则，公共领域和私人领域得以划分，个人自由得以保障。德沃金加强了这一论断，他提出，政府必须在最低限度的必要性上来限制自由，不能因为有利于普遍利益就扩大这种限制。[1]

在公民的政治参与方面，佩迪特依然戴着古典共和主义的眼镜来看待公民的论辩权力。殊不知，在代议民主制主导的现代政治下，公民的参与权力首先要考虑公民的个人自由权利，并以个人权利的形式来行使。如果公民的论辩权力成为一种强加的政治义务和负担，无疑会侵害公民的自由。论辩后的决策一般仍需投票表决，这样的决策反映的仍然可能是多数人的意志。即便其反映了普遍利益，也并不意味着它与个人利益总是一致。另外，佩迪特的无支配自由没有对个人自由领域加以规定和保障，很容易出现公共利益对个人自由的侵害——这本质上仍然反映的是民主与自由的张力。当然，以权利为王牌的自由主义理论在这里存在的困境在于，权利并非不证自明和天赋的，在现实政治中仍然面临权利保障的问题。自由主义在这方面对公民所作的要求仅仅在于通过选举选择和监督政治权力，这在多大程度上能够对政府的政治决策产生影响犹有质疑。

佩迪特的自由理论建立在对自由主义理论的误解之上，其理论自身亦存在内在的缺陷，同时他的理论中有很多合理部分与自由主义理论一脉相承。在看待自由主义与共和主义的当代之争时，人们往往容易忽视的是，这两种理论在渊源上既有冲突的一面，也有相互补益的一面。正如有学者所说，当代共和主义"与自由主义政治上的底线是一致的，只能被看作对自由主义某种程度上的修正"。[2]如果说佩迪特自视其共和主义自由观"有破有立"的话，其所批判的自由主义理论并非真正的或者说并非主流的自由主义流派之观点，所以可谓批判之箭未中靶心，而其阐述的共和主义理论很大程度上为自由主义作了"理论嫁衣"。不过，

---

〔1〕　〔美〕罗纳德·德沃金：《认真对待权利》，信春鹰、吴玉章译，中国大百科全书出版社 1998 年版，第 353 页。

〔2〕　任军锋主编：《共和主义：古典与现代》，上海人民出版社 2006 年版，第 222 页。

他由此阐发的现代国家面临的政治问题，却是众多政治思想流派需要共同面对的，也是共和主义自由观最具魅力的部分。

二、论辩式民主的逻辑与优势

在充分解构伯林式的消极—积极自由观的基础上，佩迪特提出了区别于自由主义传统的"第三种自由"，即无支配自由。作为当代新共和主义的代表人物，菲利普·佩迪特的无支配自由观一直是学界探讨和争论的核心议题。实际上，他的论辩式民主在其政治哲学中的地位也不容忽视。作为无支配自由的必然结论，论辩式民主是确保这种自由实现的最具创造性的制度设计。在协商民主的基础上，这种民主形式将协商、包容和回应作为题中应有之义，具有强大的理论解释力和现实必要性。

（一）论辩式民主的逻辑起点

无支配自由被佩迪特视为"社会和政治制度设计的中心理念"[1]，在其政治哲学中居于中心地位。这种自由观认为，自由的实现与是否受到干涉无关，应主要看其是否受到支配。如何既确保积极的干涉行为的存在，又排除无实际干涉的支配现象，是最为关键的问题。从这个角度来看，佩迪特的论辩式民主是无支配自由观逻辑推演的必然结果，因为这种民主的最终目的就是要更好地保障无支配自由的实现。

在当代政治哲学领域，新共和主义复兴的重要标志就是重构自由观，而这恰是自由主义的核心价值。维罗里曾说："自由主义在其漫长的历史进程中曾经遭到过各种各样的挑战，但它从来没有或者说很少遇到以自由——即自由主义的核心价值——的名义发起的挑战。"[2]佩迪特以"无支配的干涉（interference without domination）"和"无干涉的支配（domination without interference）"两个重要论题出发，认为无支配自由观是超越于积极、消极自由之外的"第三种自由"。他认为与自由相对的并非是干涉，而是奴役，因此伯林以干涉阙如来界定自由是难以保障自由的真正实现的，因为实际上存在大量的无实际干涉情形的支配情况，如仁慈的主人对奴隶虽然没有进行干涉，但是奴隶的意志仍无形中受到主人的支配。

---

〔1〕 ［澳］菲利普·佩迪特、涂文娟："从共和到民主"，载《马克思主义与现实》2008年第1期。
〔2〕 ［意］莫里奇奥·维罗里："共和主义的复兴及其局限"，载应奇、刘训练编：《公民共和主义》，东方出版社2006年版，第154页。

一旦主人稍微改变情绪，那么奴隶的这种脆弱的自由是无法保障的。而有些干涉只要是非支配性的，不仅对自由无害，而且是保障自由的，如制定良好的法律，"法律的存在是对自由的一种制度性构成，是对专断性干涉的一种抑制物"[1]。可见，佩迪特以是否受到支配为标准，对无干涉的自由观进行了加减运算，力图将其所忽视的无支配的干涉和法律干涉的正当性重新统合进自由概念的范畴，同时又谨慎地削减了伯林的"消极自由"，避免无干涉的支配。

显然，佩迪特的理论诉求并非重构自由主义，而只是"试图打破自由主义对自由概念的垄断，从而界定一种新的自由观"[2]。以往消极自由和积极自由二元划分已无法容纳无支配自由的内涵，因为无支配自由的"无支配的干涉"和"无干涉的支配"之间有一定的重合区域。换句话说，一方面，佩迪特使自由更为严格，某些被消极自由论者视为自由的状态在他看来根本不是自由，因为自由已在无形中受到了支配。另一方面，佩迪特又使自由更为宽泛，某些被消极自由论者认为受到干涉而不自由的状态在他看来仍是自由的，因为这些干涉是非专断的。

当代新共和主义具有强烈的现实主义倾向，佩迪特也表现出这一点。他不满足将无支配自由作为一种空洞的理想悬浮于高空，成为"一种应当留给个人通过一种分散的方式加以追求的理想"[3]，他更希望它能成为国家大力推动和增进的善。按照无支配自由的逻辑，为防止社会中因私人所有权导致的支配现象，国家必须发挥积极的作用。如此，国家就有可能成为潜在的对无支配自由的威胁因素，因为谁都无法确保国家的政策和行为总是基于公共利益而非其他。与时刻警惕国家干涉的自由主义不同，共和主义一直对国家持乐观态度，因为在共和主义者看来，问题的关键不在于政府的大小强弱，而在于政府行为的动机和目的。佩迪特就认为，"判断国家或政府的干涉行为，就是看是否遵循公众的福利和观念"[4]。如果政府的行为是基于考虑公众的福利和观念作出的，那么政府的这种干涉行为就是非专断的，而非专断的干涉行为并非是对自由的威胁，而是保障自

〔1〕〔澳〕菲利普·佩迪特：《共和主义——一种关于自由与政府的理论》，刘训练译，江苏人民出版社 2009 年版，第 108 页。

〔2〕庞金友、刘影硕："从概念选择到方法解构：佩迪特无支配自由观的逻辑与缺陷"，载《教学与研究》2012 年第 1 期。

〔3〕〔澳〕菲利普·佩迪特：《共和主义——一种关于自由与政府的理论》，刘训练译，江苏人民出版社 2006 年版，第 126 页。

〔4〕〔澳〕菲利普·佩迪特：《共和主义——一种关于自由与政府的理论》，刘训练译，江苏人民出版社 2009 年版，第 58 页。

由的实现。由此可见，问题的关键是，要保证无支配自由这种最高价值的实现，就需要确保国家的行为是非专断的，进一步地就需要制度性的程序来落实。

论辩式民主正是在这种自由观的逻辑预设下产生的，"论辩式民主既是一个识别公共利益的过程，也是迫使和保证国家遵循公共利益的措施。"[1]论辩式民主之所以是必要的，完全是为了实现无支配的自由；无支配自由的实现是论辩式民主的最终价值归宿。

(二)论辩式民主的内在要求

佩迪特的论辩式民主由无支配自由观推导而来，是这种自由观的制度性落实。首先，佩迪特借助于宪政的约束机制，使政府按照法治的、分权的形式运行，为了保证法律的顺利实施和执行，需要政府拥有一定的自由裁量权。但这种自由裁量权的存在，使公共政策仍旧可能处于某些专断权威的控制之下，即便是实行分权，分权后的各分支内部又会出现权力的聚合，出现潜在的支配性。因此，无论是通过法治还是分权，在宪政体制内部是无法完全消除专断性权力的，这就产生了民主论辩的必要性。正如佩迪特所言，"但是仅仅这一政府组织形式又是不够的，因为多数的暴政以及精英主义统治都是可以与之并存的，这也就是论辩式民主的出现的必要性"。[2]

与传统民主观认为民主与同意联系在一起的思路不同，新共和主义认为"民主也可以按照一种首先是论辩的而不是同意的模式加以理解"，"按照这种模式，只要人民单个地和集体地对政府的决定享有永久的论辩之可能，那么这个政府就是民主的，它就是一种为人民所控制的统治形式"。[3]佩迪特的论辩式民主就是遵循该模式的思路进行阐释的。他认为人民获得民主的事实就是，"他们随时能够对决策展开论辩，并且如果通过论辩发现它与其相关利益或观念不一致时，能够迫使它加以修正"。[4]他主张现代政治除了常规的选举民主(Electoral Democ-

---

〔1〕 刘训练："从'无支配自由'到'论辩式民主'——佩迪特的共和主义政治哲学述评"，载《天津师范大学学报(社会科学版)》2009年第4期。

〔2〕 Philip Pettit, "Deliberative Democracy and the Discursive Dilemma", *Philosophical Issues*, Vol. 11, 2001, pp. 268～299

〔3〕 [澳]菲利普·佩迪特:《共和主义——一种关于自由与政府的理论》，刘训练译，江苏人民出版社2009年版，第243页。

〔4〕 [澳]菲利普·佩迪特:《共和主义——一种关于自由与政府的理论》，刘训练译，江苏人民出版社2009年版，第244页。

racy）之外，还必须有论辩性民主加以补足，才符合完整的共和主义宪政设计。[1] 可见，佩迪特强调民主具有选举和论辩两个方面，主要是针对政府可能出现的专断统治。在他看来，"民主的理不是基于人民的所谓同意，而毋宁是基于政府所作所为的可论辩性"。[2] 为了保证公共政策是可论辩的，确保其始终是为公共利益服务的，佩迪特又提出满足其实现的三个前提条件，即基础性的协商共和国、具有发言权的包容性共和国和论坛式回应共和国，三者三位一体，缺一不可，构成了论辩式民主的特征。

协商共和国是论辩式民主的基本前提。当代新共和主义都相信这一点：要确保公共政策始终是遵循公共利益和观念这一问题具有可论辩性，就需要将论辩建立在协商讨论的基础之上，这是论辩得以展开的最基础性条件。佩迪特通过比较论辩的妥协和讨论基础，指出要想使得公共决策以一种共和主义的方式保持其可论辩性，必须将其建立在协商讨论的基础上，这样才能考察各方面的意见，在讨论过程中形成偏好，而不是基于给定的偏好进行讨价还价。如果是建立在讨价还价的基础上，人民进行论辩只能依附于特定的利益集团，这无可避免的使人民处于受支配状态，违背了进行论辩的初衷。而"讨论之论辩的优点在于，它们对任何能够对公共决策路线提出合理异议的人来说都是开放的；为了向一项有充分理由的决策提出合理的挑战，你不必非得拥有特殊的势力或权力"。[3] 只有基于这种协商共和国的条件，才能保证每个人有为维护自己的利益进行论辩的可能，而不必依附于其他的支配性力量。但佩迪特最后强调上述协商并非是要最终达成一种高度的共识，而是说即便没有形成共识，有效论辩所要求的决策也应是在合理协商的基础上作出的。

包容性的共和国是论辩式民主的进一步保障。如果缺乏一种对公共政策进行论辩的可行性渠道，论辩的基础实质上于事无补。要确保论辩的可持续性，就必须在协商的基础上提供进一步的渠道的保障，使多数人或少数人都有机会表达自

---

〔1〕　Pettit, Philip, *Republicanism: A Theory of Freedom and Government*, Oxford: Clarendon Press, 1997, p. 202.

〔2〕　张芳山："菲利普·佩迪特的民主观及其启示——一种共和主义的视角"，载《江西教育学院学报》2007年第1期。

〔3〕　［澳］菲利普·佩迪特：《共和主义——一种关于自由与政府的理论》，刘训练译，江苏人民出版社2009年版，第246页。

己的利益。"民主不仅仅必须是协商的，而且还必须是包容的。"[1]如果立法、行政或司法的决定不是出于对公共利益的考虑，而是侵犯了部分公民的权利，不论该受害群体有多大，哪怕只是很有限的小部分人，都能够基于基本权利，对特定公共政策提出有影响的抗议。他们所享有的抗议性权力是一种超越了传统自由主义民主所赋予公民的象征意义的公民权，即论辩权，它来自于需要申述的群体，却不仅仅是对这些群体产生的共鸣。正如佩迪特所指出的："当立法议会就决议进行论辩时，它应该考虑各种重大的意见——不是从特权者有限的视角来看，而是从整个社会宽广的视角来看。"[2]但是这种颇具理想色彩的包容性共和国也面临着能否实现的问题，因为现实的政治运行是无法做到不受经济或其他因素影响的，而这些因素易于受到特殊利益或特殊阶层的左右。因此，佩迪特所言的包容性在多大程度上能够实现就是个值得商榷的问题。

回应式的共和国是论辩式民主的最终落实。拥有了展开论辩的基础和获得了发言的权利后，还是不足以保证论辩的最终实现，如果公民的争议没有得到回应，论辩的现实效果将大打折扣。只有当公民的争议得到回应，才实现了论辩式民主的最终落实。佩迪特所谓的回应强调的是一种互动。只有如此，论辩的实际作用才能得到显现。那如何回应呢？佩迪特指出，"回应必须以一种去政治化的（depoliticized）方式作出"。[3]只有按这种方式才能防止回应受到公共争论的情绪和压力的影响，论辩的价值才能发挥出来。但还需要注意的一点是，回应并非意味着论辩观点都得到满足，因为论辩观点复杂多样，代表的利益也五花八门。在佩迪特看来，无论基于何种原因论辩观点没有得到回应，只要这种决定是经过恰当程序在不受专断干涉的情况下作出的，决策就没有妨碍论辩者的无支配自由。

可见，佩迪特所提出的论辩式民主遵循协商程序决定公共政策的模式，有利于包容共同体中所有重大的不同声音，并能够对论辩提出的反对意见作出恰当的回应。它容许干涉，又将专断性的支配拒之门外，实现了共和主义一直倡导的无

---

〔1〕 [澳]菲利普·佩迪特：《共和主义——一种关于自由与政府的理论》，刘训练译，江苏人民出版社2009年版，第249页。

〔2〕 [澳]菲利普·佩迪特：《共和主义——一种关于自由与政府的理论》，刘训练译，江苏人民出版社2009年版，第250页。

〔3〕 Philip Pettit, "Depoliticizing Democracy", *Ratio Juris*, (2004), Vol. 17, No. 1 March, 2004, pp. 52~56.

支配自由的理念。[1]这种论辩式民主观在佩迪特看来具有首要的重要性，"一旦确立了一种论辩式民主，那么所有的问题当然就可以迎刃而解了"。[2]

（三）论辩式民主的优势所在

当代民主理论发展的最显著特征就是出现了所谓的"协商转向（the deliberative turn）"。[3]协商民主理论针对以投票为中心的民主在当代发展中面临的困境，注重政治参与的价值，强调公民间的公开讨论，以取得理性共识，但它忽视了政治活动的对抗性和排斥性。

佩迪特注意到了协商民主的这一内在缺陷，并试图以论辩式民主加以弥补。论辩式民主关注政治活动中的支配性，洞悉马基雅维利关于"共同善并不是商议的结果而是言辞斗争的结果"的锐见，更能体现和践履古典公民共和主义的现实主义精神，正如有学者所指出的，"佩迪特在让共和主义服务于当代民主理论方面作出了最为雄心勃勃的努力"。[4]

论辩式民主同协商民主的初衷一样，针对民主在现代社会运转过程中产生的政治参与热情低下、投票率低等问题，其立足点都是进一步强化人们的政治参与。但是两者不同的是，协调民主强调通过参与公共论坛，以对话或商谈的方式对公共政策进行充分讨论，以形塑自己的偏好，希望通过对话达成基本共识，而佩迪特认为，这势必会妨碍公民对不利的公共政策提出质疑，最终依旧无法消解专断的支配。针对协商民主的不足，佩迪特主张的论辩式民主观强调具有改善意义的论辩机制，通过协商、包容和回应三位一体的渠道和措施，使立法、行政或司法的各项法律、政策、措施都可以得到讨论争辩。每一个切身利益受到侵犯的公民都被赋予防止专断干涉的权利，获得程序性、质询性和上诉性资源，使公民真实地表达自己的利益，并避免无休止的争论，减少争议的负担，让民主的运转更有效率。

---

〔1〕　庞金友、何涛："从无支配自由到论辩式民主：佩迪特的共和主义国家观解析"，载《学海》2010年第5期。

〔2〕　[澳]菲利普·佩迪特：《共和主义——一种关于自由与政府的理论》，刘训练译，江苏人民出版社2009年版，第262页。

〔3〕　Dryzek, *Deliberative Democracy and Beyond*, Oxford: Oxford University Press, 2000, p. 1.

〔4〕　[美]约翰·麦考米克："马基雅维里反对共和主义：论剑桥学派的'圭恰尔迪尼'时刻"，载应奇、刘训练编：《共和的黄昏——自由主义、社群主义和共和主义》，吉林出版集团有限责任公司2007年版，第116页。

论辩式民主虽然建立在审议的基础上，但却超越了协商民主，实现了公民的无支配自由。通过运用争议性权利，不但可以使得公共决策始终是基于公共利益作出的，而且这种权利本身的行使过程就是民主实践、民主成长的过程。特别是在日益全球化的当今社会，较之以往仅限于民族国家内的各类民主模式，如以选举为中心的自由主义民主和此后的参与民主和协商民主，它们都面临全球化背景下世界性民主如何实施的困境，佩迪特的论辩式民主无疑符合全球化的趋势。"恰恰是因为共和主义——与自由主义不同——并没有把一个公民的最高权威（sovereign authority）等同于代议制民主的选举程序，所以共和主义告诉了我们一些关于世界主义民主的极为重要的意义。"〔1〕

论辩式民主同协商民主一样，都批判自由民主理论中由于多数同意原则所可能导致"多数暴政"的危险，批判政治运作过程中所运用的基于个人利益最大化的市场模式。但是与协商民主将投票视为最终了为了作出决策不得不付诸的手段不同，论辩式民主并不将其视为无奈之举，而是认为"选举式民主的作用是基础性的，并不能防止积极性的错误（即允许共同的、公认的利益之外的因素对政府施加影响从而获得权威），因此，我们需要论辩式民主来确保进一步的安全"〔2〕。在现代多元复杂的社会中，仍需借助选举民主使得所有潜在的关乎公共利益的事务得到倾听。但选举民主往往是以多数至上的原则行使，致使公共政策的真理性、合理性即决策事项的公共性必定受到"多数即合法"的压制，〔3〕这无疑忽视了少数人的利益。而且选举民主对当权者的控制是间接行使的，难以避免某些政策偏离公共利益，为当权者一己私利服务。可见，实行选举民主的国家实质上可能是一种选举的专制，或成为多数暴政，或成为精英集团的小群体暴政。这些问题不仅能够得到理论上的论证，也有经验的实例说明。这就需要对选举式民主进行补充修正，赋予民众以争议性权利，避免选举民主所无法摆脱的专断弊端。"基于无支配自由的论辩式民主，不仅有力地驳斥了自由主义的'反民主逻辑'，

---

〔1〕［加］罗伊·张："共和主义公民身份的世界主义视界"，载应奇、刘训练编：《共和的黄昏——自由主义、社群主义和共和主义》，吉林出版集团有限责任公司 2007 年版，第 469 页。

〔2〕Pettit，Philip，*A Theory of Freedom：From the psychology to the Politics of Agency*，Polity and Oxford University Press，2001，pp. 173.

〔3〕钱永祥："民粹政治、选举政治与公民政治"，载许纪霖主编：《公共性与公民观》，江苏人民出版社 2006 年版，第 233 页。

更最大限度地重筑了自由与民主制的内在联系。"[1]在论辩式民主中，人们拥有两种类型的权力，一种是创制权，一种是修正权。在民主空间上，既有与选举民主机制相关的空间，也有传统共和主义强调的程序性、质询性、上诉性资源的空间。因此，无支配的政府必须是民主的，而自由主义民主政府则未必。[2]

佩迪特的论辩式民主以消除支配为目标，无论这些支配是由实际的干涉引起的，还是由潜在的、并未实施的干涉引起的（在佩迪特看来往往是自由主义民主所忽略的），对自由主义民主和协商民主的内在缺陷做了重要的弥补。不过，这些弥补的努力虽然美好和独特，但面临着诸多困境。

首先，这种论辩式民主无法脱离自由主义民主的主流，无论怎样强调公众的争议性权利，在当今日益多元、复杂和领土广阔的现代国家，要想顺利推进民主进程，必然不能忽视选举制的基础性作用，论辩式民主只是在此基础上的优化。论辩式民主所赋予公民的一系列的抗争性权利，依旧是自由主义的权利意识和要求。佩迪特所论述的论辩式民主所涉及的很多概念及其价值含义，都是以自由主义民主所尊奉的价值诉求为前提的。

除此之外，论辩式民主依旧需要借助公民更多的政治参与以解决自由主义民主所存在的种种问题，这就需要人们具有更高的政治素养，更专业的政治知识，花费更多的时间与精力在争议性活动中，而这些要求对处于多元主义和个人主义盛行的现代社会公民来说很难实现。尽管佩迪特在论述论辩式民主时，并未像社群主义者那样一再强调公民美德的重要和不可或缺性。但是显然，佩迪特主张的论辩式民主默认了公民美德的存在。因为如果缺乏公民美德和公共德性，论辩式民主是无法进行的，而这种新型的民主观也就会像社群主义所遭到的指责一样，陷入公民美德培育的难题。

当然，这些困境并不仅仅是佩迪特所面临的，也是新共和主义甚至整个现代政治理论所面临的。所以，不能因为论辩式民主存在这些困境，就否定佩迪特的理论努力的价值。

（四）后自由主义时代的民主趋势

无论是在实践上，还是在理论上，民主都是一个动态的理想。民主政治的未

---

[1]　庞金友、何涛："从无支配自由到论辩式民主：佩迪特的共和主义国家观解析"，载《学海》2010年第5期。

[2]　[澳]菲利普·佩迪特："重申共和主义"，载应奇、刘训练编：《公民共和主义》，东方出版社2006年版，第132页。

来发展，正如它本身所呈现的多样性一样，并不存在唯一正确的答案。

佩迪特的论辩式民主尽管存在诸多不切实际的困境，但这种新型民主范式对民主理论的完善和民主进程的推进无疑具有特殊意义。如应奇教授所言："在一种健全的理性共识尚未形成，甚至连形成这种共识的动机尚未被充分激发起来，而虚假的在先共识依然未被撼动的语境中，争议民主不是比商议民主更有针对性，抑或更能够激发起形成理性共识的动机吗？"[1]在民主的发展历程中，人类的民主想象发挥了积极的引导作用，"特定的民主想象在成为新的政治现实之前，则必须被仔细论证，这些论证通常一方面陈言现实之不当，另一方面则为其所欲推介的新情境进行证成工作"。[2]佩迪特的论辩式民主无疑发挥了上述两方面的作用。

尽管这种论辩式民主概念属于"后自由主义"的范畴，[3]它对处于转型期的中国民主化进程仍具有重要的借鉴意义。

作为后发现代化国家，中国政治社会的稳定受到民众政治参与和制度保障民众参与之间关系的影响。正如亨廷顿分析指出的，造成发展中国家政治不稳定的根因在于"这些国家社会动员和政治参与扩张的速度偏高，政治组织化和制度化的速度偏低"。[4]目前，我国经济、政治体制改革不断深化，公民的政治参与和民主诉求不断提高，但相应的制度化保障却较为缺乏，这必然要影响到政治的稳定，削弱民主化进程的基础。要促进民主化进程的顺利进行，就需要国家发挥积极作用，构建合理的政治制度，畅通利益诉求的表达渠道，尤其关键是要确保国家的行为是非专断的，是基于公共利益和公民共同观念作出的。这进而又需要公民拥有合法化渠道维护自己的权利，限制和抵抗公权力的滥用。

由此看来，这种民主化进程恰好与论辩式民主的逻辑进路相近：发挥国家的积极作用，同时确保它是非专断的。论辩式民主并不以公民的政治参与为最终目标追求，只是通过公民参与对决策进行争议性论辩，确保政府及公共政策始终与公共利益相符，从这一点来说，论辩式民主观确实可以为当代中国的民主化建设提供思路和借鉴。

---

〔1〕 应奇、张小玲："迈向法治和商议的共和国"，载《社会科学战线》2006 年第 3 期。

〔2〕 许国贤："商议式民主与民主想象"，载《政治科学论丛》2000 年第 13 期。

〔3〕 刘训练："后自由主义视野中的新共和主义"，载《浙江学刊》2006 年第 4 期。

〔4〕 ［美］塞缪尔·亨廷顿：《变革社会中的政治秩序》，李盛平等译，华夏出版社 1988 年版，第 5 页。

三、共和主义国家观解析

为了界定共和主义的自由观，佩迪特主张用"无支配的自由"取代伯林式的"无干涉的自由"。这种自由观将"无支配的干涉"纳入自由的范围，认为国家的非专断、非任意的干涉行为不会损害自由，同时又将"无干涉的支配"排除在自由之外，主张国家应积极作为以消除各种支配因素的存在，从而改变了国家的"守夜人"形象，确立了积极国家的合理性。佩迪特反对自由主义者提出的自由并不预设任何政体形式的主张，认为无支配自由与现代民主制之间存在逻辑上的内在关联，而论辩式民主就是其中可供选择的制度形式。

（一）干涉并非永远为恶

从共和主义的角度，佩迪特的理论路线与斯金纳相近，而与阿伦特和泰勒不同。他只是试图打破自由主义对自由概念的垄断，寻求界定一种新的自由观，而从未打算将共和主义建构成为追求一种不同于自由价值和目标的理论体系。

佩迪特认为，无论是自由主义，还是共和主义，自由都是其最为根本的目标和价值，二者的区别仅在于对于自由涵义理解上的分歧。斯金纳曾将"强制"和"奴役"作为自由主义所追求的自由的对立物，从这个意义来看，自由的根本在于远离强制和摆脱奴役。佩迪特则明确地将自由主义的自由定义为"无干涉的自由"，即自由的本质在于"外部障碍之阙如"。[1] 自由的存在是以其他事物的阙如为标志的，尤其是一些强制性因素的阙如——这些强制性因素阻碍了行为主体，使之不能追求他或她已经选定的目标，不能追求不同的选择。在佩迪特看来，这一概念最经典表述莫过于伯林关于"两种自由的划分"，[2] 而当今主流的自由主义捍卫者，从罗尔斯到德沃金再到诺齐克，无一不是在坚持这种无干涉的自由观。

---

〔1〕〔澳〕菲利普·佩迪特：《共和主义——一种关于自由与政府的理论》，刘训练译，江苏人民出版社2009年版，第23页。

〔2〕佩迪特对伯林的自由划分法表明确的反对态度，他认为："这种消极自由/积极自由的划分在政治思想中产生了恶劣的影响。姑且把细节问题搁在一边不论，它制造了这样一种哲学上的错觉，即认为只存在两种理解自由的方式……"同时，基于这种划分产生的哲学和历史叙述具有误导性，"尤其是它们忽视了一种全然不同的理解自由和自由之制度要求的方式，掩盖了第三种方式在哲学上的有效性和历史上的真实性"。参见菲利普·佩迪特：《共和主义——一种关于自由与政府的理论》，刘训练译，江苏人民出版社2009年版，第23~24页。

消极国家观是无干涉的自由的必然结论，因此自由主义传统中的国家只具有守夜人的形象。在自由主义者看来，国家存在的目的就是要维护公民的自由，但任何一项国家行为（包括法律）本质上都是对个人行为的干涉，这种干涉对其他自由的增加是可能的，但干涉所波及的自由的丧失却是必然的。更为重要的是，公民必须拥有一定的最低限度的自由，或者说必须拥有一个最低限度的自我选择不受干涉的领域，任何国家干涉行为都不能进入到这个领域之中。总之，国家的干涉行为虽然可能因为其他方面的价值得到辩护，但就其损害了公民个人的自由来说，却绝对是一种恶，通常人们忍受这种恶的唯一理由就是为了避免更大的恶。因此，这种自由主义所追求的目标无非是将国家的干涉最小化，或如潘恩所言"最小的国家是最好的国家"，或如诺齐克所言"最弱意义的国家就是最好的国家"。即便是支持一定程度的国家干涉的罗尔斯，也有关于第一原则和第二原则的区别，即基本自由必须首先被平等地分配和保护。

为了从根本上挑战这种自由主义的国家观，佩迪特认为必须提出一种全新的共和主义的自由观。这种自由观必须能够为合理的国家干涉行为（如福利政策等）提供基础性的概念支撑。[1] 针对自由主义者的无干涉的自由，佩迪特从最早的弹性无干涉（resilient non - interference）的自由，到反权力的自由（freedom as antipower）[2]，一直到1997年的《共和主义》正式提出系统的无支配的自由概念。

佩迪特提出，支配（domination）是与干涉（interference）完全不同的两种情况，要理解两者的区别，那就设想两种特殊的情况，即"无干涉的支配"与"无支配的干涉"。比如一个奴隶和奴隶主之间，由于奴隶主的仁慈或者奴隶的狡猾，奴隶主对奴隶的行为并没有施加任何干涉，那么就奴隶有一个主人而言，他受到了支配，但他事实上却并没有受到任何干涉。这种情况就是"无干涉的支配"。再如另外一种情况，的确有人对我进行了干涉，但这种干涉，并非出于专断的目的，这个人不是主人与我发生联系，而更像是我事务上的一个代理人。"当且仅当对我的干涉是为了我的进一步利益，并且是根据我所接受的观点而实施时，另一个

---

〔1〕 维罗里将当代自由观划分为三种："第一种是自由主义的自由观，它断言自由即不受干涉；第二种是共和主义的自由观，它主张自由（主要地）意指不依赖于他人的任意意志；第三种是民主的自由观，它认为自由主要意指能够决定治理社会的规则。"参见[意]诺伯托·博比奥、莫里奇奥·维罗里：《共和的理念》，杨立峰译，吉林出版集团有限责任公司2009年版，第33页。

〔2〕 参见[澳]菲利普·佩迪特："'消极自由：自由主义的与共和主义的'和'反权力的自由'"，载应奇、刘训练编：《第三种自由》，东方出版社2006年版，第184、220页。

人或行动者对我的干预就是可取的。"〔1〕这种情况可谓是无支配的干涉。

佩迪特认为，自由主义和共和主义对于既没有支配也没有干涉的情况都是支持的，对于既有支配又有干涉的情况也是同样反对的。问题的关键在于，自由主义者认为一切干涉都会构成自由的对立面，而共和主义者认为无支配的干涉虽然是一种干涉，但这种干涉并不对人的自由造成损伤。佩迪特也认为，自由主义完全无视无干涉的支配的情况的存在，因为自由主义者仅仅关注干涉。共和主义者一再重申，支配才是一种对自由更严重的损害，即使不存在干涉，单纯的支配也已经对自由构成了严重损害，这一点是自由主义者没有意识到的。"仁慈的主人剥夺了其下属的自由，即便事实上他没有干预他们，他也在支配他们；制定良好的法律没有剥夺臣民的自由，尽管它干预了他们，却没有支配他们。"〔2〕

如果说区别"干涉"与"支配"的标准就在于可能的干涉行为本身并不具有专断性的特征，正如佩迪特所说，"无支配的自由不同于无干涉自由的地方在于，它不仅使用了干涉的概念，而且还使用了任意的干涉这一概念，即建立在一种武断基础上的干涉。……当我们说这是一项建立在任意基础上的干涉行为时，我们指的是它完全出于行为主体的喜好，特别是，对他人之干涉的实施与否根本不考虑对方的利益或观点"〔3〕根据前面的表述，无干涉的自由与无支配的自由也就不难区分了："无干涉的自由认为干涉之阙如就是自由的充分条件，而无支配的自由则要求，任何人都不得拥有任意地干涉其他人——个人或共同行动者——之生活或事务的能力"〔4〕

无支配自由也不同于积极自由。无支配自由与无干涉的自由一样，不关注自主或自我治理的问题，二者本质上都是一种"免于……"的自由，可以说都是一种消极意义上的自由，只不过所要免于的对象并不相同，一个是干涉，一个是支

---

〔1〕 ［澳］菲利普·佩迪特：《共和主义——一种关于自由与政府的理论》，刘训练译，江苏人民出版社 2009 年版，第 29 页。

〔2〕 ［澳］菲利普·佩迪特：《共和主义——一种关于自由与政府的理论》，刘训练译，江苏人民出版社 2009 年版，第 54～55 页。

〔3〕 ［澳］菲利普·佩迪特："共和主义的政治理论"，载许纪霖主编：《共和、社群与公民》，江苏人民出版社 2004 年版，第 89 页。

〔4〕 ［澳］菲利普·佩迪特："共和主义的政治理论"，载许纪霖主编：《共和、社群与公民》，江苏人民出版社 2004 年版，第 88 页。

配。[1] 换句话说，"无干涉的自由将自由与干涉直接对立起来：自由就是不存在干涉。而共和主义的无支配自由则将这种对立转化为另外两种形式：自由的反面不再是干涉本身，而仅仅是建立在任意基础上的干涉；自由的反面并不一定指实际的任意干涉，而仅仅是指某些人拥有这种干涉的能力。"[2]

(二)积极国家：无支配自由的题中之义

从自由主义的无干涉自由到共和主义的无支配的自由，从自由的内容或者说自由所涵盖的范围来看，一部分自由增加了，一部分自由减少了。按佩迪特的术语，就是在产生"更易失去自由的效应"的同时，也产生了"更难失去自由的效应"。[3]

所谓自由的增加，是指无支配的自由观把无干涉的自由观所认为的不属于自由的无支配的干涉这种情况算作是自由的，从而扩充了自由的内容；所谓自由的减少，是指无支配的自由把无干涉的支配排除出自由的范围，结果缩小了自由的范围。自由内容的增减表面上似乎并没有使自由发生明显的量变，但是，国家行为范围是否随着这一增一减，也没有变化呢？[4]

答案显然是否定的。在佩迪特看来，国家的行为范围并不像自由的内容那样表现为简单的增减，而是普遍增加了。这恰恰是佩迪特共和主义国家观最具特色的地方。

先看国家范围随着自由的增加而增加的情况。按照无干涉的自由观，任何外部的干预必然是强制的，甚至"服从法律本身就是自由的一种损失"，[5] 而无支配的自由则将"无支配的干涉"看作是不损害自由的行为，在佩迪特看来，只要是正当程序所通过的法律或者福利政策，就是一种无支配的干涉。这种干涉之所以是无支配的，是因为考虑到了被干涉者的利益，而且是经过正当程序产生的，因此不能说这种干涉侵犯了公民的自由。这样，国家的很多干涉行为，只要被证

---

〔1〕　Robert E. Goodin, Philip Pettit and Thomas Pogge ed. , *A Companion to Contemporary Political Philosophy*, UK: Blackwell Publishing, p. 733.

〔2〕　[澳]菲利普·佩迪特："共和主义的政治理论"，载应奇、刘训练编：《公民共和主义》，东方出版社2006年版，第91~92页。

〔3〕　[澳]菲利普·佩迪特："共和主义的政治理论"，载应奇、刘训练编：《公民共和主义》，东方出版社2006年版，第92~97页。

〔4〕　当然如佩迪特所分析的，无支配的自由存在"量"的维度与"质"的维度，这里所使用的"量"一词并不是特指其中一个维度，而是自由内容的增加与减少。

〔5〕　[澳]菲利普·佩迪特："共和主义的政治理论"，载应奇、刘训练编：《公民共和主义》，东方出版社2006年版，第92页。

明是非专断的、非支配性的，那么就可以进行。[1] 由此，无干涉自由观所认为的可能造成干涉、侵犯自由从而不被允许的许多行为，无支配自由观却是允许的。这显然大大扩张了国家可以行动的范围。

再看国家范围随着自由的减少反而有所扩大的情况。无支配的自由意味着消除支配性因素，而消除支配性因素只能通过集体的政治行动来完成。例如，一个奴隶可以通过反抗或逃跑的方式免于自己主人的干涉，但是要彻底消除主人对奴隶的支配关系，只能通过奴隶们集体的政治行动才能成功。因此，消除支配性因素的途径只能是更进一步的国家的干涉性行为。而且，这种行为不但不是支配性的，反而恰恰是为了消灭支配现象而作出的。事实上，佩迪特认为，无干涉是作为国家追求任何目标时的一种约束性的因素，而无支配本身则是国家所要追求的一个政治价值或"最高理想"。[2]

显然，基于无支配自由的国家应当是一种积极国家，然而，这种积极国家观与建立在积极自由观基础上的国家观又有所不同。积极自由的国家观预设了特定的人性目的，而无支配的自由指向的国家观则没有上述设定，它只是以消除支配性因素作为国家的目标。

(三)协商共和国：希望还是偶像？

对于自由与政治形式的关系问题，传统自由主义者并未深入探讨。[3] 伯林曾经提出，自由并不预设任何政体形式，自由与代议制民主之间至多是有限的和存在反证的历史性关联。[4] 与之相对，斯金纳等共和主义者认为，自由必然与某种政体形式关联，只有在自由国家，个人才可能是自由的。[5] 所谓自由的国家就是指这个国家既不受国外势力的干涉，在国内又拥有代表大多数人的法律。

佩迪特原则上接受斯金纳的主张，认为个人自由必须以某种形式的国家为前提，并且明确提出自由与民主政体存在关联。在佩迪特看来，既然自由意味着免

---

〔1〕 ［澳］菲利普·佩迪特：《共和主义——一种关于自由与政府的理论》，刘训练译，江苏人民出版社2009年版，第165页。

〔2〕 ［澳］菲利普·佩迪特：《共和主义——一种关于自由与政府的理论》，刘训练译，江苏人民出版社2009年版，第127页。

〔3〕 Philip Pettit, *Made with Words: Hobbes on Language, Mind, and Politics*, Princeton and Oxford: Princeton University Press, 2008, p.140.

〔4〕 ［英］以赛亚·伯林：《自由论》，胡传胜译，译林出版社2003年版，第198页。

〔5〕 ［英］昆廷·斯金纳：《自由主义之前的自由》，李宏图译，上海三联书店2003年版，第42页。

于支配，那么自由只能存在于支配性因素不存在的地方。在君主统治之下，也许君主并不经常去干涉个人的自由，在无干涉自由观看来，个人是自由的，但在无支配自由观看来，由于君主统治的专断性，君主与个人之间属于典型的支配关系，即便没有实际的干涉行为发生，也并不改变支配的性质，在这种情况下，个人的自由何以存在？因此，若要追求无支配的自由，必须考虑国家的统治形式是不是专断性的，是不是支配性因素。由此可知，无支配的自由与非专断性的统治之间具有逻辑性与必然性的关联。这种非专断的政府形式只能是民主制的，即所有的法律必须是无支配性的，而要确保这一点的途径就是要保证法律基于全体人民的同意，而且必须要让法律接受个人的论辩与挑战。基于此，佩迪特发展出了共和主义的论辩式民主，即"只有当我能够对任何这样的干涉提出有效的争议，只有当我能够强迫它对我的利益和想法作出回应时，干涉才不是专断的，干涉者才不是支配性的"。[1]

可见，无支配的自由概念下的国家观与无干涉的自由概念下的国家观的另一个重要区别是，自由是否与某种国家形式相关联。佩迪特的共和主义理论重新巩固了自由与现代民主制之间的内在联系。他提醒人们，主张无干涉自由的人也可以拥护民主制，但一定是为了追求其他的价值或只是相信民主制可以更好地维护个人的无干涉自由，但是，坚持无支配自由的人则是为了自由本身而必然选择民主制。

为了实现个人自由，容许国家对个人进行干涉，只要这种干涉不达到支配的地步，这就是佩迪特共和主义国家观最引人瞩目之处。这种定位为国家的积极角色保留了余地，也为国家的行为扩张提供了有力的支撑。在此前提下，国家对美德的主动倡导，公民对民主的积极参与，都可以得到辩护。[2]这种共和主义国家观对自由主义的国家观无疑提出了空前的挑战，因为它直接针对自由主义的价值根基——自由。

自由主义者不得不承认，20世纪以来除了社群主义，共和主义的这次挑战最具有威胁。尤其是佩迪特，他借助"无支配自由"概念把个人、社会和国家有机联结，提供了一个重新思考国家与社会、国家与个人关系的新视野，在一定程度上弥补了自由主义自由观的缺陷。这一概念产生了广泛的影响。尤其是考虑到

---

〔1〕 ［澳］菲利普·佩迪特：《共和主义——一种关于自由与政府的理论》，刘训练译，江苏人民出版社2009年版，第242页。

〔2〕 Robert E. Goodin, Philip Pettit and Thomas Pogge ed., *A Companion to Contemporary Political Philosophy*, UK: Blackwell Publishing, p. 732.

传统自由主义在现实政治中所造成的公民认同感不足、政治参与率低、国家行为被过多束缚等诸多弊端，共和主义确是针对这些弊端的一剂良药，其在当代的强势复兴承载着人们的支持和期待。

　　然而，没有理论是完美无缺的。客观地说，佩迪特对自由主义和当代西方政治现状有明显的窄化倾向，无干涉的自由概念也不能概括整个自由主义传统，[1] 同时，当代西方的国家与社会关系的现状并不仅仅是由自由主义塑造的，而是诸多思想观念共同影响的结果，其中就包括社会主义思潮。另外，佩迪特的共和主义理论体系也并非完备无缺，譬如支配和干涉是否可以得到清晰的界定，无支配的干涉真的对自由不造成损害吗？恐怕没有人否认，国家的干涉无论是否考虑到个人利益，都在事实上缩减了个人选择的范围，从而造成对自由的某种损害。另外，虽然他一再强调"非专断的国家权力遵循公众的福利和世界观，而不是掌权者个人的福利和世界观。国家实施的干涉行为必须出于受动者共同利益的考虑，这种利益要求至少在程序意义上是为接受干涉者所共享的"，[2] 但究竟该如何确保国家的干涉是无支配的呢？他所主张的论辩式民主和协商的共和国能够做到这一点吗？这些都是值得进一步商榷的问题。

　　可以说，佩迪特的努力是值得肯定的。他看到了自由主义的无干涉自由观的不足，试图借助共和主义的无支配自由观加以弥补，然而，他仍不可能解决所有的问题。针对当代自由主义者的批判，在最新出版的《行动自由与选择自由》中，佩迪特补充说，无支配的自由主要关注行动自由而不是选择自由，对于当代共和主义来说，"成为一个自由人就是成为一个在他们社会的法律和习俗中与他人受到同等保护的公民；并且，这是一个共同意识问题"。[3] 这种修正与反思是值得思考的，只不过一些结论仍需现实的检验。

【推荐文献】

1. [澳]菲利普·佩迪特：《共和主义——一种关于自由与政府的理论》，刘

---

〔1〕　Philip Pettit, *Made with Words*: *Hobbes on Language*, *Mind*, *and Politics*, Princeton and Oxford: Princeton University Press, 2008, p. 116.

〔2〕　[澳]菲利普·佩迪特："共和主义的政治理论"，载许纪霖主编：《共和、社群与公民》，江苏人民出版社 2004 年版，第 91 页。

〔3〕　[澳]菲利普·佩迪特：《行动自由与选择自由》，陈高华译，载刘训练编：《后柏林的自由观》，江苏人民出版社 2007 年版，第 341 页。

训练译，江苏人民出版社 2006 年版。

2. [意]诺伯托·博比奥、莫里奇奥·维罗里：《共和的理念》，杨立峰译，吉林出版集团有限责任公司 2009 年版。

3. 应奇、刘训练编：《公民共和主义》，东方出版社 2006 年版。

4. 应奇、刘训练编：《共和的黄昏——自由主义、社群主义和共和主义》，吉林出版集团有限责任公司 2007 年版。

【拓展阅读材料】

1. 共和主义的三种涵义	2. 干涉与支配	3. 美国革命起源的争论

第五讲　当代西方国家观念论争：
强政府还是弱政府？*

19世纪末20世纪初，随着西方国家从自由竞争资本主义向垄断资本主义转变，特别是1929～1933年席卷全球的资本主义经济危机，社会自我规范和市场自我调节的"神话"被打破，自由放任原则的弊端逐渐显露，传统自由主义的消极国家观受到怀疑。现实的发展要求强化国家的作用，转变国家的角色。应时代而生的新自由主义（New Liberalism）倡导国家干预，反对自由放任，强调"小政府"的缺陷、积极国家观的必要性以及"大政府"的合理性，并在二战后逐渐成为西方发达国家政策的导向。但是，"大政府"这一主张受到了以保守自由主义（Neo‑liberalism）为首的诸多流派的猛烈批判。当代保守自由主义认为，在自发秩序的引导下，市场经济可以自足自治；国家行为存在逻辑悖论，政府也会失灵；政府干预作用有限，弱政府才是最佳选择。新自由主义、社群主义和新左派对保守自由主义的国家观同样进行了对话与批评。20世纪70年代初，新自由主义倡导的国家干预和福利国家政策遭遇空前危机，各种弊端日益显现。"大政府"理论及其相关模式逐渐失去了现实解释力。以保守自由主义为首的保守派在与新自由主义的论争中转而占据上风。

一、新自由主义的国家观：强政府是如何可能的？

与传统自由主义不同，新自由主义反对消极国家观，坚持积极国家观，倡导以福利国家和政府干预为特征的"大政府"理论。新自由主义认为，大政府不仅可以增进社会的团结与和谐，促进个人与公共利益的平衡，实现社会权利与国家权力的统一，还与权利优先于善的价值论和多元民主观协调一致。这一理论肯定了国家的地位，强调政府的作用，但也主张将政府干预控制在一定的限度内，大政府并不必然就是无限政府。新自由主义的"大政府"理论受到了保守自由主义的猛烈批评。

---

* 作者：庞金友，中国政法大学政治学系教授，研究范围涉及西方政治思想史、政治学理论、国家与社会、国家观念等。

（一）积极国家观：强政府的逻辑起点

保守自由主义与新自由主义是传统自由主义的两个现代变体，在 19 世纪末 20 世纪初相伴而生。虽然从现实政治的角度，20 世纪上半叶，新自由主义占据优势，但实际上两者之间的论争一直没有停歇。[1]

新自由主义首先是把传统自由主义当成假想敌。传统自由主义倡导自由放任，反对国家干预，主张消极国家观。新自由主义则提出"大政府"的逻辑：市场会失灵，这种失灵会带来诸多弊端，如资源浪费、垄断、恶性竞争、社会不公，甚至限制人们的自由，因此，应该通过国家干预来弥补市场的不足，协调社会的自治。在新自由主义者看来，国家不应是守夜人，管得最少的政府未必是最好的政府，自由放任更是"过时"的理论。在新的历史时期，国家的作用应该是积极的，通过政府的高效率，对社会进行必要的干涉，建设自由主义的福利国家。传统自由主义的消极国家观成为新自由主义首先挑战的论点。

新自由主义代表人物格林明确提出要建立"积极国家"。在他看来，具有道德特性的国家不再是"必要的恶"，而是"必要的善"。国家不仅可以为共同善的实现扫清障碍，还可以为共同善的实现提供条件、创造机会。国家不仅要干预经济活动，还要干预社会生活，干预土地买卖、强迫义务教育、干涉劳动事务以及立法保护工人健康福利等的活动都是合情合理。他提出积极自由的概念，作为积极国家观的理论根基。他提出，国家权力增加，并不意味着个人自由就会受到损害。相反，只有国家积极作为、主动干涉，才能保证个人自由的增长。一个消极被动、无所作为的政府未必就是一个好政府，但一个积极作为的、关心全体公民福利与自由的政府一定是一个好政府。

霍布豪斯同样重视国家积极作用的发挥。他认为，国家不仅要为每个公民的自由发展提供条件和环境，还要通过有力的国家干涉，在政治、经济和教育等领域为公民谋取更多的福利，其理由是：如果社会条件改善、公共福利增多，国家与社会就可以给予个人以更大的安全、更多的自由。国家的积极职能尤其表现在经济领域，应该运用国家权力促进经济体制的改革，以积极的措施削除大众对社会危机的恐慌，以行之有效的就业计划和最低限度的收入标准维护弱势群体的利益。

---

[1] Roger King, *The State in Modern Society*, London：Macmillan Education LTD. ，1986，pp. 88～96.

鲍桑葵则把国家的作用形象地描绘为"排除障碍"。为了实现社会的共同的善，国家可以采取种种积极的行动加以干预，排除所有不利于实现国家目的的障碍，甚至可以使用暴力制止妨碍共同利益的行为。在鲍桑葵看来，国家主要有两大重要责任，一个是维护并促进公共利益，另一个是维护权利，"权利是得到社会承认并由国家加以维系的要求"。〔1〕不过，他也看到了国家作用的消极一面。国家干预的作用是有限度的，如果干预过度，就会造成国家与个人之间关系的失衡，违背国家维护社会有机体统一和平衡的责任。因此，在处理国家与社会关系时，要慎之又慎，不能操之过急。〔2〕

与传统自由主义颇为不同的是，新自由主义认为，国家对社会及其成员的约束与限制，不仅不是祸害，反而是充分实现个体价值的第一步，是实现真正自由的必然前提。也就是说，人们不应敌视国家干预，而应该对国家干预拍手叫好。由于新自由主义的锋芒直指传统自由主义的消极国家观和小政府理论，因此，它所面临的最大挑战就是论证"大政府是如何可能的"这一问题。

（二）强政府是如何可能的？

对于这一问题，现实因素是最具说服力的因素。沃克在《美国大政府的兴起》中一再重申，大政府的相对增长，正是源自时代之需，"导致该现象的强大内在力量是更加先进、高收入的工业化社会"。〔3〕尽管在大萧条时代，政府对社会和经济有诸多干预，多数人们认为这是暂时的权宜之计，然而现实社会的发展却使这些干预逐渐成为持久的政府行为。罗伯特·希格斯也持相近立场，他认为政府经常对各种类型的危机作出反应，积累的结果是政府作用的飞跃性扩大。〔4〕也就是说，如果社会经济系统的变革引起持续的内在危机，会诱发新的政府干预。当然，只有现实因素作为支撑是不够的，还必须为"大政府"提供规范性的论证。

第一，"大政府"理论倡导个人利益与公共利益的一致、个人自由与社会发展的和谐、社会权利与国家权力的统一，试图改变国家与社会的二元对立的

〔1〕　[英]鲍桑葵：《关于国家的哲学理论》，汪淑钧译，商务印书馆1995年版，第207页。
〔2〕　[英]鲍桑葵：《关于国家的哲学理论》，汪淑钧译，商务印书馆1995年版，第20页。
〔3〕　[美]约翰·F.沃克、哈罗德·G.瓦特：《美国大政府的兴起》，刘进、毛喻原译，重庆出版社2001年版，第326页。
〔4〕　Neil Elder, "The Functions of the Modern State", in Jack Hayward & R. N. Berki ed., *State and Society in Contemporary Europe*, Oxford: Martin Robertson, 1979, pp. 59~60.

倾向。

国家是个人和社会的敌人还是朋友？这是一个引人争议的问题。人们的认识经历了一个变化的过程。维护个人权利与自由，是自由主义思想传统的核心价值，不仅为古典自由主义所高扬，更是"小政府、大社会"模式的根基和归宿。"大政府、小社会"模式同样承认这一价值，但它认为，现代社会中，个人的自由，不只是传统社会中安全与财产的自由，更是个人发展的自由，但由于社会是一个有机的整体，个人的发展离不开社会的进步，个人的自由离不开国家的认可和维护。没有国家、社会和其他所有社会成员的支持，个人权利与自由的实现是难以想象的。国家不再是个人的威胁、社会的对立面，而是个人的朋友、社会的伙伴。

另外，国家与社会和个人存在道德上的一致。"小政府、大社会"模式以个人权利和自由为本，对国家心存戒备，甚至将国家设定为个人的敌人，硬生生地拉远了国家与社会之间的距离。为了弥合这一缺憾，"大政府、小社会"模式抛弃了 19 世纪的功利主义原则，选择了至善论，试图用道德将国家、社会和个人缝合在一起。在这一模式的倡导者之一——格林看来，人是道德的存在物，每个人都在追求道德上的满足，追求道德善的实现。任何个人的道德实现，与整个社会成员的道德实现息息相关，个人的自我满足和完善往往依赖社会其他成员的发展与完善。共同的善的实现，需要一个良好的外部条件，而这个外部条件的最好提供者就是国家。为此，国家必须有所作为，积极发挥其应有的作用，除恶扬善。

霍布豪斯也认为，一切社会问题和政治问题的解决在于使个人自由与社会的发展和谐一致。而这种和谐一致的达致，需要国家有意识的指导和有目的的控制管理。"社会有通过国家制止这种危害以保护自己的权利……在良心不成问题的地方，国家活动的范围是提供便利的设施、健全的组织和确定个人的自发行为与集体调节活动的相关的法律依据。"[1]

尽管许多主张这一模式的人们认为，国家权力的加强和活动范围的扩大不应意味着政治和经济上的专制。但正如"小政府、大社会"过分强调个人自由就会削弱政府地位一样，过分强调政府的作用，同样也会影响社会的地位。虽然"大政府、小社会"的支持者们一再声称国家权力的加强不会影响社会的能力，一再

---

〔1〕 ［英］L. T. 霍布豪斯：《形而上学的国家论》，汪淑钧译，商务印书馆 1997 年版，第 89 页。

声称要给予社会以空间和自由，但"大政府"下的"社会"一定要比"小政府"下的"社会"要小，却也是一个不争的事实。"大政府、小社会"试图改变国家与社会矛盾状态的美好愿望，在 20 世纪上半叶极权主义的暴虐面前，瞬间化为泡影。

第二，"大政府"可以促进社会和谐。当时的西方各国正面临着经济与社会的重重危机，社会矛盾日益激化，各利益阶层与群体之间的矛盾与冲突愈演愈烈。针对这一点，这一模式在强调政府干预的基础上，还提升了社会团结、和谐与合作的地位和作用，以求缓和社会机体内的各种矛盾和冲突。格林的"共同善"、霍布豪斯的"和谐论"、鲍桑葵的"国家的单位社会论"、霍布森的"社会福利论"、杜威的"新个人主义"等理论都体现了这一方向上的努力。杜威认为，传统自由主义过分强调了个人权利与自由，结果产生了个人的单子化的封闭状态，导致了严重的文化分裂和道德危机，最终使个人与社会日益疏离，因此，必须倡导一种新的个人主义，使个人摆脱单子状态，融入社会合作之中。鲍桑葵的"国家的单位社会论"的倾向更为明显。他认为，国家与社会既相互区别，又彼此联系，法律就是两者间的粘合剂，[1] 社会自身就是一个涵盖着一切制度和习惯的整体，各部分应该相互包容、彼此协作，国家作为公共意志的体现，其目的与个人及社会的目的是一致的。

第三，"大政府"代表权利优先于善的价值取向。一个社会应该依据什么样的原则来分配物质利益、配置基本权利和义务，是社会政治哲学家们探讨的焦点问题之一。对于这个问题，近现代西方思想形成了两大阵营，即"功利论（Utilitarianism）"和"契约论（Contractarianism）"。针对功利论暗含着的、为了社会或多数人的利益而侵犯个人正当权利的潜在危险，罗尔斯提出了一种新的契约理论，坚持权利（right）优先于善（good）。罗尔斯首先假设了一个以自由社会为蓝本的原初状态，在无知之幕下，人们最有可能或最有性的选择方法是按照最大的最小值规则来选择，即选择那种其最坏结果和其他选择对象的最坏结果相比是最好结果的选择对象。如此一来，就排除了功利主义的以最大利益总额为目标的选择对象。而这样选择的结果必然产生两个正义原则，第一个是平等自由原则，第二个是公平平等原则和差别原则。[2] 这两个正义原则遵循两个优先性次序：一个是

〔1〕 ［英］约翰·鲍桑葵：《关于国家的哲学理论》，汪淑钧译，商务印书馆 1995 年版，第 42 页。

〔2〕 ［美］约翰·罗尔斯：《正义论》，何怀宏、何包钢、廖申白译，中国社会科学出版社 1988 年版，第 292 页。

自由的优先性，另一个是正义对效率和福利的优先。[1] 罗尔斯对正义原则的探讨，其最终目的就是事实的平等，而非形式上的平等。罗尔斯对先天不利者和先天有利者持不同态度，他认为"所有的社会基本善——自由和机会、收入和财富及自尊的基础——都应被平等地分配，除非对一些或所有社会基本善的一种不平等分配有利于最不利者"。[2] 这种明显的平均主义的倾向以及对先天有利者的"不平等"显然是值得商榷的。

但是必须看到的是，罗尔斯的正义理论触及了当代西方社会理论和现实的深度脉动，涉及权利和善孰先孰后、自由与平等孰轻孰重的核心问题，探讨了道德哲学和政治哲学的研究基点是功利论还是权利论的重大命题，而这些问题实际上都直指西方国家福利制度的根基问题。罗尔斯及其理论引起的长期争议，本身就说明了这一探讨的重要意义。

第四，"大政府"以多元民主观为支撑。传统民主观是资产阶级革命的有力思想武器。资产阶级革命胜利后，人民大众要求继续推进民主、普及选举权，而自由主义者一直对民主心存戒备，担心"多数暴政"，对人民主权充满恐惧，因此极力限制民主权利的扩大。二战后，世界性的民主化浪潮再度兴起，民主权利与自由之间的张力日渐膨胀。为了打破自由主义与民主自古以来的僵局，一些学者开始修正传统的民主理论，避免其内在的革命性倾向，增强民主理论的现实解释力，从而缓和自由主义与民主主义、国家权力与民主权利之间的对立与冲突。达尔是其中最杰出的代表。

达尔批判古典民主理论即麦迪逊式民主和平民主义民主。在他看来，麦迪逊式民主过于倚重宪法的制衡作用，却忽略了社会制衡的重要性；[3] 而平民主义民主的多数原则并不可靠，存在诸多缺陷。在深刻剖析以上两种民主的解释力和操作性的不足后，达尔提出了自己的多元民主观。在他看来，民主社会中存在着各种类型和大小各异的群体，但实际上，数量意义上的多数人实际上很少有机会控制政治决策。"选举和政治竞争并不以任何颇具重要意义的方式造成多数人的

---

〔1〕［美］约翰·罗尔斯：《正义论》，何怀宏、何包钢、廖申白译，中国社会科学出版社1988年版，第292页。

〔2〕［美］约翰·罗尔斯：《正义论》，何怀宏、何包钢、廖申白译，中国社会科学出版社1988年版，第292页。

〔3〕［美］达尔：《民主理论的前言》，顾昕、朱丹译，生活·读书·新知三联书店1999年版，第28页。

统治，但却极大地增加了少数人的规模、数量和多样性，领导人在作出决策选择时必须考虑它们的偏好。……正是在选举的这一特征……即不是多数人的统治，而是多重少数人的统治中，我们一定会找到专制和民主之间的某种基本差异。"[1]达尔将这种多重少数人的统治称作多元民主、多元政体或多头统治。

与古典民主相比，这种多元民主确实具有更多的现实解释力和可操作性。但这种民主也不是完美的，也存在着诸多弊端。从国家与社会关系的角度看，值得注意的是，多元民主可能会导致个人利益与公共利益的对立、社会与国家的分裂，尤其是基于宗教、种族或族裔集团以及地区差异的亚文化之间的冲突。[2]达尔也敏锐地意识到了这一点。20 世纪 80 年代后，针对现实政治的发展以及理论界对多元民主的批判，达尔开始重新诠解多元民主，进而实现向新多元主义的转变。新多元主义民主认为，政治不平等是多元主义民主的主要弊端，而这种不平等又直接源自现代社会的所有制形式和企业控制形式。"主要的问题不是一种制度是社会主义的还是非社会主义的，企业是'私'有的还是'公'有的，而是允许给经济企业以多少自治以及内部和外部控制的性质如何。"[3]他的解决方案是建立一种广泛的、合作型的所有制和企业控制制度，将民主原则扩展到公司层面，甚至一般性的经济生活层面，以经济民主带动政治民主。

对于现代生活而言，个人利益与自由的实现，个人权利与民主价值的追求，不能消极地等待国家来给予、依赖政府政策的保障，而应该在法律与道德的框架内积极地争取。从这个意义上来讲，一个积极的国家，一个有所作为的政府，就是可能的，而且是必需的。这就是新自由主义大政府理论的依据和根基。

二、弱政府的内在逻辑：从市场有效到政府失灵

新自由主义与保守自由主义是传统自由主义的两个现代变体，在 19 世纪末 20 世纪初相伴而生。[4]虽然从现实政治的角度，20 世纪上半叶是新自由主义的

〔1〕 ［美］达尔：《民主理论的前言》，顾昕、朱丹译，生活·读书·新知三联书店 1999 年版，第 181 页。

〔2〕 ［美］罗伯特·达尔：《多头政体——参与和反对》，谭君久、刘惠荣译，商务印书馆 2003 年版，第 118 ~ 131 页。

〔3〕 ［美］罗伯特·A. 达尔：《多元主义民主的困境——自治与控制》，尤正明译，求实出版社 1989 年版，第 116 页。

〔4〕 ［英］安东尼·阿巴拉斯特：《西方自由主义的兴衰》，曹海军等译，吉林人民出版社 2004 年版，第 450 ~ 459 页。

天下，但实际上两者之间的论争一直没有停歇，只不过前者占据优势而已。随着新自由主义在现实政治中陷于困境，保守自由主义开始全面阐释弱政府理论。

（一）自发秩序维系自由市场

新自由主义强政府理论的逻辑是：市场会失灵，这种失灵会带来诸多弊端，妨碍人们的自由，必须通过国家干预来弥补市场的不足、协调社会的自治。保守自由主义者对这一逻辑给予了有力的回应。

市场究竟是不是自发的？是否会失灵？这是当代自由主义争论的焦点问题。在哈耶克看来，人类的社会经济秩序可以划分为两种，即自生自发的自发秩序和人们刻意设计的人造秩序，前者是社会成员在相互交往中所保持的而非有意建构的行动状态，是自由市场的真正根基和灵魂。适度的、符合法治形式的政府活动是允许的，但福利国家与计划经济等违背自发秩序的行为，只能指向极权和奴役的道路，是最坏形式的当代蒙昧主义[1]。哈耶克告诫人们，"大凡认为一切有效用的制度都产生于深思熟虑的设计的人，大凡认为任何不是出自于有意识设计的东西都无助于人的目的的人，几乎必然是自由之敌"。[2] 同时，他还一再重申，对社会经济秩序进行整体设计和建构的做法，只能是一种致命的自负。

弗里德曼则倾向于从国家—社会的二元层面来解析市场行为。他认为，自由市场与政府干预是方向相对的两种力量，"广泛地使用市场可以减少社会结构的紧张程度，……市场所涉及的范围愈广，纯然需要政治解决的问题愈少，从而需要达成协议的问题愈广"。反之，社会生活中的政治手段往往"趋向于削弱一个稳定的社会所必需的社会结合在一起的力量"。[3] 如果市场自发和自足，那么政治手段等社会外部干预自然就毫无必要。

虽然倡导自由市场与社会自治并非当代保守自由主义的首创，更不能说这些主张代表了自由主义传统内部的原创性要素，[4] 但是这些主张提供了强有力的论证依据，通过强调自生自发秩序，排除了外在干预的合法性。政府干预自然在

---

〔1〕 [英]弗里德里希·奥古斯特·冯·哈耶克：《通往奴役之路》，王明毅等译，中国社会科学出版社1997年版，第226页。

〔2〕 [英]弗里德里希·冯·哈耶克：《自由秩序原理》（上），邓正来译，生活·读书·新知三联书店1997年版，第70页。

〔3〕 [美]米尔顿·弗里德曼：《资本主义与自由》，张瑞玉译，商务印书馆1988年版，第25页。

〔4〕 [英]安东尼·阿巴拉斯特：《西方自由主义的兴衰》，曹海军等译，吉林人民出版社2004年版，第459页。

被排除之列。

（二）国家悖论引发政府失灵

市场失灵一直为新自由主义所诟病，这也是后者主张政府干预的基本理由。保守自由主义借助经济人假设指出：政府也会失灵，政府干预同样存在诸多隐患。

公共选择学派的布坎南认为，无论是公民、政治家，还是政府官员，都是理性而自私的经济人，一切行为均以成本—收益计算为依据，在政治市场中追求自己的最大的政治利益。政府往往为代表特殊利益集团的政治家所操纵，其决定并不真正反映公民的意愿。过分依赖政府干预只会带来不尽人意的后果。市场会失灵，政府同样也会失灵。布坎南甚至断言，现代社会的主要问题并非出自市场制度，而恰恰是出自政治制度。[1] 他倡导制度选择理论，其宗旨就在于削弱政府干预的强度，克服政府干预的局限。

如果国家的经济人假设成立，由于国家既是经济人，又是公共利益的代表，这就注定国家在现实生活中面临两难：一方面，国家要使统治者的租金或收入最大化；另一方面，还要使全社会总产出和国家税收最大化。在现实生活中，当这两个目的发生冲突的时候，国家干预便产生了矛盾：社会经济的发展需要国家提供制度安排；国家权力一旦介入市场领域，极易侵害个人的财产权，进而造成所有权残缺、产权失效甚至经济衰退。[2] 如诺思所言，"在使统治者（和他的集团）的租金最大化的所有权结构与降低交易费用和促进经济增长的有效率体制之间，存在着持久的冲突"，[3] 因此，只有减少国家干预，建立有效产权制度，才是消解国家悖论的关键。

公共选择学派的这一悖论有力挑战了政府干预的合法性，虽然诺齐克并没有走同一路线，但他提出的持有正义理论却具有异曲同工之效。在他看来，如果一个人按照获取或转让原则，对其持有是有权利、有资格的，那么他的持有就是正义的。如果社会中人人的持有都是正义的，那么这个社会的总体分配也就是正义

---

〔1〕　［美］詹姆斯·M. 布坎南：《自由市场与国家——20 世纪 80 年代的政治经济学》，吴良健、桑伍、曾获译，北京经济学院出版社 1988 年版，第 110 页。

〔2〕　Christopher W. Morris, *An Essay on the Modern State*, Cambridge：Cambridge University Press, 1998, pp. 197～198.

〔3〕　［美］道格拉斯·C. 诺思：《经济史中的结构与变迁》，陈郁等译，上海人民出版社 1994 年版，第 25 页。

的。持有正义的最大敌人就是以国家干预为表现的模式化原则。[1]

（三）"最弱国家"限定政府职能

与传统自由主义承认国家是一种"必要的邪恶"一致，保守自由主义也承认政府是必要的，但应对其进行约束和限制。与前者关注政府规模和权力范围的大小不同，保守自由主义更重视政府职能和行政效率的强弱。国家不再是越小越好，而是越弱越好。

诺齐克提出最弱意义国家概念，认为最弱国家意味着国家作用仅限于防止暴力、偷窃、欺骗和强制履行契约等消极功能。国家是且只能是仅限于保护个人自由权利的充分实现和绝对安全的守夜人，是个人权利和财产的忠实看守者。它能给个人提供充分的自由和选择的余地，却不能干预个人做他愿意做的一切。[2]任何比最弱意义国家权力更大、职能更多的国家，都会威胁公民的权利，都不具备道德的合法性和可证明性。

阐释国家的性质及作用之界域，是当代西方政治哲学的目标之一。保守自由主义者认为，自由与权利问题属于私域问题，而其法律形式即自由权项问题则属于国家问题。国家对私域的关切并无不可，但必须在与私域无直接关涉的层面上进行关注。此时，国家行为的合法性表现为防止任何他者对私域的威胁，并使人们相信"他所依赖的并不是他人为其蓄意安排的发展境况"。[3]哈耶克的观点十分直接：私域为个人主持，无需他人介入；国家的作用在于且只能在于对可能危及私域的任何举动进行强制。换句话说，政府可以运用强制，但强制的运用必须本着唯一的目的，即确保个人活动处于大众认可的规则之下。

对于政府在自由社会中应起什么样的作用，保守自由主义内部存在较大的分歧。比较有说服力的是弗里德曼的观点，他首先肯定了政府作为裁判员的必要性，因为它可以提供改变规则的手段，调解对于规则的分歧。[4]但由于政府权力往往集中在当权者手中，时刻威胁着自由，因此，必须坚持两个基本原则：政

---

〔1〕［美］罗伯特·诺齐克：《无政府、国家与乌托邦》，何怀宏等译，中国社会科学出版社1991年版，第37~40页。

〔2〕［英］迈克尔·H.莱斯诺夫：《二十世纪的政治哲学家》，冯克利译，商务印书馆2001年版，第329~336页。

〔3〕［英］弗里德里希·冯·哈耶克：《自由秩序原理》（上），邓正来译，生活·读书·新知三联书店1997年版，第172页。

〔4〕［美］米尔顿·弗里德曼：《资本主义与自由》，张瑞玉译，商务印书馆1988年版，第27页。

府职责范围有限；权力行使分散。对于这一问题，保守自由主义者的一致结论是：真正的自由主义并不是无政府主义；但政府应该自行约束，只从事有正当理由和应当由政府从事的活动。这一观点在斯科特研究中得到了充分的阐释。[1]

由上可见，保守自由主义弱政府理论的逻辑十分清晰：依凭自发秩序，市场可以实现自给自足，不需要过多的外部干预。更何况，政府干预存在缺陷，它也会失灵。因此，政府是越弱越好；"最弱政府"才是最好的政府。

三、从经验主义到消极自由：弱政府的理论根基

消极国家观从来都不是孤立的。保守自由主义的经验认识论、消极自由观和主流民主观都从不同角度论证和说明了弱政府理论的必要性和合理性。透过保守自由主义与新自由主义的当代论争，可以清晰地看到这一点。

（一）经验认识论

保守自由主义者坚持英美启蒙运动的经验主义传统，坚决抵制理性至上，反对过分滥用理性，并对承继于欧陆启蒙运动的理性主义的危害做了深刻的剖析。

在保守自由主义者看来，理性主义具有一种天生的傲慢，以至于从不怀疑理性的价值和作用，任何观念的真理性，都要置于理性主义法庭前接受审判。理性主义者认为，"每一代人，每一行政机关，都应该看到在其面前展开着的无限可能性的白板。如果这白板偶尔被受传统支配的祖先们非理性的涂鸦损坏了，那么理性主义者的首要任务就一定是把它擦干净"。[2] 理性主义坚信任何政治问题都有一个尽善尽美的解决办法，不承认经验与实践的重要，否认真理来自经验，只能使理性知识成为"半截子知识（half - knowledge）"，理性主义政治蜕变为书本政治（the politics of the book）。从这个角度，他毫不留情地宣判："大政府"的末日终将来临。

保守自由主义承认社会的发展离不开理性的支持，但问题的关键在于是什么样的理性以及如何利用理性。建构论的理性主义相信理性的至上性，相信通过组织或国家的计划对社会及个人生活提供安排是社会进步的唯一正道。进化论的理性主义则认为人们的知识尚未能自足，"即使那些最为复杂、表面上看似出于人

---

〔1〕［美］詹姆斯·C. 斯科特：《国家的视角——那些试图改善人类状况的项目是如何失败的》，王晓毅译，社会科学文献出版社 2004 年版，第 8 页。

〔2〕［英］迈克尔·欧克肖特：《政治中的理性主义》，张汝伦译，上海译文出版社 2004 年版，第 5 页。

为设计的政策规划，亦几乎不是人为设计或政治智慧的结果"。[1] 人类社会的发展过程，只是人类长期摸索、不断试错而达致文明进化的过程，是自生自发地演化，而绝非设计的结果。

保守自由主义相信，人类进步是一个自生自发的过程，试图依据理性通过计划安排人类生活的做法，不仅会压抑个人自由和阻碍社会进步，还会导向暴政。没有经验论证的理性，只有形而上的合法性；没有实践根基的理性，只会导致悲观的结局。

(二) 消极自由观

19 世纪末 20 世纪初，新自由主义者格林提出积极自由的概念，认为自由的实现需要一个关心全体公民福利的、积极作为的政府。这种积极自由观重新诠释了国家的作用，为国家的有所作为提供了新的论证和依据。在保守自由主义者看来，追求这种积极自由，必须依赖政府权力的扩张和强制的产生，最终只能破坏自由；真正的自由应该是消极自由，即摆脱他人干涉的自由，或不受制于他人专断意志的自由。

保守自由主义的消极自由观，在伯林那里得到了系统阐发。在他看来，自由是指一个人能够不受别人阻碍地行动的领域。一个人没有能力达到某个目的，并不意味着没有政治自由。但如果别人阻止他做他本来能够做的事，那他就是不自由的。如果一个人不被干涉地行动的领域被别人挤压至最小的程度，那他就是被强制的，或者说，处于一种奴役状态。只有消极自由才最符合人类福祉，才能使人在多元的价值中有权作出自己的选择。[2] 不难看出，这种消极的自由观，不仅是传统自由主义的真谛，更是弱政府理论的核心。

保守自由主义虽然相信只有消极自由才最符合人类福祉，而积极自由则很容易走向强制和不自由，但也承认这两种自由观同时代表着两种终极价值，不能以一方取代另一方，有时甚至还需要对两者进行折中。即便是在最自由的社会中，个人自由也不一定是唯一的支配性的标准。一个人或一个民族所享有的自由，往往要与其他价值相互平衡，如平等、正义、安全或公共秩序等。即使如此，消极自由观还是有力地将国家干预的合理性限定在极为有限的范围内。

---

〔1〕 [英]弗里德里希·冯·哈耶克：《自由秩序原理》(上)，邓正来译，生活·读书·新知三联书店 1997 年版，第 65 页。

〔2〕 [英]以塞亚·伯林：《自由论》，胡传胜译，译林出版社 2003 年版，第 200 页。

（三）主流民主观

自由是自由主义者追求的首要目标，新自由主义者与保守自由主义者都认可自由的价值。但对于平等，两者各持己见。如果自由与平等位于价值谱系的两端，显然新自由主义更倾向于平等这一端，而保守自由主义倾向于自由这一端。由于民主是实现平等的最直接的政治途径，所以，围绕民主问题尤其是应扩大民主还是限制民主的问题，双方展开了激烈的争论。

新自由主义者主张扩大民主，倡导积极的政治参与，实现更深层次的社会与国家的整合。而保守自由主义者则对民主心存芥蒂，害怕民主力量侵蚀个人权利与自由，担心民主的过度生长，因此主张恢复传统的自由主义民主，即萨托利所谓的主流民主，将政权交给那些选举出来的精英来掌管，实行能人统治。

在保守自由主义看来，政治的主要价值在于自由而非民主，因为民主存在缺陷，如盲目的参与、脆弱的多数原则和参与行为的个体化等。如果过分凸显民主并把参与程度作为现代政治的合法性根基，会使政治巨型化和私域板结化。哈耶克强烈主张约束民主参与，倡导宪政与法治。显然，哈耶克的本意是想通过节制政治参与来赢取对自由与权利的保障，殊不知，这种节制参与引发了公民对国家的远离与冷漠，在削弱公众对国家的控制的同时，也给予了国家更多的自由裁量权。正如桑德尔所说：极权主义的根源恰恰在于对政治领域的限制。

萨托利没有哈耶克激进，他认为自由与民主既可相容，又存在张力。从纵向上看，民主追求的是自由。从横向上看，民主追求的是权利上的平等。如果平等权利是指法律层面的人人平等，那自由与平等相容；如果平等权利是指物质层面的经济平等或分配平等，那自由与平等就存在冲突。过度追求后一种平等甚至会毁灭自由，因此平等的追求要有限度，否则，平等就会毁掉自由，还会毁掉自由主义民主制度。[1] 从这个角度，他论述了国家对社会和经济生活干预作用的有限性。

显然，保守自由主义这种主流民主只强调分权和法治，却对人民主权和政治参与心存戒备，"寻求最大限度的民主，除了削弱作为整体的自由主义民主之外将一无所获。"[2] 保守自由主义者还乐观地将这种民主观视为未来民主的希望，因为，"如果自由主义的民主死了，民主也就死了"。[3]

---

〔1〕 ［美］乔·萨托利：《民主新论》，冯克利、阎克文译，东方出版社 1993 年版，第 367 页。
〔2〕 ［美］乔·萨托利：《民主新论》，冯克利、阎克文译，东方出版社 1993 年版，第 395 页。
〔3〕 ［美］乔·萨托利：《民主新论》，冯克利、阎克文译，东方出版社 1993 年版，第 208 页。

透过保守自由主义为弱政府理论提供的论证，不难看出，弱政府并不如传统自由主义小政府那样倡导政府越小越好，而是要求政府该弱的职能要弱（如对市场和民主的干涉），该强的职能要强（如对危机和全球事务的应对）。在这一点上，考克斯的结论无疑是准确的：弱政府绝非向政府简单回归，而是一种否定之否定的嬗变和提升。[1]

四、从新自由主义到社群主义：弱政府的批评者

20世纪90年代后期，保守自由主义推行的市场化、私有化和全球化引发了许多社会问题。新自由主义、社群主义及新左派针对这种消极国家观展开了深入的批判。

（一）新自由主义的回应

保守自由主义一直致力于论述市场的自发自治和政府作用的可有可无，这恰是新自由主义最难以接受的。

作为20世纪90年代后新自由主义的代表人物，斯蒂格利茨认为，政府一直在行使着重要的经济角色。原因是：政府既是普遍性组织，又具有强制力。[2]由于市场具有信息不完善性和市场不完全性，因此会出现大量的市场失灵现象，表现为公共产品、外部性和垄断等。市场失灵的根源在于没有人对市场负责，没有人干预市场。斯蒂格利茨认为，市场失灵现象的存在，为政府干预市场提供了合法性，同时也界定了政府活动的范围。

20世纪90年代后的新自由主义的国家观更为理性。在充分肯定政府干预是必要的同时，也承认其干预形式必须是合适的。一些新自由主义者指出，市场失灵为政府介入提供了可能性，但市场的作用却是政府无法替代的，因此应该区分私人产品与公共产品，区分政府提供与政府生产，以调解公共利益与个人利益的张力。公共机构要引入创新、激励与竞争机制，提高效率。国家的强大既是校正市场失灵的前提和基础，也是市场干预的理性要求和客观结果。换句话说，成熟而发达的市场自治与职能强大的政府干预可以共存，强社会与强政府并行不悖。新自由主义从一个崭新的高度思考政府干预的必要性与可行性，兼顾市场失灵与

---

〔1〕 ［加拿大］罗伯特·W. 考克斯：《生产、权力和世界秩序：社会力量在缔造历史中的作用》，林华译，世界知识出版社2004年版，第286～209页。

〔2〕 ［美］约瑟夫·E. 斯蒂格利茨：《政府为什么干预经济——政府在市场经济中的角色》，郑秉文译，中国物资出版社1998年版，第45页。

政府失灵，重新定位政府与市场的关系，并建构出强社会与强政府的国家与社会关系模式，确实值得认真思考。

（二）社群主义的批判

社群主义是以反自由主义的形象出现的，且一直致力于对自由主义理论的反思与解构，自由主义的国家观自然是它批判的首要内容。国家中立是保守自由主义弱政府理论的隐性原则，首当其冲成为社群主义批驳的目标。在社群主义者看来，国家中立不仅会损害公共利益，还会削弱民主政治的合法性根基。因为公共利益的维护需要公民的美德和善行，而公民良好道德的形成、正确价值观的确立，需要国家的积极引导。按查尔斯·泰勒的话说，个人的选择自由只有在一个倡导多样化的社会中才能得以实现，而这一切又以国家引导和扶植形成社会共识为前提。如果没有国家的引导和扶植，这种共识很难实现。为维护公民权利，国家必须承担积极而非消极的角色。[1]

权利政治和公益政治孰优孰劣，是保守自由主义与社群主义争论最为激烈的问题。前者认为政治现代化的过程，就是国家范围不断缩小、公民权利和自由不断扩大的过程。后者认为，一个政治社群应该把推行公共利益作为己己任，不断扩大公共利益的范围。另一位社群主义代表人桑德尔提醒道，如果一个政治社群所能提供的公共利益很少，这样的社会纵使再公正，也不能算是一个良好的社会。麦金太尔也认为，"所有这一切有时唯有通过政府制度机构的运作才是可能的"。[2]而沃尔泽则一再强调，国家必须为全球市场对其公民的影响设定界限，保卫本国的福利、教育和政治的自治。[3]

在社群主义者看来，保守自由主义只看到了国家的消极作用，因此才主张制约国家权力，使国家无所作为，从而保护公民的消极权利，而正确的做法应该是多关注国家的积极作用，相信国家是善的，可以借助国家的积极作为来增进公民的权益。可以肯定地说，社群主义对保守自由主义国家观的某些反思是十分中肯的，但也必须注意到，社群主义如果过分强调社群对个人的优先性，很可能抹杀个性，忽视个人的主观能动作用。一味强调公益政治，过分强化国家的政治职

---

〔1〕　［加］查尔斯·泰勒："公民与国家之间的距离"，载汪晖、陈燕谷主编：《文化与公共性》，生活·读书·新知三联书店1998年版，第199~220页。

〔2〕　［美］A. 麦金太尔：《追寻美德——伦理理论研究》，宋继杰译，译林出版社2003年版，第324页。

〔3〕　［美］迈克尔·沃尔泽：《正义诸领域——为多元主义与平等一辩》，褚松燕译，译林出版社2002年版，第4~5页。

能，也包含着很大的危险。

(三)新左派的反思

新左派主张在全球化的语境中重新审视保守自由主义的弱政府理论。这种消极国家观实际暗含着经济优于公益的价值取向，而这一取向很容易使现代国家陷入困境：自由市场需要一个"最小的国家"，而市场危机和全球化问题的解决却需要一个强大的国家。这样，全球化进程中的民族国家就处在全球范围的经济自由主义和国内社会福利和民主压力的双重夹击之下。鉴于此，在新左派看来，保守自由主义的国家观是不足取的。[1]

对这一点，哈贝马斯做了详细分析，保守自由主义一方面强调国家的消极角色，一方面却推行市场化、私有化和全球化，这种倾向存在潜在危险。[2]晚期资本主义开始将自身的危机从经济领域转嫁到其他社会领域，使生态平衡、人类平衡以及国际平衡破坏，甚至导致资本主义社会出现种种危机。[3]而这些问题的解决恰恰只能由国家来承担。

新左派认为，全球化并不必然弱化国家的作用与功能。当前许多国际问题的解决，仍只能以民族国家为基本行动单位。"要使利益协调和普遍化的程序以及创造性地策划共同利益的程序制度化，不能靠根本不受欢迎的世界国家这一组织形式来实现，而要靠以前各主权国家的自主、自愿和独特性来实现。"[4]在民族国家框架内，公民社会尚无足够的力量摆脱市场逻辑，资本的力量依然无比强大。[5]而且，全球公民社会的构成成分多元而复杂，甚至包括许多彼此排斥、相互对立的团体组织。[6]如果认为只要诉诸公民社会就可以解决国家无法解决的问题，无疑是陷入了"公民社会决定论"[7]，不仅把实际问题简单化了，还会

---

〔1〕 W. Clyde Barrow, *Critical Theories of the State*: *Marxist Neo - Marist*, *Post - Marist*, Madison: The University of Wisconsin Press, 1993, p. 101.

〔2〕 [德]哈贝马斯：《交往行动理论》，洪佩郁、蔺青译，重庆出版社1994年版。

〔3〕 [德]哈贝马斯：《合法性危机》，刘北成、曹卫东译，上海人民出版社2000年版，第85~95页。

〔4〕 [德]于尔根·哈贝马斯："超越民族国家?——论经济全球化的后果问题"，载乌·贝克、哈贝马斯等：《全球化与政治》，王学东等译，中央编译出版社2000年版，第83页。

〔5〕 [美]B. 盖伊·彼得斯：《政府未来的治理模式》，吴爱明、夏宏图译，中国人民大学出版社2001年版，第27页。

〔6〕 庞金友："当代公民社会与民主化关系的再思考"，载《教学与研究》2004年第1期。

〔7〕 Li Xiaorong, "Democracy and Uncivil Societies: a Critique of Civil Society Determinism", in Robert K. Fullinwider ed. , *Civil Society*, *Democracy*, *and Civil Renewal*, New York: Rowman & Littlefield Publishers, Inc. , 1999, pp. 403~421.

"由于流于制度层面的分析而忽视现有国际关系中的不平等"。[1]

　　小政府抑或大政府，弱政府抑或强政府，这是现代政治理论与实践的焦点问题。传统自由主义消极国家观的当代嬗变，保守自由主义弱政府理论的几度沉浮，都在论证一个结论：现实政治的需要，是决定国家权限大小和国家职能强弱的关键因素；没有一种国家观念或政府理论可以适用于任何时代，终极理论是不存在的。西方的理论变迁与现实发展，可以提供积极的借鉴和有益的启示，但中国的政治发展最终还是要基于中国的基本国情和政治现状，选择属于自己的特色道路。

【推荐文献】

1. 俞可平：《社群主义》，中国社会科学出版社1998年版。

2. [美]A. 麦金太尔：《德性之后》，龚群等译，中国社会科学出版社1995年版。

3. [加拿大]查尔斯·泰勒：《自我的根源》，韩震等译，译林出版社2001年版。

4. [美]迈克尔·沃尔泽：《正义诸领域——为多元主义与平等一辩》，褚松燕译，译林出版社2002年版。

5. [德]哈贝马斯：《交往行动理论》，洪佩郁、蔺青译，重庆出版社1994年版。

【拓展阅读材料】

1. 政府的责任与权力　　　　　　　　　　2."守夜人"

---

　　[1]　[美]戴维·赫尔德等：《全球大变革——全球化时代的政治、经济与文化》，杨雪冬等译，社会科学文献出版社2001年版，第24页。

第六讲　政治文化的复兴 *

政治文化曾经是政治学中的一个重要的领域，研究传统源远流长，到近现代时期，更是由韦伯推进到新的高峰。此后，受二战后政治学研究科学化的影响，政治文化研究逐渐消沉。到 20 世纪 80 年代中后期，在加布里埃尔·阿尔蒙德（Gabriel Almond）、罗纳德·英格尔哈特（Ronald Inglehart）、艾利克斯·英格尔斯（Alex Inkeles，又译阿列克斯·英克尔斯）、罗伯特·普特南（Robert Putnam）、艾伦·威尔达夫斯基（Aaron Wildavsky）、哈利·埃克斯坦（Harry Eckstein）等知名学者的推动下，政治文化研究强势"复兴"，涌现出一大批影响深远的经典之作。政治文化研究的复兴不仅使得这个领域重新成为一支基础的理论流派，并促进了整个政治学研究的繁荣发展，更重要的是，政治文化研究促使人们重视以下问题：社会背景对于理解政治生活的重要性，地区背景的差异对政治生活产生了何种影响，语言历史训练对于政治学研究举足轻重的作用。还有，政治文化的复兴无疑对我们提出启示，在中国的国家建设和政治发展中，政治文化具有广泛和深刻的影响，应该得到充分的重视。

一、文化与政治文化

政治文化的复兴是当代西方一个非常重要的思潮。对这个思潮的了解，首先要了解基本的概念。政治文化的概念内涵在文化的概念之中。那什么是文化呢？从功能的角度来说，文化是支撑一个社会运转的非常重要的、非物质性的东西。同时，文化又具有传承性，是一个社会中大多数社会成员所共享的一系列价值、观念和规范，它们往往是通过传承、积淀所形成的。除了具有支撑社会运转的功能，文化还具有社会化（socialization）的功能。比如，我们说自己是中国人，这种文化认同就是通过一个社会化的过程而获得的。社会化的过程就是我们逐步去学习并且获得这个社会主流的价值、观念和规范的过程，在这个过程中，我们慢慢接触了中国文化，而中国文化的一些核心思想、理念就会内化于我们的大脑，并

---

　　* 作者：卢春龙，中国政法大学政治与公共管理学院政治学系教授，研究范围涉及政治学理论、政治文化、政治参与、政治心理学和政治学研究方法。

影响到我们的行为方式，这就是文化的社会化功能。任何人生活在社会中，都要通过文化的熏陶进行社会化。除此以外，文化还有其他一些功能，在此不再一一列举。

政治文化指的是文化中一种特定的类型，人们通常讲的一个国家的文化，其一定程度上指的是这个国家的政治文化，即这个国家大部分的公众所共同享有的政治价值、观念和规范。按照西方学者阿尔蒙德的定义，政治文化就是社会中大部分公众对于政治系统或者政治制度所共同持有的认知、情感和判断。[1] 这个概念包含三部分内容：①生活在一个社会中，首先要了解这个社会的政治系统。比如，中国的政治制度是人民代表大会制度、共产党领导下的多党合作制等，我们对这些政治制度首先要有认知，了解清楚它们是什么以及如何运作。②人们会产生情感，即到底是喜欢还是不喜欢。③人们还会有判断，即认为政治制度或者政治系统是好还是坏，是否还有缺陷和不完善的地方。政治文化往往是社会文化中最核心的部分，被称为文化的一种特定形态。

二、传统政治文化研究

政治文化曾经是政治学研究中非常重要的领域之一。中国政法大学法治广场上刻着苏格拉底的名字，他是对政治文化研究影响深远的一个人物。苏格拉底大致生活在公元前 5 世纪（确切的说是公元前 469～公元前 399 年），他所处的时代是雅典民主巅峰的时代，同时也是雅典民主开始走向衰落的时代，当时的雅典民主已经开始暴露出它的问题。苏格拉底尤其强调人的美德或者道德的重要性，他对当时雅典民主的弊端进行了尖锐的批判。从某种意义上讲，他也是一个完美主义者。为了践行法律的正义的理想，当雅典宣布他死刑后，他本来有机会出逃，但是仍然从容就义。苏格拉底自己是一位很有名的导师，培育了柏拉图这样出类拔萃的学生。苏格拉底没有留下著作，人们所了解的他的那些观点大多来自于他的弟子柏拉图。因此，人们也不清楚知道哪些观点是苏格拉底的，哪些是柏拉图借苏格拉底之口说出的自己的观点。

到柏拉图时期，雅典民主的弊端更加凸显，柏拉图把雅典民主所存在的问题归结为公民美德的沦丧。按照柏拉图的说法，政治文化最主要的部分是公民美

---

〔1〕 Gabreil Almond and Sidney Verba, *The Civic Culture: Political Attitudes and Democracy in Five Nations.* Princeton: Princeton University Press, 1963, p. 14.

德。在雅典民主时代，雅典公民是有投票权的，尽管实质上有投票权的人非常少。雅典公民经常定期地在广场组织集会，以直接民主的形式进行投票。这与当代的民主形式不同。当代的民主称作间接民主或者代议制民主，即通过议会的代表来代替人民去履行职责。比如，美国的参议院就是一种典型的代议制民主，由参议院的参议员代替美国人民来行使民主的权力。在雅典时期，由于公民比较少，可以实行直接民主。柏拉图认为，要想有效地维持民主的运行，公民就必须是一个合格的、良好的公民，而衡量标准就是要有美德（virtue）。因此，柏拉图特别强调美德对于一个社会民主运行的重要性。针对雅典民主存在的问题，柏拉图提出了"哲学王（Philosophy King）"的解决方案，目的是要重新塑造公民的美德。从这时候开始，政治文化成为政治学研究领域里一个非常重要的部分。

古希腊衰落之后，罗马崛起。公元前 60 年左右，罗马共和国开始向罗马帝国转变，这个过程大概持续了几十年。罗马共和国是民主程度比较高的政体，罗马帝国则不尽然，那个时代的很多思想者非常担忧这一转变，并对罗马共和精神的沦丧痛心疾首。其中，作为学者兼政治活动家的西塞罗认为，罗马共和国的衰亡与罗马公民美德的沦丧是有关系的，他的作品里面有很多关于罗马公民美德衰落的描写。

罗马帝国消亡之后，欧洲进入了中世纪——一个神学盛行的时代。神学政治学的代表性人物是托马斯·阿奎那，他的神学政治学也强调文化的重要性。宗教是政治文化一个很重要的组成部分，它和政治之间有着千丝万缕的关系，神学政治学在那个年代也彰显着政治文化的重要性。虽然现代民主国家都强调政教分离，但是在实践中，政治与宗教的彻底分离是很难做到的。

这个传统一直延续到近现代的时候，政治文化研究出现了一个更重要的人物——马克斯·韦伯。韦伯被称为近代社会科学之父，他系统地提出了很多关于社会科学研究的概念、方法和程序。同时，他对宗教也很感兴趣，开创了所谓的宗教社会学。韦伯第一个将宗教精神和经济发展联系在一起，并且指出"新教伦理"与"资本主义精神"之间有着很强的对应关系。

在今天的欧洲，由于一体化的进程较快，旅行者坐一趟火车可以经过很多国家，这些国家之间是没有边界的。细心的人在旅行的过程中会发现两件事情：

第一，在欧洲各个地方，人们所到之处见得最多、最豪华的建筑就是教堂，但是这些教堂的建筑风格是很不一样的。如果对欧洲建筑史有一些了解的话，就会知道，这些教堂建筑风格的差异表明这些国家的宗教实质是不一样的，这是人们最直观的感受。人们经常把欧洲宗教笼统地称为基督教，这是一个很宽泛的概念。其实，基督教内部还有很多分支，研究政治文化的学者要清楚这些分支之间的差异。

第二，欧洲每个国家的酒店价格和餐饮所需要的费用是完全不一样的。随着旅行者所看到的教堂风格的不同，人们会注意到每个国家的物价和消费水平也是不同的，而一个国家的物价和消费水平往往可以反映这个国家经济上的富裕程度。这些现象体现了马克斯·韦伯书里面讲的理论，即当你注意到这些国家教堂风格和经济差异的时候，也许你会想，这两者之间是不是有某种关系呢？当你这么想的时候，你就变成了一个政治文化的信仰者，最起码你相信政治文化是有道理的。马克斯·韦伯在《新教伦理和资本主义精神》(*Die protestantische Ethik und der Geist des Kapitalismus*)这本书里就强调，"新教伦理"和"资本主义精神"之间是有关系的。

在分析了新教伦理之后，韦伯还写了儒教、道教的相关内容，按照他当时的写作计划，他要把世界上所有的宗教都分析一遍，但是由于身体原因就没能继续完成。在《新教伦理与资本主义精神》中，韦伯特别强调了新教对于资本主义经济发展的重要作用。[1] 新教即宗教改革运动之后的基督教，主要分布于西欧国家。今天，北欧的五个国家——丹麦、芬兰、瑞典、挪威和冰岛都是新教国家，也是世界上最适合居住、最富裕的国家。不管在什么样的评价体系中，北欧五国几乎都会同时入围世界发展的前十名。这是偶然性的巧合吗？用社会科学研究中经常问到的一个的问题来说，这是 coincidence 还是 causality？这是偶然性还是因果性？

马克思·韦伯之后，政治文化研究开始慢慢走下坡路，一个重要原因是 20 世纪四五十年代所谓政治学研究科学化的兴起，也可以说是政治学科学化运动的兴起。在政治学科学化运动兴起之后，很多学者认为"政治文化是一个毫无意义的概念"，具体而言：①认为政治文化是一个很模糊的概念，没有人能说得清什么是政治文化。②既然要进行科学化，就要强调所有的概念都能够被精确地进行测量，而政治文化是一个无法进行测量的概念。③很多学者认为，政治文化作为一个自变量来讲，它对一个国家的政治发展或社会发展到底能够起到多大程度的

---

〔1〕〔德〕马克斯·韦伯：《新教伦理与资本主义精神》，苏国勋等译，社会科学文献出版社 2010 年，第 23~31 页。

作用，是无法被科学证实的。因此，在这样的政治学科学化运动的主张之下，政治文化开始走向沉寂，在很长一段时间里，很多人都不愿意讨论政治文化。

比如说，在政治文化的研究中，有一个非常重要的研究领域叫国民性研究，就是研究一个国家的国民特性。到了 20 世纪五六十年代以后，很多人对国民性的研究进行了尖锐的批评。这些人认为：①国民性的研究是毫无意义的陈词滥调。②国民性是带有种族主义色彩的歧视和偏见。于是，很多政治文化学者放弃了这样的研究，他们害怕被扣上种族歧视的帽子。时至今日，很多人依然在有意识地避免进行国民性的研究。

三、政治文化的复兴

到了 20 世纪 80 年代中后期，在加布里埃尔·阿尔蒙德、英格尔哈特、罗伯特·普特南等知名学者的推动下，政治文化研究强势"复兴"，并涌现出一大批影响深远的经典之作。在最近的几年里，中国政法大学政治学系的两位教授主编了一套翻译丛书——《政治文化研究译丛》，将 20 世纪 80 年代以来著名的西方思想家的政治文化研究作品翻译成中文出版。[1] 20 世纪 90 年代以来，随着冷战的结束，不同文明之间的冲突逐渐成为国际冲突的主要表现形式。亨廷顿有一本著作《文明的冲突》(*Collide Of Civilization*)，在这本书里，他认为文明冲突的时代已经来临，政治文化已经日益彰显其重要性。[2] 另外，美国"9·11"事件之后，世界格局发生的演变也进一步说明了文化在政治生活中的重要性。

英格尔哈特批评政治学科学化运动犯有化约主义 (reductionism) 的错误，因为政治学科学化运动倾向于将政治现象视为个体政治行为聚合的结果，而不是将政治结果归因于宏观层次的文化结构和适当的行为规则。英格尔哈特认为，政治文化在界定政治行为者在不同社会场景之下面临的激励和约束上扮演了无可替代

---

〔1〕 丛日云、卢春龙主编的《政治文化研究译丛》翻译出版了 20 世纪 80 年代以来的多数重要的政治文化研究，包括 9 种译书：迈克尔·布林特的《政治文化的谱系》与《悲剧与拒绝——西方政治思想中的差异政治》，罗纳德·英格尔哈特的《现代化与后现代化：43 个国家的政治、文化与社会变迁》与《发达工业社会的文化转型》，艾利克斯·英格尔斯的《国民性：心理—社会的视角》，罗伯特·D. 帕特南的《流动中的民主政体：当代社会中社会资本的演变》，马克·霍华德·罗斯的《冲突的文化：比较视野下的解读与利益》，赫茵与塞尔登的《审查历史——日本、德国和美国的公民身份与记忆》，狄百瑞的《亚洲价值与人权：儒家社群主义的视角》，该系列的书籍均是近几年在社会科学文献出版社出版。

〔2〕 ［美］塞缪尔·亨廷顿：《文明的冲突与世界秩序的重建》，周琪等译，新华出版社 1998 年版，第 7 页。

的作用。[1] 更为重要的是，政治文化对于政治行为的影响，不仅仅是指定什么行为是得到允许的，还指定在特定的场景之中什么行为是可以被想象的。就此而论，政治文化起到了"认知内嵌"（cognitive embeddedness）的作用，就像内嵌在政治行为者脑海中的过滤器，这个概念能用来解释为什么诸多政治行为者不愿意去想象替代性的行为方式而倾向于维持现有的行为选择。

政治文化的复兴有三个核心主张：①它强调社会的背景（context），特别是文化背景对政治生活的重要性。②政治文化对行为主义、科学主义在政治研究领域中的主导地位进行了挑战。行为主义和科学主义是一种化约主义，它们倾向于把政治现象看作个体行为者偏好和选择的结果。事实上，政治生活的很多结果往往是由一个社会的整体文化所决定的，而不是由个人的选择或者个人的偏好所决定的。③是政治文化而不是其他因素决定了个体行为者的行为动机与行为选择。

比如，在20世纪五六十年代的科学化运动中一直存在一个争论，即人们的行为选择到底是由什么因素来左右的？理性选择理论家一般认为，人的行为选择往往由人的理性计算因素所决定：一个人做任何决策都要经过成本收益的计算，要趋利避害，这是人天然的本性。但是政治文化的研究者认为，趋利避害的准则不能够说明人的本性，有时候人们明明知道那是一个不好的选择，可偏偏要做那样的选择。之所以会发生这样的事情，是因为政治文化决定了他的选择，因此是政治文化而不是其他因素决定了个体行为者的行为选择。

（一）阿尔蒙德、维巴与《公民文化》

阿尔蒙德与西德尼·维巴1963年出版了《公民文化》（*The Civic Culture: Political Attitudes and Democracy in Five Nations*）一书，在书中，他们认为，政治文化是一个民族在特定时期流行的一套政治态度、政治信仰和感情，它由本民族的历史和当代社会、经济和政治活动进程所促成。政治文化的内容主要包括三个基本成分：政治认知、政治情感和政治评价。其中，"认知取向是对政治系统的职责、这些职责的在任者、政治输入和政治输出的认知和信念；感情取向是关于政治系统的职责、人员和功能的情感；评价取向是对政治对象的判断和观点，通常

---

〔1〕　Ronald Inglehart, "The Renaissance of Political Culture", *American Political Science Review*, vol. 82, no. 4, (1988): 1203 ~ 1205.

包含价值标准和信息、情感的结合"。[1]

在此基础之上，阿尔蒙德与维巴把政治文化的典型类型划分为三种：村民型、臣民型和参与型。村民型政治文化的标志是人们对自己属地的认同感强于国家的认同感，缺乏公民权意识，在认知上既没有意愿也没有能力参与政治。臣民型政治文化的特征则表现为：公民认为自己对政府产生影响的能力很有限，易于服从并对政治参与比较消极。参与型政治文化是指公民对政治有密切的关注并有广泛的参与意愿和认知。最后，阿尔蒙德与维巴把公民文化定义为一种混合型的文化，以参与型政治文化为主，同时混合了村民型政治文化与臣民型政治文化，这一公民文化是现代民主政治良性运转的基石。

阿尔蒙德与维巴认为，如果一个社会里所有的人都是参与型的政治文化，这个政治系统一定无法运转下去，因为政治系统能够接纳、处理的政治参与的诉求是有限的。比如，美国总统大选的公民投票比例在60%左右，有时候甚至不到60%。美国还有其他类型的选举，公民不仅要选州长，还要选州议员、市议员，市议员选举的参与率有时只有20%左右。这就是公民文化，即以参与型的政治文化为主，又混杂着臣民型政治文化。臣民型政治文化表现为：公民投完票之后就不想再参与政治，只等着享受社会福利、退税、社会救济等政策。他们没有时间也没有兴趣去参与政治，躺在沙发上吃着土豆片，拿遥控器看电视。我以前在美国留学时就经常看到这样的人，美国人称他们"Couch Potato"——"沙发上的土豆"，体型肥胖，拿遥控器看着不同的电视节目。

按照阿尔蒙德与维巴的说法，公民文化对公民政治参与的热情与冷漠进行了很好的平衡，一些人对国家有责任感，他们去投票和争论；还有一些人对国家、政治一无所知，就坐在沙发上看篮球比赛或者棒球比赛。这样一种文化把热情和冷漠很好地融合在一起，对民主社会的运转起到很好的基石性作用。[2]

(二) 英格尔哈特与世界价值观调查

英格尔哈特出生于1934年，现执教于美国密歇根大学，是当代西方政治文化研究的大师级人物。由于他在政治文化研究上的杰出贡献，英格尔哈特成为少

---

〔1〕　Gabreil Almond and Sidney Verba, *The Civic Culture: Political Attitudes and Democracy in Five Nations.* Princeton: Princeton University Press, 1963, p. 14.

〔2〕　Gabreil Almond and Sidney Verba, *The Civic Culture: Political Attitudes and Democracy in Five Nations.* Princeton: Princeton University Press, 1963.

数入选美国艺术与科学院院士的社会科学学者之一。他曾经担任美国乃至全球最负盛名的密歇根大学社会调查中心主任，1988 年至今担任世界价值观念调查（World Values Survey）项目的联合会主席。英格尔哈特同时也是俄罗斯国立高等经济学院比较社会研究实验室的主任。他最早提出"政治文化复兴"这一主张，提出应该矫正政治研究中的理论取向问题，应该重新重视对政治文化的研究。他所主持的世界价值观念调查目前已经涵盖了 97 个国家和地区，覆盖 90% 左右的世界人口，是当前全球最有影响的调查项目。该调查每 5 年发布一次调查结果，自 1981 年起已进行 6 次。

英格尔哈特有一个简单的想法，那就是，有些人批评政治文化不客观，批评政治文化的研究不能进行跨国比较，那么我就做一个客观的、科学的研究，进行跨国比较。于是他设计了一套关于人的价值观念的调查问卷，把它翻译成不同的文字，每 5 年在全世界范围内很多个国家同时进行调查，最后把结果向全世界公布。这样一来，就有一个客观的标准来评价各个国家的文化。这一调查结果现在已经受到国际学术界的统一认可，也为政治文化学者进行跨国比较研究提供了经验的数据支持。英格尔哈特团队将要在 2017 年进行第七次调查，可以登录世界价值观念调查网站查看以往数据。

通过运用主要成分因子分析（factor analysis）这一统计工具，英格尔哈特提取了两个维度来比较世界各国的文化差异：①传统权威（traditional authority）与世俗—理性权威（secular‑rational authority）的维度；②生存价值观（survival values）与自我表达价值观（self‑expression values）的维度。第一个维度的两极分别是传统权威与世俗—理性权威，发展中国家与前现代化国家的文化特征呈现出强烈的传统权威特征，宗教在其社会中发挥了举足轻重的作用，在这样的社会里，强调父母与子女的关系和服从权威的重要性，并保留了非常传统的家庭观念：诸如反对离婚、堕胎、安乐死等。同时，这些社会往往有着高层次的民族自豪感和强烈的民族主义情绪（以排外主义为特征）。发达的西方工业社会的文化特征呈现出强烈的世俗—理性权威特征，宗教的作用在衰减，人们对于离婚、堕胎、安乐死等问题往往持有宽容、开放的态度，与此同时，权威的重要性也在衰退。

第二个维度的两极分别是生存价值观与自我表达价值观，发展中国家与前现代化国家的文化特征呈现出强烈的生存价值观特征，而发达的西方工业社会的文化特征则呈现出强烈的自我表达价值观特征。西方发达工业社会由于积累起空前的财富，这就意味着其社会中的公民普遍富有，生存成为理所当然的事情。因此，这些社会里的人们优先考虑的问题从关注经济和物质安全问题，更多地转向了个人的自我表达以及生活质量等。

根据世界价值观念调查的结果，英格尔哈特制作了一张世界文化地图，其中，纵坐标代表"生存的价值观"与"自我表达的价值观"，两个方向分别表明一个国家人民所强调的生存价值观和自我表达的价值观。强调"生存的价值观"表明该国家的民众特别看重传统性的、与安全和生存有关的价值；强调"自我表达的价值观"表明该国家的民众特别重视个人的自我表达和自由发展。横坐标代表"传统的价值观"和"世俗—理性的价值观"。"传统的价值观"特别强调宗教的作用；"世俗—理性的价值观"认为人们的生活并非由宗教性的神秘因素所决定，而是由世俗化的、理性的、科学的因素所决定。

按照这两个不同的维度，英格尔哈特对世界文化地图进行了重新划分。他绘制了一张世界文化演变的进程图，这个进程图是计算机根据世界价值观念调查的数据计算生成的一个结果。根据这张进程图，英格尔哈特认为，现在的人们处于一个进步的时代，人类社会文化发展的方向，必定是朝着"自我表达的价值观"和"世俗—理性的价值观"的方向发展。

按照这两个维度来看，新教国家（The Protestant Country）——瑞典、挪威、丹麦、芬兰、荷兰、冰岛、瑞士——就会处于这两个维度的顶端。稍次于这些国家的，即虽然也强调"自我表达价值观"但在"世俗理性价值观"维度上得分较低的英语语言国家，包括美国、加拿大、英国、澳大利亚、爱尔兰等。强调"生存价值观"同时又强调"传统价值观"的国家集中在非洲和伊斯兰世界。拉丁美洲国家非常重视天主教的重要作用，因此它们强调"自我表达价值观"和"传统价值观"。

在这张进程图中有一块"中间地带"，即"自我表达价值观"与"世俗理性价值观"得分适中，同时又混杂着"生存价值观""传统价值观"的国家，它们是天主教国家（Catholic Countries），例如，法国、西班牙、希腊、匈牙利、波兰、比利时。其中，特别强调"生存价值观"但又在"世俗理性价值观"得分较高的国家是东正教国家（Orthodox Countries），包括塞尔维亚、乌克兰、摩尔多瓦、阿尔巴尼亚、白俄罗斯、保加利亚。

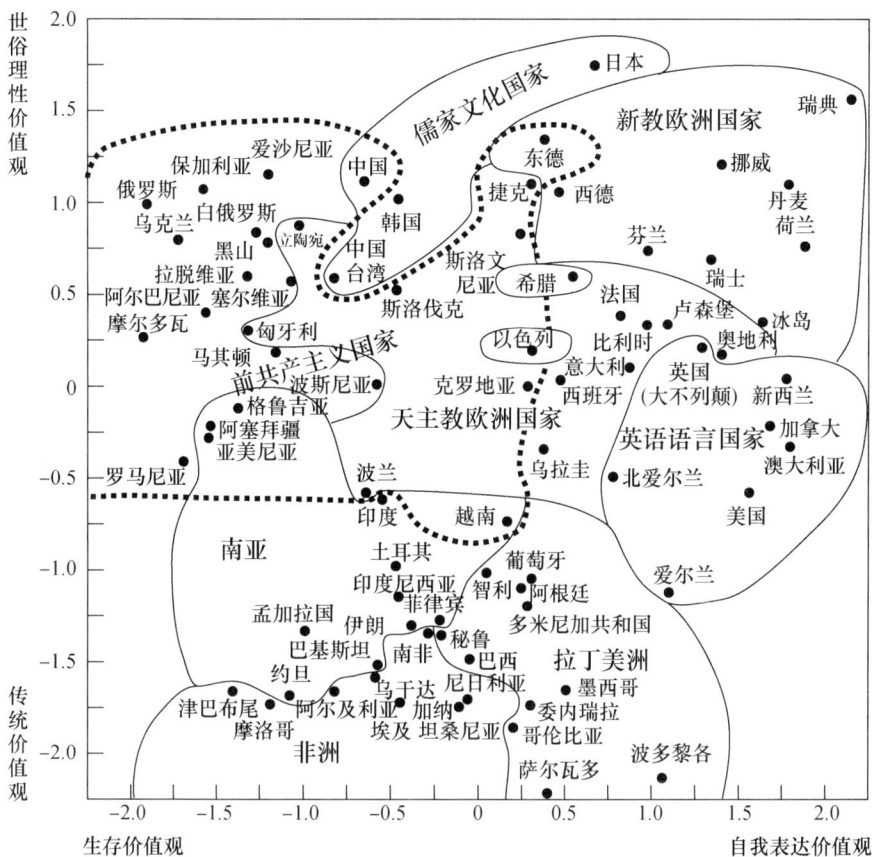

图2 英格尔哈特制作的世界文化地图[1]

"自我表达价值观"得分较低，同时特别强调"生存价值观"和"世俗理性价值观"的国家是受儒家文化影响的国家或地区（Confucian state），包括中国大陆、中国台湾、中国香港以及日本。这些国家或地区特别强调"生存价值观"，但它们缺少宗教性或传统性的因素影响，因此"世俗理性的价值观"得分较高。

英格尔哈特还做了一个非常有名的研究证明了马克斯·韦伯的观点。自从韦伯提出新教伦理与资本主义精神之间的关系之后，遭到了很多人的质疑，批评者

---

〔1〕 该图由作者翻译自：Ronald Inglehart and Christian Welzel, *Modernization*, *Cultural Change and Democracy*; *The Human Development Sequence*, Cambridge：Cambridge University Press, 2005, p. 63.

认为这种关系是未经证明的，宗教、文化对一个国家的经济发展是否具有重要作用有待商榷。英格尔哈特通过研究对韦伯的观点进行了论证，即"新教伦理"与"资本主义精神"之间是有关系的。

英格尔哈特重新勾勒了一条人类历史发展的路径，按照他的观点，传统社会的人们信奉的是传统型的价值观念，它包括三个核心因素：其一，强调血缘关系；其二，强调农业的重要作用，基本上所有的传统社会都重农抑商；其三，强调压制或者控制人的社会流动。英格尔哈特认为，在传统社会的这三种文化因素的影响之下，历史只有循环，没有进步。但这一点后来有了突破，这一突破发生在宗教改革运动之后。16世纪，欧洲发生了宗教改革运动，马丁·路德在德国率先发起了这一运动。宗教改革产生了很重要的结果，即产生了一系列新教国家，同时培育了新教伦理。他认为这种新教伦理刺激了物质主义价值观（materialist values）的兴起，物质主义价值观是英格尔哈特的专有名词。物质主义价值观特别强调人们对于物质财富的追求和向往，从而激发了人们的工作热情。这一时期经济发展迅速的国家基本都是新教国家，人类历史的发展由此出现了突破。持续性的经济发展导致人们开始强调后物质主义价值观（post–materialist values）。所谓后物质主义的价值观，是指人们开始强调环境、生活的质量、个人的自我表达。后物质主义的价值观反过来又削减了经济发展的速度，因此后来一些新教国家（如北欧国家、美国）的经济开始增长缓慢。

这样，英格尔哈特就对人类历史做了一个重新描述，他认为人类的文化发展，尤其是进入了17、18世纪以后，不再是一个简单的封闭式的发展状态，更多的是采用了一种彼此交换和学习的形式，即文化会产生一种弥散性效应，跨越国家边境进行传播，例如，物质主义这种价值观念最初在新教国家产生，之后便向其他国家进行扩散。因此，天主教国家，以及后来的日本，在逐渐接受了物质主义价值观的同时，其经济也得到了发展。

欧洲的宗教改革运动，导致了新教伦理和物质主义价值观的产生；而经济的迅速发展，也促进了后物质主义价值观的广泛发展。英格尔哈特绘制了一张坐标图以证明经济发展和后物质主义价值观之间的关系，该图的横坐标是一个国家1950年人均国民生产总值，纵坐标是该国家持有物质主义价值观的人口百分比减去持有后物质主义价值观的人口百分比。纵坐标得分越高，说明这个社会持有物质主义价值观的人口比例越高；得分越低，说明这个社会持后物质主义价值观的人越多。一方面，经济比较发达的国家，像美国、加拿大、瑞士、瑞典、丹麦、英国、芬兰，都是持有后物质主义价值观人口比例高的国家，也是经济量比较富裕的国家。另一方面，如果一个国家经济发展水平相对较低，它的物质主义价值观就比较盛行，比如西班牙、日本、南非、爱尔兰、意大利、奥地利、葡萄牙；处于中间水平的有比利时、挪威和法国等几个国家。英格尔哈特的研究清楚地表明，一个国家的经济发展水平与这个国家持有物质主义价值观人口的比例有很大的关系，即一个国家的经济发展水平越高，持有后物质主义价值观的人口就越多。

英格尔哈特还对主要国家在过去 200 年间的经济发展数据进行了分析，这些国家包含了这样三种类别：第一类是新教国家，第二类是天主教国家，第三类是佛教国家。在表 2 里，凡是标注"（p）"的都是新教国家，标注"（c）"的都是天主教国家，日本是个例外，被标注为"（b）"，即佛教国家。在 1870~1913 年间，经济发展速度最快的国家基本上都是 p（新教国家）打头的国家。到了 1949~1965 年间，两个 c（天主教国家）打头的国家开始崛起，p 打头的国家经济发展速度放缓。这就是英格尔哈特所说的世界经济发展规律，人的价值观的变化会影响经济发展的速度。最初，经济的发展是从新教国家开始的，当这些国家发展到一定程度的时候，就开始出现后物质主义价值观，这就导致这些国家的经济发展速度放缓。与此同时，其他一些国家开始接受和吸收这种物质主义价值观，其经济发展开始加速。

表 2　1870~1984 年主要国家的经济发展排名[1]

排名	1870~1913	1913~1938	1949~1965	1965~1984
1	美国（P）	日本（B）	日本（B）	日本（B）
2	加拿大（P）	挪威（P）	西德（P）	挪威（P）
3	丹麦（P）	荷兰（P）	意大利（C）	法国（C）
4	瑞典（P）	美国（P）	法国（C）	比利时（C）
5	德国（P）	瑞士（P）	瑞士（P）	意大利（C）
6	比利时（C）	丹麦（P）	荷兰（P）	西德（P）
7	瑞士（P）	瑞典（P）	加拿大（P）	加拿大（P）
8	日本（B）	意大利（C）	丹麦（P）	荷兰（P）

---

[1] Ronald Inglehart, "The Renaissance of Political Culture", *American Political Science Review*, vol. 82, no. 4, (1988): 1227.

续表

排名	1870~1913	1913~1938	1949~1965	1965~1984
9	挪威(P)	加拿大(P)	挪威(P)	丹麦(P)
10	英国(P)	德国(P)	瑞典(P)	瑞典(P)
11	荷兰(P)	英国(P)	美国(P)	美国(P)
12	法国(C)	法国(C)	比利时(C)	英国(P)
13	意大利(C)	比利时(C)	英国(P)	瑞士(P)
新教国家的平均经济发展速度	152	120	98	72

(三)英格尔斯与国民性

接下来探讨英格尔斯关于国民性的研究。国民性研究是一个比较复杂的领域,在很长一段时间内,很多学者不愿意触碰这一领域。谈到"国民性",很多人认为它是一种陈词滥调的偏见,比如,说到中国人的国民性,我们立刻就会想到"从众性""阿Q"等词。在历史上,对于中国人国民性最精准、尖锐的批判来自于鲁迅,他笔下的阿Q形象就代表了他所批判的最典型的国民性,除此之外,他也对国人抱有一种"哀其不幸、怒其不争"的态度。

如今能够看到的很多研究国民性的优秀作品,都受到了像英格尔斯这样的学术大师的影响。英格尔斯的研究方法强调国民性与种族主义之间没有必然联系,认为可以通过科学的方法对国民性进行测量和评价。英格尔斯强调,关于国民性的研究与文化偏见和种族主义没有必然联系,可以通过科学的方式来进行。他认为,如果进行科学的建构,国民性是一个真实的存在,而且是可以被科学测量和比较的。国民性与种族自身的生理、基因特征无关,因为同一个种族的人群在不同国家里会展现出不同的国民性;而另一方面,在一些多种族的国家(比如美国)中,各个种族的人群会共享同一个国民性。

例如,一些学者在进行我国大陆和港澳台地区华人国民性研究和我国大陆、港澳台地区及海外华人社区的华人国民性研究时发现,不同地区的华人国民性存在一些共性,同时也存在很大的差异性。在一些多种族国家比如美国,各民族融合之后会呈现出同一种国民性,即美国国民性。

以往的国民性研究强调通过文献分析、历史描述的方法进行研究,缺乏精确数据的支持，比如鲁迅和柏杨就是通过文学对国民性进行分析。如今的国民性研究不再走这样的老路，而是以大量的调查数据为基础进行客观的科学的研究。英格尔斯就特别强调要有大量的社会调查数据为基础，通过科学的实证性研究来讨论国民性问题，他提出了一个多维度的测量框架来考量一个国家的国民性特征，从而为国民性研究提供了经验的数据支撑。

英格尔斯在六个发展中国家进行了大规模的比较社会调查，每个国家访问1000人，以此为基础写作了《从传统人到现代人——六个发展中国家中的个人变化》这本非常著名的作品。在此书中，英格尔斯认为国家的现代化首先是国民的现代化。他提出，只有当一个国家的人民是现代人，从心理和行为上都转变为现代的人格，它的现代政治、经济和文化管理中的工作人员都拥有与现代化发展相适应的现代性，这个国家才可真正称之为现代化的国家，否则，快速经济发展和有效管理都不会真正实现，即便经济起飞，也不会持续很久。对这个预期，他进一步论证到，一个国家可以从国外引进科学技术，甚至是政治管理的形式和制度，这是很常见的，但是由于缺乏现代人的人格，其结果往往难以避免失败，发展的蓝图往往会扭曲成讽刺画。[1]

(四)普特南与社会资本

普特南是另外一个研究政治文化的优秀学者，他在其著作《使民主运转起来》一书中强调社会资本的重要性。他的这本著作回应了托克维尔以来的一个政治学命题，即一个好的民主政体的良性运转依赖于其公民对公共事务的积极参与。柏拉图、西塞罗和阿奎那也强调，一个国家要想各个方面运转良好必须要求公民有公民意识并积极参与公共事务，否则民主就无法有效运行。普特南认为，在一个社会或地区，社会资本的大量存在会促进政府的有效治理。这是因为，首先，积极参与社会网络会使得社会成员学习到合作、团结以及社会公益等精神；其次，积极参与社会网络会提高社会成员对政治事务的认知能力，会培育社会成员的政治效能感；最后，积极参与社会网络会使得社会成员学习到政治自治的基本规则，从而提高社会成员监督政府治理的意识和能力。

发展理论曾经有过三次研究范式的转变。第一代发展理论家强调发展要有实物资本(capital)，认为发展是建立在实物资本的基础之上。第二代发展理论家认

---

[1] [美]阿列克斯·英克尔斯、戴维·H.史密斯：《从传统人到现代人——六个发展中国家中的个人变化》，顾昕译，中国人民大学出版社1992年版，第450~455页。

为发展离不开人力资本（human capital），强调在国民身上投入教育成本，对其进行有效训练。中国之所以能在发展中国家里脱颖而出的一个重要原因就在于此。例如，很多跨国企业选择来华投资，看中的就是中国存在一个庞大的、受过良好教育的熟练工队伍。第三代发展理论家强调的是社会资本（social capital），认为一个国家的长远发展必须要以社会资本为基础。

值得一提的是，社会资本特别强调社会信任，按照社会资本理论的看法，社会成员之间的信任程度越高，他们之间的交易成本就越低。因此，充足的社会信任是社会运行的润滑剂。另外一种无形的社会资本——社会宽容也很重要，即人与人之间用宽容的心态相互对待，而不是对立和仇视。社会成员之间的合作精神也是社会资本中很重要的一部分。[1]

这些都是社会资本的内容，而社会资本一般而言是无形的。其中，福山（Fukuyama）认为社会信任是一个社会长久繁荣的基础，国家必须投入大量的成本到社会信任的建设中去。

四、政治文化复兴的启示

政治文化的复兴引起了广泛的思考，它给我们也带来了以下几点启示。首先，政治文化复兴对于当代西方政治学研究有着重大的影响，政治文化曾是一个重要的分析流派，但是在 20 世纪 40、50 年代走向沉寂。政治文化的复兴使得政治文化重新成为一支非常重要的理论流派，促进了整个政治学研究的发展。同时，政治文化的复兴也促使政治学研究的学界主流开始反思以下问题：社会背景对于理解政治生活的重要性；地区背景的差异对政治生活产生了何种影响；语言历史训练对于培养政治学研究人员发挥着举足轻重的作用。

其次，它对于中国政治学研究的启示在于我们要重新正视政治文化的重要性。在过去的二三十年间，中国政治学研究的话语主要集中在制度建设上，花了大量精力去建设政治制度，最终发现许多制度得不到有效的执行。如今，诸多学者已经意识到这一点，并开始讨论政治文化的重要性，强调政治文化研究对于理解中国政治发展的重要作用。因为，对于中国的现代化而言，现代化不仅仅是技术，也不仅仅是制度，更重要的是改变中国人的观念，中国人要从文化上成长为

---

〔1〕 ［美］罗伯特 D. 帕特南：《使民主运转起来——现代意大利的公民传统》，王列、赖海榕译，江西人民出版社 2001 年版，第 195～213 页。

一个具有现代意识的公民。

【推荐文献】

1. ［德］马克斯·韦伯：《新教伦理与资本主义精神》，苏国勋等译，社会科学文献出版社 2010 年版。

2. ［美］塞缪尔·亨廷顿：《文明的冲突与世界秩序的重建》，周淇等译，新华出版社 1998 年版。

3. ［美］加布里埃尔·A. 阿尔蒙德、西德尼·维巴：《公民文化——五国的政治态度和民主制》，徐湘林等译，东方出版社 2008 年版。

4. ［美］罗伯特 D. 帕特南：《使民主运转起来——现代意大利的公民传统》，王列、赖海榕译，江西人民出版社 2001 年版。

5. ［美］托马斯·帕特森：《美国政治文化》，顾肃、吕建高译，东方出版社 2007 年版。

6. ［美］特里·N. 克拉克、［法］文森特·霍夫曼—马丁诺编：《新政治文化》，何道宽译，社会科学文献出版社 2006 年版。

【拓展阅读材料】

1. 平衡的公民文化

2. 世界价值观调查

第七讲　政治发展与政治稳定*

我们都知道"发展是硬道理"，也常听到"稳定是压倒一切的"，但很少认真思索这二者是什么关系。实际上它牵涉到发展政治学中的一个重大问题，即政治、经济发展与政治稳定的关系，更抽象地说是政治体系中的"变"与"常"的关系。半个多世纪以来，对于发展道路上存在的政治动荡的风险，政治学、经济学、社会学等领域的学者从不同角度作出过大量研究。这一讲从介绍概念开始，重点说明政治发展与政治稳定研究中的一些重要观点。

一、政治发展与政治稳定的概念

在任何政治系统中，人们对于政治现实总有各种不满。每个行为者对于"什么样的政治模式是好的"这个问题也有着千差万别甚至截然对立的答案。正是个体和群体之间的差别以及理想和现实之间的对照，构成了政治变迁（political change）的持久动力。政治变迁既可以是朝"好"的方向变化，这被称为"政治发展"（political development），也可以是朝"坏"的方向变化，这被称为"政治衰败"（political decay），而"政治稳定"的概念和二者密切相关。

（一）政治发展的概念

从观念史的角度看，政治发展的概念不仅内在具有价值判断的维度（只有"好"的变迁才是发展），还蕴含着线性的时间观（历史并非循环的）、目的论的社会演进观（人类社会朝着某个既定的目标演变，在某些理论家那里目标的达成即"历史的终结"）和社会进步观（认为总的来说未来会比过去和现在要好）。

几乎每个研究政治发展的学者都会给出自己的定义，如早期政治发展研究的代表人物白鲁恂（Lucian Pye）在《政治发展面面观》（Aspects of Political Development）中就总结出当时流行的 10 种对发展的定义，包括：政治发展是工业社会典型政治形态的生成过程、是政治现代化的过程、是民族国家建设和运转的过程、

＊　作者：尹钛，中国政法大学政治与公共管理学院副教授，研究范围涉及中国近现代政治史、当代中国政治、政治发展理论与多样化研究。

是国家行政与法治的发展、是政治动员和政治参与扩大的过程、是政治体系能力增强的过程等。但是概念的差异并不意味着人们对于"何谓政治发展"毫无共识。在现时代,自由、民主、平等、人权等等词语几乎得到任何政治社会的拥赞,所以可以说政治体系朝向这些目标的变迁就是政治发展。[1] 我国的社会主义核心价值观基本上也包括了这些价值,所以大体可以将这些价值视为人类社会普遍的政治发展目标和推动我国政治体系改善的方向。政治发展的概念不是一成不变的,不同时代不同的主流定义反映了人们对于政治发展目标的理解在与时俱进。

(二)政治稳定的概念

政治发展的反面是政治衰败,即政治系统朝向恶性或负面状态的变迁。就政治系统而言,这体现为国家能力的衰落,如国家无力提供必需的公共产品(如秩序、安全),政治生活中暴力冲突不断,政变和军人干政层出不穷,经济衰退,人们普遍对国家的政治表现深怀不满,其极端情况就是政治社会堕入霍布斯世界。虽然在亚里士多德的政体论中关于政体变迁的描述就已经预示着政体存在衰败的趋势,但在政治发展研究的传统中,主要是亨廷顿及其学术继承人福山对于这种现象做了理论性的探讨。[2] 这两位学者对于政治衰败并未给出周全的定义,但他们的描述和分析认为政治秩序的缺乏是政治衰败最本质的特征。相应的,在亨廷顿对政治发展的定义(政治现代化与政治制度化)中,可以看到良性政治秩序的存在是政治发展的重要目标和指标。

政治稳定并非政治变迁的反面,并非政治系统一成不变的状态。从结构—功能主义的视角来看,它是指政治系统维持功能、政治生活有序进行的良性运转和均衡状态。福山描述的政治衰败的一个重要表现是政治制度丧失针对新情况和环境的调节和适应能力,陷入政治不稳定,因此政治稳定是动态的,绝非僵化不变。一个变迁中的政治体系既可以保持政治稳定(如二战后欧美日等资本主义国家的"黄金时期"),也可以陷入政治不稳定(如所谓的"失败国家")。政治不稳定既可以促成政治发展(代表政治发展重要成就之一的欧美现代福利国家的建立,就是长达一个世纪的汹涌澎湃的社会主义工人运动与民主革命的结果),也

---

〔1〕 Damien Kingsbury, *Political Development*, Routledge Press, 2007, introduction, chapter one.

〔2〕 [美]塞缪尔·P.亨廷顿:《变化社会中的政治秩序》,王冠华等译,生活·读书·新知三联书店 1989 年版;[美]弗朗西斯·福山:《政治秩序的起源——从前人类时代到法国大革命》,毛俊杰译,广西师范大学出版社 2012 年版。

可以导致政治衰败（如新兴民主国家的崩溃）。

在政治理论史上，绝大多数思想家都将政治稳定视为政治活动追求的重要价值之一，对于政治保守主义者来说甚至是压倒性的目标，但对于强调革命的正面意义的思想家来说，政治稳定应该为更高的价值目标例如革命的目标让道，甚至它内在地就不值得追求，所以才有"不断革命论"。

政治稳定这一概念具有强烈的价值判断色彩：对某些人或某国来说的"不稳定"很可能恰恰是别人或别国极为欢迎的"积极趋势"。例如，冷战期间欧美资本主义国家无不致力于推翻苏联等社会主义国家的政治体制，促成其政治不稳定。在马克思主义传统中，不稳定被视为历史发展过程中不可避免的现象，阶级斗争是朝向理想社会状态变迁过程中必须的阶段，危机是经济发展必然引起的社会矛盾不可避免的产物，因此资产阶级国家的不稳定对无产阶级来说酝酿着发展的机遇。但在非马克思主义的政治理论传统中，政治不稳定则一般被视为对正常发展道路的偏离，是政治体系功能的紊乱，是需要解释和救治的病症。在具体的研究尤其是政策研究中，更无法回避价值判断，如在"稳定的"独裁政权、威权政权或军政权和民主质量不佳的"动荡不安的"选举式民主、"伪民主"之间，应该如何取舍？

要在政治稳定的概念上达成一致并不容易。几十年来学者们提出过各种测度政治稳定/不稳定的指标，政治学家赫维茨（Leon Hurwitz）在 70 年代曾梳理出当时存在的五类对政治稳定的定义，包括将其定义为"不存在暴力""政府的寿命/延续性""存在具有合法性的宪政政体""不存在结构性的变迁""多重面相的社会特性"等。[1] 更具体的指标可以是主要政治领导人的更换频率、每百万人死于内部暴力冲突的死亡率、暴力冲突的总数、政府延续的时间、政府行为的制度化等等各种子项测量指标。

现在的各种测量体系基本上也不脱此窠臼，如"经济学人"的民主指数（Economist Intelligence Unit &. Democracy Index）以权力的有序转移、军事冲突、暴力示威、社会不满（social unrest）四个指标来衡量政治不稳定的程度，"政治风险服务国际"（Political Risk Services International，PRS）的"国别风险指南"（Country Risk Guide）以政府稳定、国内冲突、国际冲突、族群紧张关系四个指标来衡量

---

〔1〕 Leon Hurwitz, "Contemporary Approaches to Political Stability", *Comparative Politics*, Vol. 5, No. 3, Special Issue on Revolution and Social Change (Apr. , 1973), pp. 449～463.

政治不稳定的风险程度。另一个代表性的指标是世界银行专家考夫曼（Daniel Kaufmann）等人在编制"世界治理指数"时提出的政治稳定量化标准。[1]"世界治理指数"以表达和问责（Voice and Accountability）、政治稳定（Political Stability）、政府效能（Government Effectiveness）、管制质量（Regulatory Quality）、法治（Rule of Law）和腐败的控制（Control of Corruption）等六个指标来衡量治理的质量。其中政治稳定是指"政府被以不合宪的或暴力的手段——包括政治动员的暴力和恐怖主义——而颠覆或推翻的可能性"。这一指标也是通过几个进一步的分解指标来测度。除了世行的量化标准外，"晴雨表"（Barometer Survey）研究计划、非洲开发银行、自由之家、透明国际、盖洛普公司等非政府组织或商业机构都提出过与政治稳定相关的指标体系。

总的来说，政治学者倾向于从结构功能主义和系统论出发下定义，例如，有学者认为政治稳定"本质上是系统中的政治制度在不失去其基本模式或形式的情况下得以维持下去的能力"。[2]在此基础上，学者们再提出众多的量化指标来测度政治稳定/不稳定的状况或程度，但迄今为止很难说政治科学家找到了各家都满意的对于"政治稳定"的可操作标准。例如，以国内暴力的频度来测度的话，印度因为其国内复杂的宗教和种族问题而面临着频繁的暴力冲突，难以称得上是个稳定的国家，但除了短暂的非常时期外，这个国家的民主制度却运行得"很稳定"。然而，说印度的政体"稳定"，首先是因为将政体稳定界定为政体的崩溃，这是一个最小标准，换个标准来看结论就会大相径庭了。此外，测度政治稳定时，一旦加入时间变量情况会更复杂。一个时期内"稳定的"政治体系，放在长时段来看，或事后回顾来看，就成了"不稳定的"政治体系，因为其是否"稳定"往往只能从事后来评价。苏联东欧的政治体系在柏林墙倒塌前是"稳定的"，但一夜之间这些国家此前的"政治不稳定"就成了它们"垮台不可避免"的原因了。

虽然存在种种政治稳定的概念，这些操作性的概念在具体研究中往往各有侧重，但最常见的是将政治暴力的频度和程度作为核心的指标，这也体现了现代政治文明最明显的特征：以"数人头"代替"砍人头"。政治暴力的存在，是对政治文明的背离，也是政治不稳定的最显著表征。

---

〔1〕　2015 年度报告参见：http：//info. worldbank. org/governance/wgi/index. aspx#home.

〔2〕　Edmund A. Aunger, *In search of political stability：A comparative study of New Brunswick and Northern Ireland*, McGill Queen's University Press, 1981.

二、政治发展理论中的政治稳定

在某种程度上，现代社会科学的诞生和现代社会表现出的不稳定性有密切关系。如盖尔纳指出的，民族主义、世俗意识形态和社会科学于19世纪伴生出现，这三者有着深刻的内在联系："动摇旧秩序的激流和不稳定，自然导致某些人努力去理解正在发生的事情，去探究社会的真正根基，去掌握新社会形式的原理。它导致其他人努力去改变世界，或者具体规划这些原理应该致力于朝哪些方向去改变世界。"[1]进入20世纪中叶，在美国出现的政治发展研究、现代比较政治科学也直接和当时美国的战略需求有关：要研究如何与苏东集团争夺广阔的"第三世界"，首要的问题就是如何面对第三世界这些新独立国家中普遍存在的政治不稳定，包括政治暴力、政变、内战、革命。正是在时代思潮和现实政治需求的推拉中，政治发展研究不断调整着对政治稳定的认识。

(一)发展理论思潮的演变及其对政治稳定的认识

从政治发展研究的历史演变来看，二战后到50年代初期的政治发展研究对于解决第三世界的政治不稳定存在一种乐观情绪，认为通过经济发展、社会变革和文化改造，可以消除这些国家政治不稳定的根源，其主要目标也是要消除这些地方的革命倾向。

但到20世纪60年代，很多学者发现早期现代化理论的预期落空，转而认为现代化可能带来不稳定，代表性的学者为亨廷顿。在发展经济学领域，诚如有的学者概括的，发展经济学从20世纪40年代到20世纪70年在代，均认为后发展国家需要为发展经济而牺牲民主，或者说威权主义政体(极权)在发展经济方面有政体优势，"为了发展的目的，正义必须靠后站"。[2] 在某种程度上可以说，这几十年的发展经济学家甚至很多政治学者都倾向于认为，经济发展和政治民主之间存在一种兑换(trade off)关系，政治民主带来政治不稳定，而不稳定损害经济发展，因此为经济发展应牺牲民主。

然而进入80年代以后，政治发展理论的新风向调整了发展与政治稳定的看

---

〔1〕 Ernest Gellner, *Culture, Identity, and Politics*, Press Syndicate of the University of Cambridge, 1986, preface, p. 1.

〔2〕 Vernon W. Ruttan, "What Happened to Political Development? Economic Development and Cultural Change", Vol. 39, No. 2 (Jan. , 1991), pp. 265~292.

法。新一代研究倾向于认为，政治稳定不仅仅是通过经济发展取得，也要通过治理质量的改善而取得。此一时期对政治发展的界定中，权利保障或人权获得越来越多的重视，如阿马蒂亚·森（Amartya Sen）指出，"几乎没有什么普遍性的证据表明威权主义政府以及对政治和公民权利的压制确实有助于促进经济发展。统计的结果远为复杂。对于政治自由和经济成果之间存在广泛冲突的论断，系统的实证研究没有提供任何真正的支持"。反过来看，"经济需要的紧迫性加强了而不是减弱了政治自由的迫切性"。[1] 换言之，威权主义政权的稳定不一定带来经济发展，自由和民主权利的改善也不一定带来政治不稳定进而牺牲经济发展，反而利于促进发展。

进入 21 世纪后，随着政治实践的推进和理论研究的深入，我们看到政治稳定已经构成测度政治发展或者治理质量的最主要指标之一，在关于政治发展程度（主要是民主的程度或质量）的测评体系中，很多纳入了政治稳定程度或权利保护（与政治暴力和自由剥夺相关）状况，这表明对政治稳定的理解已经从早期发展研究中关注政体的稳定转变为关注个人权益的稳定保障。

（二）研究政治稳定的基本进路

政治发展研究中对政治稳定的关注经历了从乐观到现实主义、从政体中心到个人中心、从统治到治理等一系列流变，但这一问题领域中也始终存在几种基本的研究取径或者说流派，它们对于政治稳定形成了各自比较独特的解释路径，其中影响较大的有结构功能主义学派、比较历史学派、社会心理学派和文化研究等。

结构功能主义学派的代表人物加布里埃尔·阿尔蒙德也是现代比较政治科学的奠基人之一，在其名著《比较政治学：体系、过程和政策》（*Comparative Politics*：*Systems*，*Process and Policy*）中，他对政治系统中的稳定与不稳定作出了一般性分析。他认为政治稳定是政治系统的一种平衡状态，而政治不稳定是政治系统的能力和社会要求之间的脱节，也即两种平衡关系的破坏：一是政治系统中系统、过程和政策之间的动态平衡被打破，二是系统中的政治文化和政治结构之间的平衡被打破。类似的，另一位结构功能主义的学者戴维·伊思顿（David Easton）将政治系统的稳定视为系统输入和输出的动态平衡状态，如果一个政治系统

---

〔1〕　［印］阿马蒂亚·森：《以自由看待发展》，任赜、于真译，中国人民大学出版社 2002 年版，第 150~151 页。

能够通过结构和文化的调解不断把输入(如利益诉求)经过转化而变成有效的输出(如公共政策),就能实现政治系统的存续和稳定。

比较历史学派的代表人物是亨廷顿和福山(Francis Fukuyama),亨廷顿在20世纪60年代就提出了政治制度化对于维持政治秩序或政治稳定的重要意义,而福山则在90年代以来持续关注国家能力问题,二者都通过宏大的比较历史分析来获致结论,产生了持续的重大影响。在《变动社会中的政治秩序》(*Political Order in Changing Societies*)这本经典著作中,亨廷顿一反50年代发展研究中以经济发展促成政治稳定的主张,指出"经济发展和政治稳定是两个相互独立的目标,这两个方面的进展没有必然的联系",而"产生政治秩序混乱的原因,不在于缺乏现代性,而在于为实现现代性所进行的努力。如果贫穷的国家出现动乱,那并非因为它们贫穷,而是因为它们想致富"。[1] 不仅社会和经济现代化产生政治动乱,而且动乱的程度还与现代化的速度有关。现代性产生稳定性,而现代化却产生不稳定性。不过,在某种程度上亨廷顿的观点也汲取了结构功能主义的分析方法,如其经典论断:政治不稳定源于政治参与的急剧扩大和政治制度化程度不足之间的矛盾,与结构功能主义的输入—输出不均衡的论断有异曲同工之妙。

社会心理学派的关注点在于,人们出于什么心理动机卷入大规模的政治暴力,如革命或造反。其中的代表人物是詹姆斯·戴维斯(James Davies)和泰德·格尔(Ted Gurr)。社会心理学派认为人们参与革命或叛乱的原因是他们的心理期望值和实际获取价值(社会生活标准和机会等)的能力之间的差距达到阈值。戴维斯提出了著名的J型曲线假设,而格尔在《人们为什么造反》(*Why Men Rebel*)一书中提出了著名的"相对剥夺(relative deprivation)"理论,认为并非贫穷而是社会成员中广泛存在的相对剥夺感导致政治暴力。

文化研究与其说是一个流派,还不如说是一种关注视角。马克思主义理论和其他社会学大师如涂尔干、韦伯一道,都非常重视政治变迁中的意识形态、认同、符号等因素对政治稳定和革命的影响。这一传统演变到现在,一些学者集中关注政治体系的合法性对于政治稳定的重要意义,一些学者关注符号、象征等对政治合法性的塑造,还有一些学者关注群体认同对于政治动员的作用。

---

〔1〕 [美]塞缪尔·P. 亨廷顿:《变化社会中的政治秩序》,王冠华等译,生活·读书·新知三联书店1989年版,第38、42页。

三、影响政治稳定的因素

政治体系的稳定与否，很大程度上与定义有关，但现象之下隐藏的造成不稳定状态的因素才是政治学者最关注的问题。几十年来，学者们一直致力于揭示政治稳定/不稳定的种种因果机制，到现在研究者至少达成一个共识：政治不稳定不可能由单一因素来解释。就以对内战的研究来说，多年来学者们已经分析出大量可能导致发生内战的自变量：经济发展水平、族群的异质性、自然资源的丰富程度、冲突的历史、好战和非民主性质的邻国政权、高出生率、既非民主又非独裁政体的"准独裁政体"、多山地的地貌、大规模的人口、人口大迁移、出产石油、各种各样的地理和时间因素（如中东和北非以及 20 世纪 60 年代是与内战高度相关的地理与时间变量）……[1]国内亦有学者列举各种影响政治稳定的因素，如族群冲突、缺乏良好政治竞争规则、经济危机、外国干涉等，并将这些因素归纳为政治系统本身、政治系统的国内环境和国际因素三类。[2]

影响政治稳定的国际因素比较特殊。一是这类因素既可能长期存在，难以改变，如冷战格局导致大量低烈度战争或代理人战争，也可能在短期内突然爆发，如马岛战争导致阿根廷军政权垮台；二是这类因素既可以产生显著的直接后果，如国际战争导致国内政权更迭，也可能产生隐性难以测度的影响，如古巴革命的意识形态对于邻近的拉丁美洲国家有重要示范作用，影响到这一地区的政治稳定，而美国对于拉丁美洲这一"后院"的外交政策在拉丁美洲的政治稳定上一直有巨大的影响力，这一点可以从"门罗宣言"到卡特的人权外交之影响得到印证，但这些因素难以量化分析。

如果不考虑国际因素如地缘政治环境、国际政治格局，我们可以模仿因果漏斗模型，将各种影响政治稳定的国内因素归纳为四类：①价值观念和政治文化；②经济、社会结构；③政治制度；④政治行为者的策略和选择。如图 3 所示，价值观念和政治文化因素主要在长时段内发生作用，虽然它们也直接制约行为者的选择；经济、社会结构主要在中期内发生作用，或者说在短期内这些因素无法显著改变或被选择，而政治制度则是在短期内可以改变和选择的因素；行为者的策

---

〔1〕　Carles Boix, Susan C. Stokes, *The Oxford Handbook of Comparative Politics*, Oxford University Press, 2007, p. 418.

〔2〕　燕继荣主编：《发展政治学：政治发展研究的概念与理论》，北京大学出版社 2006 年版，第 245～246页。

略和选择是短期内发生作用、产生直接效果的因素。

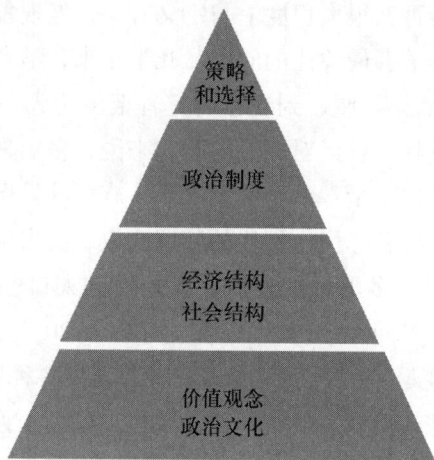

图 3　国内因素影响政治稳定的因果漏斗[1]

（一）价值观念与政治文化

人们的政治行为受其价值观念的影响，这是毋庸置疑的。正是在这种意义上，政治文化研究试图揭示人们深层的价值观念如何影响和制约其行为，这是不同于社会心理学和理性选择理论的对人类行为的解释路径。政治文化通常被界定为人们评价和判断政治行动和政治制度的方式，它是关于政治系统应当以何种方式运作的一套系统的信念、价值和观念。

经验主义的政治文化研究从一开始就与对民主政体政治稳定的关注有密切联系，这就是阿尔蒙德和维巴在《公民文化》（1963）中提出的著名的文化相容假设（cultural congruence hypothesis）：人们的价值观和制度之间的切合程度很大程度上影响着政治系统的稳定程度，民主政体的稳定和相应的公民文化是否根深蒂固密切相关，越是成熟的公民文化中，高水平的民主政体越稳定，而公民文化如果碰到的是低劣的民主或者非民主政体，则产生不稳定。其实早在 20 世纪 50 年代

---

〔1〕　该图由作者借鉴因果漏斗模型绘制，原模型是在研究选举的经典著作《美国选民》中提出，以漏斗比喻影响政治选举中个人的各种因素。漏斗的轴心代表时间，影响选举的各种因素以因果顺序排列，越靠近漏斗窄口，说明影响因素越直接越重要，越远离漏斗窄口，说明影响因素越宏大越遥远。

后期，西摩·马丁·李普塞特(Seymour Martin Lipset)在其经典著作《政治人》(*Political Man : the Social Bases of Politics*)中就提供大量证据证明，经济发展和民主之间不但有着很强的正面关联，并且在这一关系中政治信仰、态度、和价值也是一项重要的中介变量，影响到民主的出现。前文提及的社会心理学家戴维斯也从政治文化或者价值观念来解释政治不稳定，如他指出美国和巴西都存在严重的财富不平等分配，而巴西一再陷入政治不稳定，美国却保持政治稳定，这和两个国家人民的价值观念差异有关，美国穷人对富人远没有那么仇视，更加崇尚个人奋斗。[1] 20 世纪 90 年代，罗纳德·英格尔哈特(Ronald Inglehart)表明，生活满意度、人际信任和对革命变迁的拒绝不仅与经济发展，而且还与民主政体的稳定有很大的关系。[2] 拉里·戴蒙德(Larry Diamond)在研究民主的巩固时也指出，当一国民众对民主政体的支持不仅是无条件的，而且得到所有主要政治团体和力量的广泛认同时，民主巩固是最明显和最安全的。[3] 这些研究都一再证明，民主政体的稳定和政治文化的特性存在显著的相关性。

早期的政治文化研究常使人误解，似乎政治文化研究具有文化决定论和宿命论倾向，即政治文化决定了政治民主化的命运，并且难以改变，因此曾经存在一种广泛的看法认为某些文化与民主不具有天然亲和力，如天主教文化、亚洲价值观或伊斯兰教文化。但新的研究表明，政治文化不仅长期内是可以发生变化的，如德国、意大利、日本、西班牙和波多黎各这些国家曾经被认为不具备民主产生的土壤，但后来都成为稳定的民主国家，南欧和拉丁美洲这些天主教文化盛行的地区在第三波中诞生了大批稳定的民主国家，而且最近的一些研究认为，即使是更深的规范层面上的大众政治文化也会对一个国家政治体系的重大变化作出相当迅速的反应，这就使得在一个历史上几乎没有民主经验的国家建立民主制度成为可能。

(二)经济与社会结构

如果说文化因素对政治稳定的影响在很多时候是潜藏在行为之下的，那么经

---

〔1〕　James C. , "Davies, Political Stability and Instability : Some Manifestations and Causes", *The Journal of Conflict Resolution*, Vol. 13, No. 1 (Mar. , 1969), pp. 1 ~ 17.

〔2〕　罗纳德·英格尔哈特：《发达工业社会的文化转型》，张秀琴译，社会科学文献出版社 2013 年版。See also Inglehart, "The Renaissance of Political Culture", *American Political Science Review* 82, no. 4 (1988)：1203 ~ 1230.

〔3〕　Larry Diamond, *Developing Democracy : Toward Consolidation*, Stanford University Press, Chapter 5.

济与社会结构对于政治稳定的影响则很多时候是显在可见的。马尔萨斯陷阱指的就是人口增加必然导致社会和政治冲突。类似的因素如现代化、经济模式的转变、经济的增长或衰落、自然灾害、大规模疫病流行、外来思潮大规模引入等原因所引起的种种社会和经济结构变化，均会产生引力场一样的效应拉动政治体系的变迁，从而影响政治稳定。

亚里士多德在《政治学》的第五部分对于各种政体变迁的原因的分析就强调城邦内部各阶层地位的变化等社会结构因素的影响。马克思的历史唯物主义则持一种更为宏观的社会历史视野来阐释这一命题。经济基础和上层建筑这一对辩证的关系是马克思主义考察政治变迁的基本理论框架，也是对于政治稳定的一种经典解释：当生产关系不能适应生产力的需求时，生产关系就面临变革的压力，这反映在上层建筑中就出现政治不稳定。早期的政治现代化论者如白鲁恂、大卫·阿普特和亨廷顿等，都倾向于认为现代化这一巨大的历史进程内在地就蕴含着政治不稳定的因素，如白鲁恂概括的民族国家建构过程中面临的认同危机、合法性危机、渗透危机、参与危机、整合危机和分配危机等。下文着重介绍经济社会因素中经济增长与社会同质性两个变量对于政治稳定的影响。

1. 经济发展与政治稳定。在政治发展研究中，早期的发展经济学家曾经乐观地认为经济援助计划和市场经济机制的引入将会使第三世界摆脱贫困，进而实现民主的政治稳定。但多年来的研究表明，经济发展程度和政治稳定的关系远非如此简单。

的确，一般而言，日益增加的富裕程度对于政治稳定尤其是民主国家的政治稳定有巨大的促进作用，就如20世纪90年代普沃斯基（Adam Przeworski）等人的研究指出的，民主政体在富裕国家存活下来的可能性要大得多。[1] 反过来政治稳定也可以促进经济的增长，增加其富裕程度。不过，有一类经济结构特殊的国家，其资源之富却适足以造成其政治之灾，即经济学家所说的"资源的诅咒（resource curse）"。[2]

对于富裕程度与政治稳定之间的正相关，也存在相反的例证，如有许多非常

---

〔1〕 Adam Przeworski et al. , *Democracy and Development：Political Institutions and Well - Being in the World*, 1950 ~ 1990, Cambridge University Press, 2000.

〔2〕 一些经济学家发现，自然资源丰富的国家，经济发展速度反而缓慢。1993 年，Auty 在研究产矿国的经济发展问题时首次提出资源诅咒（resource curse）一词，用它来表示资源对一些国家来说并不是祝福，而是诅咒。此后的经济学家对这个假设进行了检验，并且努力解释这个现象背后的原因。

贫穷的国家有一个非常稳定的政治体系，尤其是在独裁国家更是如此。这是因为，贫穷国家的社会组织程度和识字率一般很低，社会底层的人们也可能因为资源的竞争、性别、种族和宗教的歧视与差异而相互敌对，或者这些国家的社会关系主要以血缘、地缘而不是经济利益关系而组织，总之对政治不满的人缺乏有效的组织手段（如社会各阶层的广泛联合）和大众动员能力（如媒体宣传能力）进行反对政府的大规模活动。即使这样的活动存在，由于独裁的国家更倾向于投入大量资源使用压制手段镇压政治不满，在意识形态上也处于统治地位，反对活动处在非常弱势的地位。在不满阶层的内部原因和统治阶层的外部原因的双重影响下，这些国家的政治参与一般来说很低，因此能够维持政治体系的稳定。甚至有学者根据 1875～2004 年期间 167 个国家的数据分析得出结论：实际上经济发展很可能强化专制政体，使得专制政体更为稳定，因为赶走暴虐的政治领导的可能性减小了，与此同时更大程度的发展却又预示着民主化，但这种情况只有在新近发生了武力更替领导人时才是如此。因此，"发展能够导致民主化，但只有在政体脆弱的那一段明显的时期"。[1] 这对李普塞特在 20 世纪 50 年代提出的经济增长促成民主化的判断是一个修正。

另外，有些学者指出经济增长的速度对于政治稳定至关重要。例如，按照亨廷顿的研究，发展速度越快，越难以维持政治稳定。不过，事情也远非如此简单。欧洲、美国尤其是斯堪的纳维亚半岛历史上都曾经有过飞速的经济增长和政治稳定相伴随的现象，东亚和东南亚国家以及非洲少数国家如博茨瓦纳也有过类似经历，因此经济现代化和工业化并不必然酝酿着政治不稳定，还存在其他变量影响到二者的关系，其中包括不平等的程度。

尽管现在的政治科学对于平等对政治稳定的影响有大量研究，也并没有得出一致的简单清晰的结论。一个较为广泛的共识是，如果一个社会存在严重的不平等，那么将出现对于无法解决或缓和不平等的政治决策体系，以及对那些极力维护不平等现状的阶层的仇恨和反抗。经济上的不平等通过各种形式体现出来，如土地、收入的分配等。有些研究表明，土地分配严重不平等的贫穷国家要比土地分配较为平等的国家更不稳定，但是在富裕的国家土地分配的不平等则不一定更易导致不稳定，因为富裕国家有更多的手段创造财富，人们的收入不仅仅来自土

---

[1]　Michael K. Miller, "Economic Development, Violent Leader Removal, and Democratization", *American Journal of Political Science*, Vol. 56, No. 4 (October 2012), pp. 1002～1020.

地。不过也有研究认为，是社会中的平均收入程度而非社会分配的平等或非平等状况，真正影响到政治稳定。[1]

2. 社会异质性程度。赫尔德在《民主的模式》中论述古代雅典的城邦民主时指出，"政治异质性（political heterogeneity）的规模、复杂性和程度，在民主理论中具有极其重要的意义"。民主研究者必须要处理异质性对民主政体的稳定造成的影响。对于民主政体来说，阶级分化和族群、民族、宗教语言的多样性是个特殊难题，斯图亚特·密尔就认为民主与族群多元的社会是不兼容的。

1956 年，阿尔蒙德提出政治体系的新分类方法，即把大多数国家的政治制度分成英美型、前工业化型、极权型和欧洲大陆型 4 种。英美型和欧洲大陆型政治制度的区分并非依据地域，而是依据文化标准：英美型是同质性的（homogenous）政治文化，而欧洲大陆型是碎裂型政治文化（fragmented political culture）。欧洲大陆这种政治文化的首要特征就是其互相排斥的次级文化，每一次级文化都拥有自己特殊的角色体系，体现在学校、工会、媒体和政党之中。阿尔蒙德这一类型学的重要贡献，就是将社会的碎裂化程度与政治不稳定在理论上系统地联系起来。维巴、杜鲁门和鲍威尔等重要的政治科学家均提出过类似的观点，即多重社会身份的互相交错有助于消除群体之间的冲突，而社会身份的叠加不利于社会和政治稳定。[2] 换句话说，社会中存在各种区隔（cleavages），包括阶级、性别、血缘、族群、宗教、语言等，这些区隔是冲突的机制，如果这些区隔形成的群体中的角色身份是重叠的，如阶级群体和族群群体的边界重合（某一族群固定地构成某一阶级），冲突的可能性就加大，但如果角色互相交错（如同一宗教群体中存在不同的族群），那一种区隔之间的冲突就有可能被另一种区隔所消解，如政治体系中主要通过经济利益这一界限而划分群体（如阶级），那么这种阶级认同将切割族群、宗教等群体认同，使得以后一形式组织起来的冲突的能量降低。根据这些理论，社会异质性程度越大，社会身份的重叠程度越高，民主政体维持稳定的难度越大，而社会的同质性对民主政体的稳定是有利的因素。

此外，也有众多的研究者从民族—国家建构的理论出发来分析政治稳定/不稳定的机制，尤其关注其中的认同建构。发展中国家需要完成的一个重要发展目

---

〔1〕 Richard A. Posner, "Equality, Wealth, and Political Stability", *Journal of Law, Economics, &Organization*, Vol. 13, No. 2（Oct., 1997）, pp. 344~365.

〔2〕 Edmund A. Aunger, *In search of political stability: A comparative study of New Brunswick and Northern Ireland*, McGill – Queen's University Press, 1981, chapter one.

标是政治整合与民族—国家的建构，这一任务的失败往往导致政治不稳定。民族建构(nation–building)往往被看作是促使人们的忠诚转向一个新的政治实体(民族国家)的心理过程。在民族—国家之前，政治体系中人们的政治忠诚建立在部族(tribe)、语言、宗教、种族、族群、地域等群体之上，并据此划分出政治冲突的基本形式，如部落战争、宗教战争等，但民族国家建构完成之后，政治冲突的基本单位在政治体系之内转变成阶级或阶层，在体系之间则变为拥有主权的民族国家，相应的政治效忠对象变成了民族国家的统一政府。

目前发展中国家大多处在民族国家建构的进程中，政治体系之内往往存在极为多元的政治认同和效忠对象，而政治斗争往往诉诸种族、宗教等群体的要求，这是这些国家经常因为种族冲突陷入内战与动乱的根源。因此这些国家面临着艰巨的民族整合的任务，将对多元分散的群体的效忠对象统一为民族共同体，将政治权威的合法性建立在国家及其政治制度与统治方法之上。

但是，并非多民族、多元文化与多元宗教的国家就必定面临族群冲突带来的政治不稳定(如美国尽管是一个种族、文化与宗教极为多元的国家，但并没有严重的政治不稳定)，异质性的状况是否威胁到政治稳定取决于这种异质性在政治生活中以何种方式和途径发生影响。族群冲突的类型与幅度取决于族群整合的程度、政治制度的设计、族群领导人的斗争策略、容纳这些冲突的政治体系的类型，以及外部压力等等。目前学界的基本共识是，权力分享是缓解族群冲突的最佳方式。

(三)政治制度

如亨廷顿所说，"政治稳定和政体是两个不同的变项，然而，它们也是相互关联的。民主国家中常有违法现象，但却很少诉诸政治暴力。在现代世界中民主的体制比不民主的体制更容易避免社会的暴力"。[1]虽然通常认为民主政体比其他类型的政体在维持政治稳定上存在优势，但民主化的过程却往往充满着不确定性，因而存在巨大的政治不稳定的风险。

关于民主化与政治稳定的关系，学术界有两种针锋相对的假设，一种是前文介绍过的文化相容假设，认为人们的价值观念和政治制度之间是否相容才是最重

---

〔1〕　〔美〕萨缪尔·亨廷顿：《第三波：二十世纪后期民主化浪潮》，刘军宁译，上海三联书店1998年版，第28页。

要的影响政治稳定的因素。一种是制度假设,认为政体对政治稳定影响最大。[1] 2010 年戈德斯通(Jack Goldstone)和格尔等著名学者在一项对 1955～2003 年各国政治不稳定状况的比较研究中,在一种五分法的政体模型(将政体分为完全专制、部分专制、有极端派性的部分民主、无极端派性的部分民主、完全民主)基础上,得出结论认为,政治制度而非经济状况、人口、地理等因素,才是最重要的预测政治不稳定的变量。政治不稳定和和政体类型显著相关,完全专制和完全民主相对稳定,而部分专制和部分民主(无论有无极端派性)则常常陷入政治不稳定。后三种政体通常是转型中的政体,因此这项研究也证实了政治转型或民主化过程与政治不稳定显著相关。

第三波民主化以来,尤其是随着苏东集团解体导致大量国家的政治转型,政治制度的重构和设计成为政治学家关注的重大问题,其知识积累甚至构成了专门的领域如转型政治学和宪政工程学。根据萨托利 1991 年的统计,当时存在的 170 部成文宪法中,有一半是 1974 年后才出现的。[2] 这些宪政制度的良莠与民主转型的顺利与否、民主政体的巩固程度和质量高低均有着直接的关系,其中总统制与议会制的选择、选举制度的设计、政党制度的构建、中央地方关系的划分尤为关键,下文简要介绍前两个问题。

1. 总统制与议会制。总统制与议会制处理的是行政权力与立法权力之间的关系,体现了代议制政府中分权模式的差异。二者最显著的区别是,在总统制中行政权力来自人民选举,有独立的合法性来源,不从属于立法权力,而在议会制中,行政机关来自于立法机关的选举,行使行政权力的首相置身于立法机关之中,直接领导立法机关。根据行政权力和立法权力的分配差异,还有介于两者之间的半总统制,其总统产生过程如同总统制,其内阁产生过程如同议会制。通常认为英国是议会制的典范,而美国是总统制的代表,但有学者指出,以美国为总统制的范例实际上具有误导作用,因为美国政体中总统的权限受到其他重要制度如两院制、司法独立和违宪审查、联邦制等的极大制约,使得它与其他国家的总统制的实际效果有很大区别。[3]

---

〔1〕 TamirSheafer and ShaulShenhav, "Political Culture Congruence and Political Stability: Revisiting the Congruence Hypothesis with Prospect Theory", *Journal of Conflict Resolution*, 2012, 57(2)232～257.

〔2〕 Giovanni Sartori, *Comparative Constitutional Engineering: An Inquiry into Structures, Incentives and Outcomes*, Macmillan Press, 1994, p. 199.

〔3〕 Donald S. Lutz, *Principles of Constitutional Design*, Cambridge University Press, 2006, pp. 118～119.

　　在比较政治学中，对于总统制与议会制的比较，因为林茨（Juan Linz）提出的在民主政体中总统制比议会制更易导致民主的崩溃[1]这一观点而成为最近十几年来反复讨论的焦点问题。林茨认为总统制中总统和立法机关因为都拥有独立的民意授权而可能产生合法性冲突，固定任期的总统制容易导致政治僵局，总统制的赢家通吃规则对政治妥协和宽容不利，总统制容易导致政治势力的突然崛起，不利于政治稳定。虽然现在学术界基本上承认从统计数据来看总统制的确比议会制更易崩溃，但对于其原因却仍然存在诸多争议，而且近期的总统制表现要胜过林茨写作该文的时代。[2] 斯蒂潘（Alfred Stepan）等人认为，在各式各样的总统制中，那些强势总统与弱势政党、意识形态极化的政党结合在一起的制度，是最成问题的，它们更易于发生冲突，更倾向于以非宪政的特殊手段来达成某种政策目标，或招来军人干政。[3] 舒格特和凯利（Shugart and Carey）的研究指出，虽然在世界范围内统计显示总统制易于崩溃，但将比较范围缩小至第三世界国家的话，则在这些国家议会制又比总统制更脆弱。[4] 利普哈特等学者指出议会制相对于总统制的那些优点都需要其他制度的配合才能发挥出来，他认为最恶劣的制度组合，是总统制加上立法机关中的比例代表制。[5]

　　从宪政制度设计的原理来看，就如福山所说，世上并无最佳政治制度这一说，而制度之间是相互联系的，一个制度的优缺点是通过与其他制度的相互作用显现出来的，如总统制的利弊必须要综合选举制、政党制、中央地方关系、司法体制、分权制衡关系等诸多要素来折中权衡，还需要考虑具体特殊的国情民情。[6] 就目前的研究来看，学术界并没有解决总统制和议会制在一个社会分歧严重的环境中究竟何者更有利于政治稳定的问题，或者说本来就不存在这种放之

〔1〕　Juan Linz, "The Perils of Presidentalism", *Journal of Democracy*, Vol. 1. , no. 1, 1990.

〔2〕　Carles Boix, Susan C. Stokes, *The Oxford Handbook of Comparative Politics*, Oxford University Press, 2007, p. 717.

〔3〕　A. Stepan, and C. Skach, "Presidentialism and Parliamentarism in Comparative Perspective", in J. Linz and A. Valenzuela ed. , *The Failure of Presidential Democracy*, Baltimore, MD: Johns Hopkins University Press, pp. 119 ~ 136.

〔4〕　Matthew SobergShugart, John M. Carey: *Presidents and Assemblies: Constitutional Design and Electoral Dynamics*, Cambridge University Press, 1992, pp. 40 ~41.

〔5〕　Arend Lijphart, "Constitutional Choices for New Democracies", *Journal of Democracy*, 2(1), pp. 72 ~ 84.

〔6〕　Francis Fukuyama, "Development and Limits of Institutional Design", in Natalia Dinello ed. , *Political Institutions and Development: Failed Expectations and Renewed Hopes*, Edward Elgar, 2007, pp. 21 ~42.

四海而皆准的论断，但政治实践中，半总统制和总统制却日渐流行。

2. 选举制度。选举制度向来被认为是最重要的政治制度之一，按照罗伯特·达尔对民主的分析，民主包括竞争和参与两个维度，而选举制度直接规定了竞争规则，很大程度上也约束着政治参与方式，它可以鼓励特定类型的政治行为或有利于特定的行为者，或者对某些行为和行为者施加限制，它影响着政党在立法机关中的席位，选民意志被反映的程度和被代表的模式。选举制度从来不是"中立"的。

现在世界上的选举制度千差万别，但概括起来不外乎三类：比例代表制（proportional systems）、多数票决制（majoritarian systems）或二者的混合制。选举制度最根本的职能是将选票转化为代表机关中的席位，在比例代表制中，将席位按照选举中的得票比例来分配，而多数票决制则是由选举中获得多数选票的候选人取得选区中的全部席位（总统选举则是获得多数票的当选）。混合选举制则是一部分席位按照比例原则产生，一部分按照多数票决制产生。

就选举制度对政治稳定的影响而言，长期存在两个互相批判的观点。[1] 一派认为多数票决制（也即赢者通吃）尤其不适合社会高度分裂的情况，因为这种制度下少数派通常得不到足够的被代表的机会，而且产生零和竞争，相比之下，比例代表制有利于弥合社会隔阂。而另一派则认为，在某些人口状况下，设计得当的多数票决制反而可以激励多族群的联合，而比例代表制会固化社会中的隔阂和对立。

在前一派观点中，刘易斯（Lewis）通过对20世纪50～60年代非洲失败的前殖民地民主国家如加纳、尼日利亚和塞拉利昂的研究，得出结论认为，分裂的社会需要比例代表制给予少数族群以充足的代表，以消解地方派性，增强政党的温和倾向。[2] 利普哈特则（Arend Lijphart）在其著名的协和民主模式中提出，在隔阂深刻、分裂的社会中，在立法机关甚至公共行政机关中采取不同群体的比例代表制，加上议会制下的大联合政府、联邦制或地方自治保障的地方自主、对特殊少数群体赋予特定议题上的否决权等措施，可以有效缓解群体之间的对立，利普

---

[1] Benjamin Reilly, *Democracy in Divided Societies: Electoral Engineering for Conflict Management*, Cambridge University Press, 2004, pp. 20～21.

[2] W. Arthur Lewis, *Politics in West Africa*, Allen and Unwin., 1965.

哈特甚至认为这是民主处理社会异质性的唯一可行方案。[1]

在后一派观点中，主张实行整合（integrative）政策的学者如霍洛维茨（Donald L. Horowitz）则认为，抑制分裂社会中族群对立的破坏性后果的最佳方式，绝不是在立法机关中简单地复制或映射出社会群体的分布，而是要利用选举制度来鼓励群体间的合作与包纳，以打破族群之间的僵硬的分际，而不是滋养其认同、固化其边界、塑造其利益。霍洛维茨举例说尼日利亚后来的选举法要求获胜的候选人要获得不同地域的支持，以此来打破狭隘的地域派性或地方主义。他推荐偏好投票制作为分裂社会中的制度设计，以激励政治家去赢得不同族群集团的支持。[2]

对选举制度的研究是宪政工程学中方兴未艾的一个领域，各种观点互有冲突乃是常态，但可以预计，在合理运用经验研究方法的基础上，随着制度案例的增多，确定性的知识将会越来越丰富。而在目前，正如有的学者建议的，政治转型中的国家应该至少保持其选举制度运作三轮之后，再考虑做改动。[3]一方面，制度的利弊需要时间来观察和验证，另一方面，根本性的制度短时间内翻来覆去，不利于对民主制度的根本信仰的培养。

（四）政治行为者的策略和选择

政治转型过程中的政治不稳定来自于这个过程本身充满着不确定性。奥唐纳（Guillermo A. O'Donnell）和施密特（Philippe Schmitter）的研究指出，在转型阶段几乎不可能以结构分析的方法来预先分析出哪一个阶级、地区、机构或是团体会扮演什么角色、选择哪些议题或是支持什么方案，"事实上唯一能确定的是，面对转型期中的关键时刻与关键选择，大多数，如果不是所有的'正常'的圈内人，都会因不同利益与理念而对立或迟疑，因此而无法有一致的共同行动。"在这种情况下，与政治行为者本身相关的因素对政治转型的过程和结果起着重大作用——"意外（幸运）、信息的不足、匆忙与冒进的抉择、对于动机与利益的混淆、可塑性、甚至是政治认同的无法定义，还有特定个人的能力（美德）等因素，

---

〔1〕　Andrew Reynolds ed., *The Architecture of Democracy*: *Constitutional Design*, *Conflict Management*, *and Democracy*, The Oxford University, 2002, chapter 2.

〔2〕　Donald L. Horowitz, *Ethnic Groups in Conflict*, Berkeley: University of California Press, 1985.

〔3〕　Rein Taagepera, Design Electoral Rules and Waiting for a Electoral System to Evolve, in Andrew Reynolds, *The Architecture of Democracy*: *Constitutional Design*, *Conflict Management*, *and Democracy*, Oxford University Press, 2002, pp. 248 ~ 265.

所有这些都对结果可能产生决定性的影响。"[1]有鉴于此，有些研究者强调转型过程中政治领袖的策略和选择对于顺利转型的重要意义。

林茨和斯蒂潘认为，在一些民主化过程中，只要能够作出一些策略性的决定或是避免犯下致命错误，民主政体之崩溃并不是命中注定的。[2]民主化过程中必然面临着利益的调整和冲突，很多民主转型过程充满了暴力和流血，但这并不是不可避免的，而且这种暴力必然增加转型的难度，影响新生民主的质量。有学者指出，新生民主政体的存活率因为转型过程的这些特征而加强："缓慢而非迅捷的转变、基于务实主义的温和而非激进策略、民主化议题上的共识而非冲突，以及谈判团体之间的权力均衡"[3]谈判、妥协、务实等策略，均有助于和平顺利转型，而这些因素都是可以由政治精英人物选择的。例如，在印度独立过程中，甘地等领袖的斗争策略使得印度教徒和伊斯兰教徒能够合作谋求摆脱英国的殖民统治。

"政治稳定"是政治发展的历程中绕不开的难题。在保持稳定的同时实现经济和政治发展，这是世界上绝大多数后发展国家都没有做到的奇迹，而政治科学的研究往往还落后于政治实践，停留于对历史和现实的解释，存在诸多不确定性。虽然如此，我们并不应该根本否认政治发展研究的科学性，或者无视这一领域诸多重大认识结论的价值。在政治科学研究中我们需要抛弃两个关于科学的"神话"——科学就是真理，科学就是权力。普沃斯基认为，"如果我们说的科学是指当作出推断和检验证据时遵循一套正当的程序，如果科学不过意味着是关于如何处理异议的共识，那么比较政治可谓科学。我们能够而且确实生产出了可重复的结果，并通过合理的程序达成共识。但是说到确认因果关系，我们就必须依赖某些无法验证的假设"。[4]政治科学首先意味着认识和理解政治现实的一种方法，而非确凿无疑的认识结论，站在这种立场来看待政治发展研究中的知识成果，我们应保持微茫的乐观和巨大的审慎。

---

〔1〕［美］吉列莫尔·奥唐奈、［意］菲利普·施密特：《威权统治的转型：关于不确定民主的试探性结论》，景威、柴绍锦译，新星出版社2012年版，第3~4页。

〔2〕Juan Linz and Alfred Stepan, *The Breakdown of Democratic Regimes*, Johns Hopkins University Press, 1978.

〔3〕B. C. Smith, *Understanding Third World Politics: Theory of Political Change and Development*, Fourth Edition, Palgrave Macmillan, 2013, p. 226.

〔4〕Carles Boix, Susan C. Stokes, *The Oxford Handbook of Comparative Politics Oxford Handbooks of Political Science*, 2007, p. 169.

【推荐文献】

1. ［美］塞缪尔·P. 亨廷顿：《变化社会中的政治秩序》，王冠华等译，生活·读书·新知三联书店 1989 年版。

2. ［印］阿马蒂亚·森：《以自由看待发展》，任赜、于真译，中国人民大学出版社 2002 年版。

3. ［美］吉列莫尔·奥唐奈、［意］菲利普·施密特：《威权统治的转型：关于不确定民主的试探性结论》，景威、柴绍锦译，新星出版社 2012 年版。

4. ［美］阿伦·利普哈特：《民主的模式——36 个国家的政府形式和政府绩效》，陈崎译，北京大学出版社 2006 年版。

5. ［美］亚当·普沃斯基：《民主与市场——东欧与拉丁美洲的政治经济改革》，包雅钧、刘忠瑞、胡元梓译，北京大学出版社 2005 年版。

【拓展阅读材料】

1. 比较政治研究的
权威：普沃斯基

2. 比较政治研究的
权威：林茨

第八讲　绿色和平主义：社会
运动兼政治思潮 *

绿色和平主义（*Green Peace*）是 20 世纪 70 年代以来欧美发达资本主义国家里新兴的一股政治思潮和社会运动。该思潮希望通过非暴力的方式，推翻污染环境、掠夺性的和物质主义的工业社会，代之以人类与地球和睦相处的新型的社会秩序。

绿色和平主义以有机整体主义和生态中心主义为哲学基础；在经济上提出了"可持续发展"的口号，主张建立小规模的经济体和发展新能源；在社会政策上，主张关怀弱势群体。在政治方面，绿色和平主义认为，国家对生态改善负有主要责任，国家在制定环境政策时，可以参考下述原则：预防性原则、司法责任原则和类市场性原则。绿色和平主义倡导直接参与的基层民主，推崇小规模的自治共同体。绿色和平主义既反对赤裸裸的武力革命，也反对结构性暴力。

绿色和平主义在现实政治中有相当大的影响力。执政的德国绿党就力图将绿色和平主义的主张变为现实；发达国家与发展中国家虽然在环境问题产生的原因和治理责任上，存在严重分歧，但是都认识到环境问题的重要性和严峻性；大量的非政府组织则使绿色和平主义发展成为一种普遍的社会运动；欧洲的碳排放交易使环境保护与经济发展紧密地连接在一起。

一、绿色和平主义的概述

"绿色和平"一词来自于民众抗议美国核试验的国际公民行动。1971 年 9 月，12 名来自各个行业的人从加拿大温哥华启航，驶往阿姆奇特卡岛（*Amchitka Island*），阻止美国在那里进行核试验。他们在租来的一条半旧的渔船上挂了一条横幅，上面写着——"绿色和平（*Green Peace*）"。他们在向阿姆奇特卡岛前行时，给新闻媒体发出了多份报道，引起公众的注意。此时，美国政府宣布，核试验将被推迟一个月以上。冬天临近与天气恶化让阿姆奇特卡岛周围的海域变得越来越

＊　作者：郑红，中国政法大学政治与公共管理学院副教授，研究领域涉及西方政治思想、环境政治、公共建筑。

危险，诸多因素导致船长决定放弃抗议回航。尽管阻止核试验的尝试最终失败了，但他们的行动向世人证明了：行动真的能带来改变！从这个意义上说，这次航行是成功的。由于民众强烈反对阿姆奇特卡岛核试验，尼克松总统在次年不得不宣布取消计划。阿姆奇特卡岛最终回归宁静，成为一个鸟类栖息地。阿姆奇特卡岛抗议行动奠定了绿色和平主义的行动模式，即以非暴力的方式激发公众舆论的影响力，推行生态保护与世界和平的主张。[1]

（一）绿色和平主义的基本内容

绿色和平主义又称绿色政治（*Green Politics*）或生态政治[2]，是自 20 世纪 70 年代以来欧美发达资本主义国家里新兴的一股政治思潮和社会运动（*Green Movement*）。该思潮不限于探讨环境保护、国际和平等个别问题，而是希望通过非暴力的方式，推翻污染环境、掠夺性的和物质主义的工业社会，代之以人类与地球和睦相处的新型的经济和社会秩序。

绿色和平主义以政治生态学为理论基础，主张尊重其他物种的生存权利应该成为人类的道德准则。以这种"生物中心论"为出发点，绿色和平主义勾画了"可持续性社会"的构建方案。在政治领域，该方案反对中央集权及其官僚机器的控制，主张贴近自然的分权和自治，提出定期轮换的民主管理方式。在国际关系领域，绿色和平主义反对强权政治和霸权主义，反对西方国家的文化一元化观念。主张建立平等的、多元化的国际体系。

（二）绿色和平主义的兴起和代表文献

20 世纪 60 年代以来，西方发达国家在享受着经济繁荣带来的富足时，也面临着环境恶化的问题，例如，全球气候变暖、大气污染、水资源污染、化学制剂泛滥、土地荒漠化和物种消失等。环境问题日益成为学者和公众关心的政治议题。1962 年，美国海洋生物学家蕾切尔·卡森（Rachel Carson）发表了《寂静的春

---

〔1〕　在此后的几十年里，"绿色和平"逐渐发展成为全球最有影响力的环保组织之一，中国绿色和平组织的网址为 http：//www. greenpeace. org/china/.

〔2〕　英国政治理论家安德鲁·多布森（A. Dobson）认为，环境主义和生态主义是两个完全不同的概念。前者是一种对环境难题的管理性方法，确信环境问题可以在不需要根本改变目前的价值观或生产与生活方式的前提下得以解决。后者则主张，要创建一个可持续的和使人满足的生存方式，必须首先要改变人类与非人自然界的关系，改变目前的社会与政治生活模式。"英格兰女王不会因为将她的豪华舰队改用无铅汽油而一下子成为一个政治生态主义者。"参见［英］安德鲁·多布森：《绿色政治思想》，郇庆治译，山东大学出版社 2005 年版，导论。

天》(Silent Spring)。[1]该书描绘了普遍使用的杀虫剂给人类带来的毁灭性灾难。这本书在当时引起了强烈的反响,也因此成为绿色和平主义的奠基之作。1972年,罗马俱乐部[2]发表了题为《增长的极限》(The Limits to Growth)的研究报告。它预言,由于石油等天然资源的储备和供给是有限的,所以经济不可能持续无限地保持增长,而且世界性的灾难即将来临。该报告还设计了"零增长"的对策性方案。

进入80年代以后,有关环境问题的著作开始大量涌现。这些著作大致可以分为四类。[3]第一类著作试图全面地、系统地构建出一套绿色政治的理论,代表作有古丁(R. E. Goodin)的《绿色政治理论》(Green Political Theory),卡内尔(R. Carner)的《环境政治》(Environmental Politics),多布森(A. Dobson)的《绿色政治思想》(Green Political Thought)。第二类著作是从环境哲学和环境伦理学的角度谈论政治问题,代表作有德加丁斯(J. R. DesJardins)的《环境伦理学:环境哲学导论》(Environmental Ethics: An Introduction to Environmental Philosophy),泰勒(P. Taylor)的《尊重自然》(Respect for Nature)和考里克特(J. B. Callicott)的《捍卫大地伦理》(In Defense of Land Ethic)。第三类著作将绿色政治与民主问题关联起来,代表作有瑞德克利夫(J. Radcliffe)的《绿色政治:独裁,还是民主?》(Green Politics: Dictatorship or Democracy)和史密斯(G. Smith)的《协商民主和环境》(Deliberative Democracy and the Environment)。第四类著作是以国际背景讨论绿色政治,代表作有艾洛特(L. Elliot)的《环境的全球政治》(The Global Politics of the Environment),阿南德(R. Anard)的《国际环境正义》(International Environmental Justice: A North – South Dimension)。

在国内学术界对绿色政治的研究成果中,最有影响的文献是山东大学出版社2005年出版的环境政治学译丛。这套丛书包括如下四本译著:《绿色政治思想》《生态社会主义:从深生态学到社会正义》《西方环境运动:地方、国家和全球向度》和《欧洲执政绿党》。另外,郇庆治的专著《欧洲绿党研究》和刘东国的专著《绿党政治》是以欧洲绿党的发展为研究对象,介绍了绿色政治在欧洲现实政治

〔1〕 [美]蕾切尔·卡森:《寂静的春天》,吕瑞兰、李长生译,上海译文出版社2008年版。
〔2〕 罗马俱乐部是一个研究全球问题的国际性民间学术团体。它的宗旨是研究未来的科学技术发展给人类带来的影响,阐明人类面临的主要困难,用以引起公众以及政策制定者的关注。
〔3〕 本书这部分文献综述借鉴了赵闯的博士论文:"绿色政治的诉求与构设:人类与自然和谐共生的可持续性世界",吉林大学2007年博士学位论文。

生活中的地位和作用。蔡先凤的论文"当代西方生态政治理论述评"将当代生态环境政治理论归纳为绿色政治学理论、环境安全理论和生态学马克思主义理论。[1] 该论文是国内研究西方绿色政治理论的代表性作品。

(三)绿色和平主义的哲学基础

绿色和平主义以有机整体主义和生态中心主义作为自己的哲学基础。整体主义是绿色和平主义认识自然界和思考生命存在的主要思维方式。他认为，自然界是一个具有复杂内部结构的有机整体，各种生命形式相互依存。这种整体主义观是针对近代科学兴起以来一直都在使用分析—归纳法和机械的线性思维方式。分析—归纳法是把事物进行逐级拆分，直到最小单位；然后，用最小单位的性质和特点去描述和研究整体，把整体看作局部的叠加。机械哲学的基本观点认为，自然按照机械的原则运行，其规则性可以通过自然规律的形式表现出来，在理想的情况下，可以用数学的方式加以表述。

绿色和平主义的整体观反对对复杂的自然界进行拆分研究，更不相信拆分出来的部分能准确反映出整体的特性。它认为，自然是有活性的，其组成部分之间存在着普遍的交感和特别的亲和性，它们之间的相互作用也不可能简化为某种规律。那么，绿色和平主义的整体观是不是要消解个体价值呢？不是。绿色和平主义的整体主义是以承认个体和组成部分为基础的。它是对极端原子化的否定，但也不会与极权主义为伍。

绿色和平主义的另一个哲学基础是生态中心主义。顾名思义，生态中心主义是主张以自然物为中心的价值观，其中，人类与其他生物都处于平等的地位。生态中心主义是对人类中心主义的彻底否定。绿色和平主义认为，自文艺复兴和启蒙运动以来，人类将自己奉为万物的主宰，以征服者的角色对自然界进行大肆攫取和破坏。工业革命以后，人类生存的环境的恶化就是明证。生态中心主义认为，人类是自然之中的一部分，人类不能脱离自然而存在，自然界的万物没有高低之分，人类不能凌驾于其他物种之上，其他物种和人类都具有平等的生存权利。生态中心主义还将人类和地球放在更广阔的宇宙系统里进行考察。他认为，地球是宇宙系统中的一个子系统，他本身具有独立的价值，这个子系统与其他子系统相互依存。因此，人类没有权利在地球上为所欲为。

---

〔1〕 蔡先凤："当代西方生态政治理论述评"，《武汉大学学报(社会科学版)》2003 年第 2 期。

（四）绿色和平主义的基本特征

首先，绿色和平主义主张意识形态多元化，内部流派众多。绿色和平主义是在对西方资本主义的生产方式和生活方式的批判中诞生的，但是，它也不认同以集体主义为基本价值观的社会主义。尽管很多人认为，绿色和平主义和社会主义有着亲密的关系，是由绿变红的"西红柿"，但是绿色和平主义者自己宣称，他们是要超越"左"与"右"，要在"正前方"找到人类的新出路。因此，绿色和平主义秉持着一种开放的态度，主张意识形态多元化。只要认同环境保护和自然至上的基本理念，就可以归为绿色和平主义的谱系。正是由于绿色和平主义这种相当宽松的观念框架，其内部也就存在着众多的流派，其中比较有影响力的有生态社会主义、生态无政府主义和生态女性主义等。这些流派按照激进程度的高低划分，又大致可以划分为深绿阵营和浅绿阵营。

其次，绿色和平主义主张用行动推行绿色和平的主张。与很多深奥晦涩的政治思潮不同，绿色和平主义侧重用行动，而不是论辩来传播思想。"行动性"可以被看作是绿色和平主义的一个显著特点。这种"行动性"首先表现为，行为主体的广泛性。除了公民个人，还有众多的非政府组织（NGO）和绿党，他们都以某种有组织的方式，推行绿色和平的主张。尤其是欧洲绿党的出现和发展，说明了绿色和平主义在现实政治生活中已经发挥了相当大的影响。其次，这些行为主体在社会生活的各个层面表达着他们的主张。无论是社区、国家和全球，都是绿色和平主义者宣传的"阵地"。这一点与学院派的政治思潮，如共和主义，有着鲜明的区别。可以说，绿色和平主义掀起了一场社会运动，而它本身也是通过这样一种社会运动的形式表达了自己的存在。

最后，绿色和平主义的论题广泛，突破传统的学科划分，也突破了政治理论的传统框架。绿色和平主义以地球为研究对象，着重探讨人与自然的关系，而自然界包罗万象。这种研究不限于对现象的描绘，更要追问现象背后的政治、法律和伦理关系。因此，绿色和平主义突破了传统的学科划分，将自然科学、社会科学和工程科学结合起来，共同用于某项问题的解决。比如，在探讨全球气候变暖的问题时，除了要运用大气物理学的知识之外，还要考察人类的生活方式给大气带来的影响，而人类的生活方式又有着特定的历史文化背景。绿色和平主义更是突破政治理论的传统框架。众所周知，传统政治理论是以国家、政党和政治权力为研究框架的，以选举和政治决策等为基本内容。绿色和平主义不是要抛弃这些论题，而是将这些论题放在人与自然关系的背景下，进行新的检视，将人类与其他物种放在同等的地位上进行讨论。

二、绿色和平主义的主要观点

绿色和平主义有鲜明而独特的经济和社会主张，特别是政治主张。它在经济上追求可持续的经济发展，在社会上倡导关怀弱势群体。在政治方面，绿色和平主义提出了生态重构的政策性原则、基层民主、小规模共同体和非暴力的观点。

（一）经济方面：可持续的经济发展

在经济方面，绿色和平主义提出了"可持续发展（sustainable development）"或"可持续经济（sustainable economy）"口号。所谓"可持续"是针对传统的经济增长模式而言的。传统经济增长是指"用以维持商品的生产和消费的经济活动的物质能量流量在物理规模上的增加"[1]事实已经表明，这种经济增长模式导致了自然资源的过度消耗与破坏、生物多样性受到威胁、空气污染严重和气候变化异常等。显然，"可持续发展"是要避免传统经济增长模式的弊端。但是，对"可持续发展"的具体界定还未达成共识。当今比较常用的解释是："可持续发展是既满足当代人的需要，又不对后代人满足其需要的能力构成危害的发展。"[2]

这种"可持续发展"首先体现在对经济成果的衡量上，这意味着探索新的经济衡量标准。传统经济学中，将经济过程描绘为消耗——生产——消费三个阶段。绿色和平主义的经济学家认为，除了这三个阶段外，还有一个废料处理阶段。所以，要在传统的国内总产值中减去环境成本。这就是"校正的国民产值（adjusted national product，ANP）"。这个新的经济评价指标不再单纯关注数量的增长，而是将环境成本考虑进去，注重经济活动的质量。

其次，绿色和平主义主张缩小经济规模，建立一种分散的、自足的小规模经济组织。这种经济组织由于更贴近居民的生活，因此更能满足居民的经济需求。这种去中心化的经济模式是针对垄断资本主义出现的庞大的经济组织。绿色和平主义认为，以大工业生产为基础的现代生产体系，催生了垄断企业和跨国公司等

---

〔1〕 ［美］赫尔曼·E. 戴利：《超越增长：可持续发展的经济学》，诸大建等译，上海译文出版社2006年版，第36页。

〔2〕 世界环境与发展委员会：《我们共同的未来》，王之佳等译，吉林人民出版社2004年版，第52页。

巨大的经济体。它们是资源消耗、人力浪费和环境污染的"排头兵"。从哲学角度讲，庞大的和专业化的生产体系使人日益成为经济机器上的部件，人的独立性和自主性受到贬损。电影中卓别林的形象就是对上述趋势的一种反讽。相比之下，绿色和平主义提倡的小规模经济不仅能更有针对性地满足本地居民的需求，避免浪费，而且有利于在生产者和消费者之间建立友好的关系，使生产者获得情感上的满足，也能进一步激发他们的创造性和生产热情。因此，绿色和平主义有一个非常响亮的口号——"以小为美"。[1]

如前所述，绿色和平主义主张建立一种小规模的、田园式的经济模式，这是否意味着要退回到农业社会那种自给自足式的小农经济？答案是否定的。绿色和平主义不是复古的思潮。它认同现代科技给人类带来的高效率和便捷。同时，它更猛烈地抨击所谓的现代科技给人类带来的危害和潜在危险。比如，现代工业对汽油等化石燃料的依赖，导致环境污染和温室效应。因此，绿色和平主义认为，开发某些可再生的清洁能源，如太阳能、水电和风能等，是解决人类能源危机的出路。需要指出的是，绿色和平主义主张废除核能，因为核能虽然是高效的清洁能源，但是核电站的运转非常危险，而且核废物对环境的威胁也是持久的。

(二)社会方面：关怀弱势群体

绿色和平主义不仅在经济和环境方面抨击资本主义大工业生产带来的弊端，而且还指出资本主义使男性白人在社会中不公正地占据优势地位。相比之下，妇女和少数有色族裔处于劣势。

绿色和平主义主张，政府应该通过立法强制公共和私营部门在雇佣和选拔人员时，优先考虑妇女。有些激进的生态女性主义者甚至认为，妇女在生育方面的生理功能以及哺育、抚养后代的家庭责任，使她们更能体会生命的价值，从而也更能理解自然的意义。在绿色和平主义看来，妇女和少数有色族裔是需要关怀的弱势群体。此外，同性恋者、吸毒者和卖淫者等社会边缘群体也不应遭到排斥。德国绿党就主张将吸毒者按照病人来对待，而不是将他们定位为犯罪分子。

---

〔1〕 这个口号来自绿色和平主义的理论家舒马赫的经典著作《小的是美好的》，参见[英]E.F.舒马赫：《小的是美好的》，李华夏译，译林出版社 2007 年版。

（三）政治方面：四个观点

第一，绿色和平主义主张根据生态重构的政策性原则[1]，对资本主义进行彻底的改造。不过，这种改造不是颠覆性的，也不是微小的修补，而是针对那些最为严重的污染形式和最危急的环境退化形式，通过国家积极而适度地宏观调控，保证各个领域的可持续发展。具体而言，这种生态重构模式要求国家政策的制定要立足于如下三个原则：预防性原则、司法责任原则和类市场性原则。

顾名思义，预防性原则强调政府在事前的监管和政策制定。政府的政策干预必须建立在生态学考虑的基础上，应明确认识到：大自然没有复位按钮，把复杂的自然体系恢复到先前状态的可能性几乎为零，环境恶化引发的变化对于所有实用的目的而言都是不可逆转的。[2] 这一原则意味着审慎的态度，例如，那些环境安全性没有得到事先确定的生产方式和化学物质都不能被应用。这就意味着生产者必须对其生产过程和产品的无环境危害提供可靠的证明，否则，政府将不允许其进行生产和销售。

司法责任原则将污染看作是对公民基本人身权利的侵害。这种侵害最明显的体现就是空气污染对人们健康的损害。默里·罗斯巴德（Murray Rothbard）就曾指出：污染者通过空气将有害的、未被同意的污染物排出，进入到无辜受害者的肺部，也同时损害了其他的物质财产；这些污染物可能表现为烟雾、核子沉降物、氧化硫等物质；所有这些散发出来的污染物损害了人的身体或财产，构成了对私人财产权的侵犯。[3] 因此，国家有义务在法律上提供必要的依据来停止这种侵害，使受害的公民或群体有充分的机会通过法律来保护他们的权利，使污染物质的制造者意识到他们的行为会承担相应的司法责任。"充满健康与福利的环境，对所有人类包括子孙后代都是至关重要的，这是对法律结构进行一些必要改革的出发点。"[4]

类市场性原则认为，完全自由的市场经济不会对环境问题有更长远的考虑，

----

[1]　赵闯："绿色政治的诉求与构设：人类与自然和谐共生的可持续性世界"，吉林大学 2007 年博士学位论文。

[2]　[美]莱斯特·R.布朗等：《世界现状 2000》，佟亮、李欢瑞、任洪涛译，科学技术文献出版社 2000 年版，第 50 页。

[3]　Rothbard, M. , *For a New Liberty* , New York：Collier Books, 1978, pp. 256～257.

[4]　世界环境与发展委员会：《我们共同的未来》，王之佳等译，吉林人民出版社 1997 年版，前言第 78 页。

而国家直接进行指令性和控制性的干预则容易招致人们的抵制。因此，就需要由国家为市场行为设立宏观经济框架，使类市场性原则得以推行。可交易污染权计划就是类市场性原则的应用。[1] 这个计划是分步骤实施的。首先，对一个地区的污染程度进行测定，然后确定一个较低污染水平的总体指标；其次，根据总体污染指标来公平分配污染许可指标；最后，这些污染许可指标可以在污染者之间流通和买卖。这种方法是通过增加污染者的成本来刺激其降低污染。也许有的污染者选择购买污染许可，购买行为本身又会增加产品的成本。同时，国家还会阶段性地降低总体污染指标，这样可被分配的污染许可指标就会逐渐减少，排污所付出的成本也随之增加。最终，污染会在市场和国家行为的共同作用下逐步被消除。在实践中，欧盟的碳排放交易体系就是对类市场性原则的应用。

第二，绿色和平主义主张基层民主思想。在绿色和平主义看来，作为发达资本主义社会的主导机制，自由民主制度在面对环境问题时显得束手无策。它所做的只是给予法律意义上的认可，但却没有在具体的组织安排和能力促进上提供有效的支持。即使作出了某种应对，多数也只是消极的事后行为，而不是积极的事前预判性行为。[2] 自由民主制对公共利益的主张是消极的，而绿色和平主义则是把公共利益作为自己的核心目标。为了实现公共利益和民众意愿，绿色和平主义主张直接民主。绿色和平主义宣扬并追求一种古希腊式的、卢梭式的面对面的直接民主，强调基层民众不应该被排除在政治生活之外，而应该作为不可或缺的主体参与整个政治过程。直接民主或参与民主意味着公民参与自治的过程，因这一过程将大量权力和管理工作分配给了地方，即基层，所以又被称为基层民主或草根民主。[3]

具体而言，在基层民主的设计下，人们不是仅仅通过被选举的代表来间接参与，而是直接参与政治决策，直接通过对自然环境负责的地方基层组织参与环境政策和重大决策的整个形成过程；政府权力和管理功能最大限度地分配给地方基层组织，给予基层组织以充分的独立和自治，基层的意见与想法必须得到充分表

〔1〕 Doyle, T. and McEachern, D. , *Environment and Politics*, London and New York Routledge, 2001, pp. 161~162.

〔2〕 Eckersley, R. , "Liberal Democracy and the Rights of Nature: The Struggle for Inclusion", in Mathews, F. , *Ecology and Democracy*, Frank Cass&Co. LTD, 1996, p. 169.

〔3〕 ［美］弗·卡普拉、查·斯普雷纳克：《绿色政治——全球的希望》，石音译，东方出版社1988年版，第68页。

达，并且在决策制定中被优先考虑。[1] 这是一种自下而上的决策模式。美国联邦绿党的《价值纲领》就指出，"基层民主：每个人都值得对影响他们生活的决定发出声音，不可屈服于别人的意志。所以，我们将致力于增加政府管理各层面的公共参与，以确保我们的公职代表对选举他们的人民完全负责。我们也将致力于创设新的政治组织模式，以便通过公民对决策制定过程的直接参与拓宽参与民主的渠道……"德国绿党的联盟纲领也表明：基层民主的政治学意味着，更多地实现分散化的直接民主；绿党的出发点在于，认为基层决定在原则上必须予以优先考虑；给予分散化的、易于管理的基层单位以具有深远意义的独立和自治的权力……

第三，绿色和平主义倡导小规模的、自治共同体的理想。这种对"小"的青睐首先体现为对"大"的拒绝。现代社会的庞大身躯使个体的人显得渺小和微不足道，而个体的人也越来越失去其独立的价值。小规模的共同体不仅能使个人获得更强烈的自我认知，而且，这也是直接民主能够实行的前提。绿色和平主义强调，为了有意义地参与关系到自身和共同体利益的商讨，人们必须感觉到自己是共同体的一部分，彼此接触，面对面地讨论摆在面前的问题与选择；必须有信心相信，正是由于他们的参与，最终结果才有所不同；必须能够在理性上充分地理解在共同体中进行的事情；人们必须知道，他们的工作就是对各种各样的选择如何产生影响形成一种合理的估价；最后，人们要视共同体为一个整体，在追求个人价值实现的同时，谋求共同体的普遍价值。[2] 这就是自治和民主的深邃内涵。

这种小规模的、自治共同体的设想是否意味着对国家的抛弃？不是。绿色和平主义认为，民族国家虽然是生态环境恶化的"凶手"，但是它也在解决环境问题上承担着不能替代的责任。"作为集体意志代理人的国家，有必要在推行一系列的环境和资源限制上，扮演积极的法律制定和强制实施的角色。"[3] 在一定程度上，这种小规模的自治共同体是一种理想，与现实相去甚远。它所表达的是这样一种潜在涵义：如果基层政府能够履行某种权力或职能，那么，就不需要更高层级的政府来参与和管辖。

第四，绿色和平主义呼吁非暴力的思想。绿色和平主义的"和平"一词，本

---

〔1〕　赵闯、芦刚："绿色政治的民主元素探析"，载《长春工业大学学报（社会科学版）》2006 年第 3 期。

〔2〕　Goodin, R. E., *Green Political Theory*, Harmondsworth：Penguin, 1972, p. 51.

〔3〕　Ryle, M., *Ecology and Socialism*, London：Radius, 1988, p. 60.

身就表达了它的非暴力取向。多数绿色和平主义者都崇拜甘地和马丁·路德·金，他们把甘地的名言"无所谓和平之路，和平本身就是路"和金的口号"我们再也不能在暴力和非暴力之间进行选择，这种选择只能是要么暴力，要么灭亡"奉为圭臬。[1]

绿色和平主义主张的非暴力思想有两层含义。其一，反对赤裸裸的武力革命，主张用渐进的与缓和的方式改造现实。例如，通过立法强化对污染的限制，敦促政府从生态平衡的角度制定长期发展规划和进行宏观调控。反对国际战争，反对国家以暴力手段解决国内矛盾。现代战争在摧毁人类的同时，对生态环境也造成了严重的破坏。因此，在解决国内矛盾时，绿色和平主义主张将重点放在危机预防和危机协调方面，反对直接的武力干涉。对于外国势力的入侵，则采取社会防御，而不是武装防御。所谓社会防御，是指通过非暴力抵抗和不合作运动，提高占领者或入侵者的成本，降低居民受损程度。[2]其二，非暴力意味着终止结构性暴力。所谓结构性暴力，是指国家通过其政治和经济体系对弱势群体的经济剥削，以及在思想上的控制和渗透。这种结构性暴力是国家权力的一种体现，它使个人在庞大的权力关系体系里显得弱小，使个人无法进行争辩和反抗。绿色和平主义就是要消除这种暴力状态。前述对弱势群体的关怀也体现了这一点。概括而言，一个旨在结束向地球施暴的运动，必须奉行一套保证不向人施暴的价值观体系，这样的运动在其组织发动中必须采取非暴力的方式，不管是战略上还是战术上均应如此。[3]

三、现实政治中的绿色和平主义

绿色和平主义既是一种政治思潮，也是一种社会运动。它在政治实践中，已经涌现出许多典型经验，下文介绍其中的四种，包括德国绿党、国际政治中的环境问题、绿色和平主义的非政府组织和欧洲碳排放交易。

(一)德国绿党

在绿色和平主义的发展过程中，出现了绿党这样一股强有力的推进力量。在

---

[1] 刘东国：《绿党政治》，上海社会科学院出版社2002年版，第237页。

[2] 张丽君："绿色和平主义的和平政治思想述评"，载《华东师范大学学报(哲学社会科学版)》2007年第5期。

[3] [美]丹尼尔·A. 科尔曼：《生态政治——建设一个绿色社会》，梅俊杰译，上海译文出版社2006年版，第112页。

西方的绿党中，以欧洲绿党最为活跃、最有势力，其中，德国绿党又是一个典型。1998 年，德国绿党与社会民主党结盟，联合执政。

德国绿党执政后推行了一系列的政策，贯彻绿色和平主义的思想。在经济方面，德国绿党以生态优先为指导原则，强调为实际需要而生产，减少浪费和污染；调整产业结构，鼓励生态农业、节能工业、能源再生工业和公共运输业；鼓励经济实体向小型化、多元化和分散化方向发展，从而创造更多的就业机会；大幅削减工时，实行工作机会分摊。在社会政策方面，德国绿党在其施政纲领中提出男女平等的政策，力图通过立法强制公共和私营部门在雇用、培训和选拔人员时，优先考虑妇女，直到各个领域和各个决策层的妇女人数达到一半以上。在2002 年施罗德的新政府内阁中，女性名额占了 6 个，近一半是女部长。在移民政策方面，德国绿党与社会民主党协商达成了新的移民法案，切实保护少数民族和移民权益，使他们享有所在国的公民权。德国绿党还采取了特定的措施推行环境保护的主张。比如，它反对政府扩建欧洲最大的露天褐色煤矿和多特蒙机场。德国还实行了这样一项环保法律：人们在购买绝大多数易拉罐和瓶装饮料时，必须交付 0.25 欧元的额外押金，当空瓶交回原购买处时，方可收回押金。

但是在国际政治生活中，德国绿党并没有将绿色和平的原则放在首位，而是以国家利益为重。在北约的问题上，德国绿党的立场发生了很大的改变。1987年，德国绿党提出坚决反对北约，德国应该退出北约。到 1994 年，德国绿党依然不改初衷，认为北约没有随着冷战的结束而解散是一个历史性的错误。但是在它执政后，立场却发生了转变。它先是敦促北约放弃首先使用核武器的立场，然后承认北约是维护欧洲稳定的至关重要的组织，德国不应该单方退出北约。除了在北约问题上的立场转变外，德国绿党曾坚决反对武器出口，希望彻底禁止军火工业，但是到 1999 年，绿党领袖菲舍尔对德国向土耳其出口试验用坦克表现出了妥协态度。德国绿党在国内和国际两种不同的政治领域中有很不相同的表现。

(二) 国际政治中的环境问题

如前所述，绿色和平主义研究人与自然的关系，以地球为研究对象，其中的许多议题都具有国际性质，例如气候、海洋、河流等。当今的国际政治中，环境问题是一个必不可少又充满争议的话题。

在全球环境治理的问题上，发达国家与发展中国家都认识到环境问题的重要性和严峻性，但是在这些问题的产生原因和治理责任上，则各执一词、分歧严重。发达国家认为，气候不断恶化主要是由于发展中国家仍然以粗放地、破坏性地方式使用自然资源，高污染、高耗能的工业生产破坏了生态平衡。发展中国家认为，发达国家的民众过度消费，产生了大量的城市垃圾，这些垃圾成为地球的负担，发达国家对发展中国家的掠夺性开发是全球环境问题的根源。

在全球环境治理的责任上，发展中国家强调责任的差异性，即发达国家应该在资金和技术方面作出更多的努力。发达国家则强调责任的共同性和均摊分配。这种有差异的共同责任在美国前总统布什的讲话中表露无遗："世界第二的温室气体排放国是中国，但是中国却被排除在《京都议定书》[1]的限制之外。这是一个需要全世界付出100%努力的问题，我们以及世界其他所有国家。美国还要在对付气候变化的问题中担任领导地位，但不愿意被需要承担义务的这一有缺陷的条约所束缚。"中国政府于1998年5月29日签署《京都议定书》，2005年2月16日正式生效。由于中国是条约控制框架以外的国家，所以不受温室气体排放限制。中国外交部发言人提出，发达国家必须要先采取措施，然后像中国这样的发展中国家才须跟进。

发达国家与发展中国家在环境问题上的分歧，揭示了国际政治中国家利益至上的根本原则。前述德国绿党在国际政治中对绿色和平主义原则的背离也根源于此。2011年12月12日，加拿大政府迫于国内的经济压力和政治利益，宣布正式退出《京都议定书》，这再一次证明了国家利益的决定性作用。截至2012年底，美国、加拿大已经退出《京都议定书》，日本、俄罗斯、新西兰也表示不再参加，这意味着《京都议定书》第二承诺期内的国家只有欧盟成员方和澳大利亚。

(三)绿色和平主义的非政府组织

非政府组织(NGO)是绿色和平主义运动中比较活跃的社会群体。它们无论从数量还是发挥作用的成效方面，都远远超越了官方的政府组织。

早在20世纪50年代，科学家们就发起了帕格沃什运动。这是由爱因斯坦和罗素等一批世界著名科学家在加拿大的帕格沃什发起的科学和世界事务的会议，讨论裁军与世界和平问题。到了80年代，非政府的环保组织数量急剧增长，其

---

〔1〕《京都议定书》(Kyoto Protocol，又译《京都协议书》《京都条约》；全称《联合国气候变化框架公约的京都议定书》)是《联合国气候变化框架公约》(United Nations Framework Convention on Climate Change, UNFCCC)的补充条款。1997年12月，联合国气候变化框架公约参加国在日本京都召开了三次会议最终制定，其目标是"将大气中的温室气体含量稳定在一个适当的水平，进而防止剧烈的气候改变对人类造成伤害"。

中比较有影响力的有"自然之友""世界卫士""地球之友"和"绿色和平"等。联合国是绿色和平主义的主导力量。1972年，联合国在斯德哥尔摩会议通过了第一个关于保护人类生存环境的国际原则声明——《人类环境宣言》；1992年，联合国第二次环境与发展大会签订了有关气候变化和生物多样性的两个公约——《里约宣言》和《21世纪行动议程》。这些具有国际影响的宣言是绿色和平主义运动中的标杆和里程碑。

这些非政府组织在采取行动时，既有面对政治精英和专家的游说行为，也有面对普通公众的大众动员。它们通常利用传播媒体，采取直接参与的方式，表达意愿和要求。在成员构成上，这些组织积极吸纳志同道合的科学家和专家。这就使得这些非政府组织具有令人信服的权威性。

（四）欧盟碳排放交易

欧盟各国为了实现《京都议定书》确立的减少二氧化碳排放的目标，于2005年建立了欧盟排放交易体系（European Union Emission Trading Scheme，EU ETS）。该体系将《京都议定书》中的减排目标分配给各成员国，各成员国再分配给国内的各企业。该体系遵循"总量管制和交易（cap‐and‐trade rules）"的规则，即在限制温室气体排放总量的基础上，通过买卖排放许可量的方式来进行排放。所谓排放许可量（allowance），是指用于指定期间内排放二氧化碳之当量数（ton of carbon dioxide equivalent）。这个数量是以排放每吨二氧化碳为计量单位，即一份配额（European Union Allowance，EUA）。它是碳排放交易中的"通货"，是电子化的商品。EUA的交易由欧洲气候交易所（European Climate Exchange，ECX）、欧洲能源交易所（European Energy Exchange，EEX）等多个平台运行。

欧盟的碳排放交易还有明确的时间规划表，参见表3[1]：

---

[1]　基于下述论文的内容制作，参见李布："欧盟碳排放交易体系的特征、绩效与启示"，载《重庆理工大学学报（社会科学）》2010年第3期。

表3 欧盟碳排放交易时间规划表

时间	涉及的产业	目标
试验期：2005 年~2007 年	能源产业（发电、炼油和炼焦）、有色金属的生产和加工、水泥和造纸等产业，接近二氧化碳排放总量的一半	
第一期：2008 年~2012 年	除了二氧化碳的排放产业外，还有《京都议定书》规定的其他六种温室气体的产业	履行对《京都议定书》的承诺：2012 年的温室气体排放总量较 1990 年减少 8%
第二期：2013 年~2018 年（每五年为一个阶段）	除了二氧化碳的排放产业外，还有《京都议定书》规定的其他六种温室气体的产业	排放总量每年递减 1.74%，确保到 2020 年温室气体排放比 1990 年降低 20%

除了市场交易，欧盟的碳排放体系还制定了相应的惩罚和奖励机制。每年年底，被纳入排放监管的企业必须报出自己的排放量和配额的差额，超过额度的排放量，在第一期，每一吨被处以 40 欧元的罚款，在第二期，罚款涨到每吨 100 欧元。被罚款的排放额不但不能获得豁免，还要在下一期的配额中扣除。这意味着被罚款的企业在排放额度上再次被缩减。在惩罚机制之外，该体系还制定了奖励机制。根据《京都议定书》中的清洁发展机制，如果缔约国与非缔约国之间以及缔约国与缔约国之间，在环保产业上进行技术、资金和人员的合作，减少了排放，那么减少的排放额可以作为奖励加入到配额中。

在设计之初，欧盟的碳排放体系被经济学家们认为是一套完美的体系，是用市场原则实现排放控制的绝好手段。但是现实的发展与初衷背离甚远。2010 年左右，碳价（EUA）的单价跌到 8 欧元。2011 年，德国的核电站停止运行，牵动煤炭发电需求的上升，但是也没有导致碳价价格的上涨。主要的原因有两点：其一，欧洲经济的普遍不景气，企业开工不足，导致配额数量闲置，这些多余的配额被拿到交易市场中，压低了碳价。其二，德国在可再生能源的研发和推广上，耗资巨大，企业的碳排放降低了，必然对排放额度的需求就减少了，碳价自然走低。这样煤炭的竞争力增大，而煤电产生的温室气体是导致气候变化的主要来源。欧盟的碳排放交易体系在运作中事与愿违的状况，反映出环境政治的复杂性。

　　环境问题是地球公民面临的日常问题，它既是现实问题，也涉及哲学层面；既是社会和经济问题，也是政治问题；既是国内的发展问题，也是全球合作的议题。绿色和平主义作出了可贵的理论和实践的探索，但是无疑，这种探索仍然需要继续下去。

【推荐文献】

1. [美]蕾切尔·卡森：《寂静的春天》，吕瑞兰、李长生译，上海译文出版社 2008 年版。

2. [英]安德鲁·多布森：《绿色政治思想》，郇庆治译，山东大学出版社 2005 年版。

3. [美]丹尼尔·A. 科尔曼：《生态政治——建设一个绿色社会》，梅俊杰译，上海译文出版社 2006 年版。

4. [美]弗·卡普卡、查·斯普雷纳克：《绿色政治——全球的希望》，石音译，东方出版社 1988 年版。

【拓展阅读材料】

1. 联合国环境规划署简介

2. 生态女性主义

3.《绿色政治：独裁还是民主》简介

第九讲 女性主义：为什么女性仍然因为性别而遭受不公正?*

在当代西方发达国家，女性已经普遍拥有选举权，但是许多女性仍然面临着因为性别而产生的不公正对待。同工不同酬、贫困人口女性化、不完整的堕胎权、生育和养育的压力、家务报酬争议、文化歧视等，这些问题都对西方国家的人权状况和政治发展不断提出挑战。二战后，从女性主义角度对这个问题的分析，都致力于男女平等的共同目标。但是在理解问题根源和提出解决途径方面，女性主义内部充满了争议。主要的女性主义流派，即自由女性主义(Liberal Feminism)、社会主义女性主义(Socialist Feminism)、激进女性主义(Radical Feminism)、文化女性主义(Cultural Feminism)分别提出了彼此差异甚至看上去针锋相对的观点。总的来看，二战后的女性主义具有全面反思的特点。他们异彩纷呈的分析角度和思想观念，实质上是女性主义研究传统的深入发展，这些多元化的分析和批判从不同的侧面削弱了导致女性问题的理论障碍，推动了女性平等和女性解放的进程。社会主义者傅立叶曾经提出，"妇女解放的程度是衡量普遍解放的天然标准"。在此意义上，讨论女性平等和解放同时也是讨论男性的解放。

一、女性主义运动的两次浪潮

女性主义(Feminism)的概念最早出现于1837年傅立叶的论述中，到1872年由小仲马在《论妇女》中正式提出这一词语，此后由法语进入英语，逐渐在英国和美国传播开来。但是女性主义的历史比女性主义这一词汇的出现要早得多。从11世纪末期到17世纪英国资产阶级革命，女性运动先是提出女性对宗教生活的参与机会，主张自己在法律和财产中的平等地位，然后要求教育权和选举权，经历着不断觉醒、不断抗争的过程。1589年，英国女性简·安杰(Jane Anger)发表文章，批评大男子主义，为女性的日常劳动辩护。为了制衡《圣经》中女性的负面形象，她提出，亚当由废物和肮脏的泥土做成，而夏娃是从亚当造出，夏娃比

---

* 作者：聂露，中国政法大学政治与公共管理学院政治学系副教授，研究范围涉及当代西方政治思想、民主理论、选举制度和比较政治制度等。

亚当更加完善洁净，"女人是第一个信神的，也是第一个悔罪的"，以此净化女性被抹黑的宗教形象。她唯一留存的文章被一位历史学家称为"英格兰最早的女权主义檄文"。[1] 在动荡不安的英国清教革命时期，英国女性充满宗教热情，抵制旧的国教，要求维护良心独立和简化宗教仪式。在许多教会团体中，女性获得了更多的自由，有机会参与公开辩论、就一些宗教事务投票和组织女性例会。尽管有点点滴滴的进步，但总的来说，这个时期的女性仍然被当作笼中鸟，被拒绝于社会主流的权力和权威之外。

英国和法国的资产阶级革命时期，自由和平等思想在社会上广泛流传，这些国家的女性受到观念上的启蒙，在历史上正式发出了自己的政治呼声。1792 年，英国传奇女性玛丽·沃斯通克拉夫特（Mary Wollstonecraft）出版《女权辩护》一书，首次明确提出女性与男性一样，应享有受教育权和各种抽象权利，这部在当时惊世骇俗的著作，被公认为标志着西方女性主义的开端。沃斯通克拉夫特在书中写道：女人和男人拥有同样的理性禀赋，法国大革命所主张的人的各种抽象权利，都应扩展到女性身上。她不仅主张女性应接受教育，还呼吁女孩在 9 岁前应受到普及的教育，这在她的时代是绝无仅有的。在性别气质的问题上，沃斯通克拉夫特揭示出，只要女人表现出做事有理性、有节操，就被说成是"男性化"，但即便有被污蔑的风险，她也鼓励女性勇敢理性地行动。她抨击了女性在现状中表现出的无知懒惰和缺乏责任感，提出只有激进的社会变革，才能带来真正的女性行为革命。沃斯通克拉夫特的《女权辩护》虽然发表于二百多年前，但仍然是当代女性主义的奠基之作。她用生动而深刻的笔触，勾勒出女性主义的基本问题，如女性权利、女性文化、女性社会化等，给当代女性主义提供了多元的观察视角。她的思考给女性主义运动的方向提供了指南，即为权利而斗争，这个目标依然是当代女性主义的实质目标。《女权辩护》还对女性群体发挥了凝聚和启蒙的作用，促使（哪怕是今天的）众多女性反观自己的地位和状况，进行质疑和维护权益。

《女权辩护》发表之后迄今，女性运动一般来说出现了两次浪潮。第一次浪潮发生在 19 世纪中期到 20 世纪 30 年代，女性运动以争取选举权为主要诉求，被称为女性普选运动。第二次浪潮发生在 20 世纪 60 年代到 20 世纪八九十年代，女性运动以争取全面平等为主要诉求，被称为女性解放运动。

---

〔1〕 ［英］Margaret Walters：《女权主义简史》，朱刚、麻晓蓉译，外语教学与研究出版社 2013 年版，第 169 页。

女性普选运动始于 19 世纪中期。西方发达国家的 19 世纪，是以选举权为标志的现代民主政治制度建立的时期。围绕着争取选举权，各国女性纷纷行动起来。英国女性最初采取了温和维权的方式，她们建立选举权运动协会，组织请愿活动，制作小册子，创办妇女选举权报，向议会施加压力。由于长期的努力被政府漠视，19 世纪 70 年代，英国女性转变为"战斗女性"，采取了升级的和激进的斗争策略。这个阶段的女性运动领导人代表是埃米琳·潘克赫斯特（Emmeline Pankhurst），她创办了妇女社会和政治联盟，主张用激进行动争取女性选举权。当时，一部分女性把"无代表不纳税"付诸行动，拒绝交税；有的身着象征女性的"白色、紫色和绿色"的服饰游行示威，遭到警察迫害；潘克赫斯特领导了多次对议会和政治人物演讲的"喧哗"抗议，自己先后被捕 14 次；激进斗争的高峰是埃米莉·戴维森（Emily Davidson），她在 1913 年德比马赛上扑到国王的赛马下，为妇女选举权事业献出了生命。在理论上，1869 年自由主义大师密尔（*John Stuart Mill*）发表《论女性的从属地位》，该书成为这个时期令人瞩目的女性主义作品。密尔雄辩地提出女性与男性一样都有理性，为了女性的权益受到公平、平等的考虑，就应该给予女性选举权。在他的经典著作《代议制政府》中，密尔同样提倡女性选举权。密尔的妻子泰勒（Harriet Taylor）拥有比密尔更超前的女性主义观念，她在《威斯敏斯特评论》上发表了"给予女性选举权"的文章。在英国男性逐步获得选举权的过程中，议会年复一年地辩论和否决女性选举权法案，不过到一战前，议会内的支持者数量却在不断增加。

美国女性普选权的提议诞生于 1848 年塞内卡福尔大会，是美国早期女性运动提出的平等诉求之一。在废奴运动中，美国女性将女性和黑人的地位相提并论，为被压迫者进行呼吁。女性与种族的复杂联系一直延续到现在的女性主义研究中。南北战争后，黑人男性摆脱了奴隶地位，于 1879 年获得宪法意义上的选举权。由于选举权由各州具体规定，因此实际上只有极少数黑人享有这个权利。然而广大女性（尤其是积极争取选举权的白人女性）仍然没有获得选举权。以此为拐点，美国女性运动也从温和维权转向激进斗争。19 世纪后期，美国女性和英国女性有争取女性选举权的共同目标，有激进行动的一致策略，逐渐形成国际规模的社会运动。

然而，最早赋予女性选举权的却不是英国和美国，而是新西兰和澳大利亚。1893 年，新西兰成为世界上承认女性选举权的第一个国家；1902 年，澳大利亚也给予女性普选权；1906 年，芬兰女性也拥有了选举权，并于第二年选出女性议员。战争影响了女性选举权的历史进程。一战后，鉴于女性对战争作出的贡献和牺牲，以及长期女性运动的不断推动，西方主要发达国家先后通过法律保障女性普选权。1918 年在德国和奥地利、1920 年在美国、1928 年在英国，女性普遍享有了法律保障的选举权利。二战后，法国于 1944 年、日本于 1945 年也先后承认女性选举权。迄今为止，除了少数国家，女性已经在世界范围内普遍获得了选举权利。第一次女性选举权运动圆满完成了历史使命。

在获得选举权后的初期，女性的实际社会状况并没有发生根本的改善，但是二战促使女性认知发生了普遍的转化。美国女性在刚刚获得选举权后，其社会地位仍然受到极大的束缚。例如，1922 年的美国宾西法尼亚州的一份女教师聘用合同对女性的衣着打扮、生活饮食、社会交往、婚姻状况都设置了明显限制，诸如结婚、吸烟或饮酒都可能成为被解聘的条件。二战期间，由于战争需要大量的人力物力，许多女性充当了军队医护人员和后方的劳动力。1940～1945 年间，美国女性劳动力增加了 60%，其中许多是非洲裔女性。女性能够就业，能够开立个人支票账户，这些参与社会的途径都是以前的女性从未拥有的。尽管劳动艰辛，许多女性仍然为自己能走出家庭而感到自由和欣喜。

二战结束后，女性不得不重新回归家庭，但是她们的社会态度和政治认知却不复从前。战后初期，为了让复员军人就业，许多女性被辞退，城市里的大量女性表示抗议和不满。虽然后来女性就业数量又有所增加，但是就业歧视却一如既往。在报酬方面，无论在欧洲还是美国，女性从事同样的工作，得到的报酬少于男性完全合法。在就业期限方面，当时大部分女性一旦结婚，就意味着被解雇。50 年代出现所谓婚姻的黄金时代，结婚率非常高，离婚率非常低。在整个 10 年中，2/3 的女大学生辍学，通常是为了结婚。这个时候的婚姻虽然以“核心家庭”为模式，也就是说，婚姻以爱情而非经济合约为基础，由夫妻双方及其子女构成家庭成员，而非像以前那样生活在三代以上的大家庭中。但是，此时的核心家庭仍然延续了以前的家庭观念。男性在家庭中还是家长，享有法律规定的家长的权威。直到 20 世纪 60 年代，美国绝大多数州还保留了所谓“户主”的法律，丈夫在诸如搬家这样的问题上享有最后的决策权。已婚妇女依然不能以自己的名义贷款或申领信用卡。因为这种种束缚，自由女性主义者弗里丹（Betty Friedan）把这个时期的家庭称之为“幸福的集中营”。

虽然社会对女性的不公正对待比比皆是，女性群体的意识却发生了真正的变化。如果说第一次女性运动是女性精英分子领导，女性普选权的成果是女性精英分子推动而成的，那么20世纪60年代第二次女性运动则具有更广泛的范围、更深入的思考和更深远的影响。第二次女性运动的主战场在法国、英国和美国，这次女性运动追求政治、法律、社会和文化等社会各个方面的充分平等，又被称为妇女解放运动。第二次女权运动的先声是法国哲学家波伏娃（Simone de Bourvoir）1949年发表的著作《第二性》（*Le deuxiéme sexe*）。波伏娃在书的开篇提出一个问题：女人是什么？她的著名的结论是：女人不是天生的，是社会造就的。她从社会学、心理学、经济学和哲学等各个方面考察了女性性别意识变化的过程，揭示了女性处于第二性或次要性别的被压迫地位，论证了占统治地位的男权制文化这一压迫的根源。波伏娃提出三条途径来促使女性获得解放：①女性只有到社会上去工作，才能掌握自己的命运；②成为知识分子；③争取对社会进行社会主义的改造，以便最终解决主体与客体、自我与他人的冲突。[1]

波伏娃的《第二性》被称为"女权主义的圣经"和现代女性主义的开创性作品，掀起了第二次女性运动的浪潮。她对女性屈从地位的揭示和分析具有很强的批判性和启发性，许多女性从她的书中产生反思、获得知识，强化了问题意识，积极采取行动改变现状。不过，这本书在女性意识和解放途径方面的观点也遭到了猛烈的批判。波伏娃理想的女性形象就像一个男性，换言之，抛弃母性，不生育子女，像男子一样从事生产劳动，掌握知识进行思考，如同她身体力行的那样。难道男女平等，就意味着女性要与男性一样？人们广泛地质疑波伏娃的观点，许多女性也强烈反对抛弃母性的观点。波伏娃对女性被压迫地位的分析一针见血，但是她隐含的对女性性别的否定，似乎并不能真正带来男女平等。有趣的是，波伏娃彻底反思的方法启发了法国的女性主义者，她们在理论建构上产生了许多富有创见的著作，后来形成一个重要的理论流派——后现代女性主义。

第二次女性运动在运动形式、形成流派和成果方面，都显示出更加普遍和深入的特点。第二次女性运动规模宏大，组织数量和参加者众多。到20世纪70年代末，仅英国就出现了9000个女性协会。在邻里社区层次，英国成立了许多"提高觉悟"小组，这些小组仅仅吸收女性成员，成为维护女性权利、生产和传播女性主义知识的有效途径。小组主要通过交谈提高觉悟，主题有四方面：①建立对个人生活经历的社会分析；②使女性认识到，家庭如何对女性进行性别角色教育；③抒发个人感情生活，减轻不安心理；④使女性理解性欲的形成和性的意

---

〔1〕 李银河：《女性主义》，山东人民出版社2005年版，第28页。

义。这些小组给普通女性提供了直接的帮助和促进了自主理性的精神。

美国是第二次女性运动的主战场。随着黑人民权运动、校园政治和学生运动、和平运动的爆发，美国女性要求充分平等的运动也随之发生。1966 年成立的美国全国女性组织(National Organization for Women，简称 NOW)是第二次女性运动中最大的组织，到 20 世纪 80 年代末，组织会员达到 15 万，成立 176 个分会。另外还成立了黑人女性联合战线、工会女性联盟等。1977 年，美国召开了第一次全国女性大会，代表 50 个州和地方会议的 1400 名代表参加。

在女性运动的推动下，保障女性权利的政治和法律进程也有所进展。1979年，第 34 届联合国大会通过了《消除对女性一切形式的歧视公约》，这是女性运动的一个重要文件。到 2006 年，已经有 183 个国家加入公约，承诺保障女性平等。许多国家成立了政府机构，修改相应法律，维护女性的政治和法律权利。例如，加拿大政府 1981 年成立女性地位部；挪威 1980 年通过"男女工作平等法案"；奥地利修改了《家庭法》，规定夫妻双方在维持家庭方面具有同等的权利和义务。

20 世纪八九十年代以来，第二次女性运动逐渐平息。这次女性解放运动取得了巨大的成就，也仍然遗留下一些问题，下面主要以美国为例来说明女性运动的结果：

第一，女性的就业方面。女性现在成为劳动力大军的必要组成，在许多国家都达到劳动力总量的一半左右。普遍来看，女性在就业方面的成就，提高了女性在家庭和社会中的地位，为女性获得充分平等提供了物质基础。但是在就业方面，女性还面临着一些似乎是结构性的困境。其一，同工不同酬的差距在缩小，不过仍然存在。美国统计数字显示，白人男子每赚 1 美元，白人女性仅挣得 74 美分；受过高等教育的女性获得的薪水大致等于中学文凭的男性。其二，就业领域的限制。根据美国的研究，2/3 的职业女性的工作集中于 500 种职业里的 23 种。在这 23 种职业里，前十名职业包括：接待员、秘书、收银员、售货员、注册护士、小学教师、护士助理、簿记、会计、审计和女招待。上述困境的结果，一方面表现为女性就业上的不公平待遇，另一方面表现为贫困问题的严重女性化趋势，美国贫困人口的 75% 以上都是妇女和儿童。

第二，在教育上，女性受教育的程度和人数都大幅度提高。1972 年美国《教育综合法》要求接受联邦资金的学校增加女学生数量。此后，美国高等教育中，女性比例不断提高，女性获得文凭的总数越来越接近男性。美国女性学士在

1985 年后，女性硕士在 1980 年后，总数都超过了男性。总体来看，女性受教育的情况得到了明显的改善。

第三，在生育问题上，西方国家女性不同程度地争取到堕胎权。堕胎权是第二次女权运动的重要诉求之一。20 世纪初期，大多数西方国家都通过法律禁止堕胎，跟堕胎有关的医疗水平、避孕技术等受到抑制，因而比较落后，如果女性想要堕胎，将面临着法律和生命的风险。到二战后，婴儿潮高峰期，美国白人适龄女性平均生育 3.8 个孩子，比 1940 年增加了 50%。子女的增多意味着女性为家庭付出更多的精力，意味着难以维持自己的职业。随着女性对健康和自主性越来越具有权利意识，她们开始以社会运动的方式呼吁堕胎自由化。1970 年，法国首次为争取堕胎权举行游行示威。1972 年，围绕堕胎问题在法国引发了一场意义深远的诉讼，在女性运动的推动下，最终促使法国议会于 1979 年通过《自愿堕胎法》，允许法国女性有堕胎自由权。随后，公立医院设立了人工堕胎科，从医疗上保障堕胎权益的实现。美国也为争取堕胎权发生过多次游行示威。2003 年，美国国会通过《禁止后期堕胎法案》，规定除了怀孕后期外，女性有权堕胎。为了获得充分控制自己身体的自由权利，美国女性还在努力争取完整的堕胎自由。

第四，在女性参政方面，已经有质的飞跃，但在高层政治领导的性别比例上，女性仍然是明显的少数。女性参政主要体现为参加竞选活动、政党活动和政府部门活动。同样以美国为例，1968 年美国共和党和民主党代表大会上女性代表分别为 17% 和 13%，1980 年两者剧增为 40% 和 50%。女性参政在 20 世纪末期 21 世纪初期取得了重大成就。例如，2008 年美国大选后，产生了 8 名女性州长、8 名女性副州长、4 名州检察长、12 名州务卿、9 名州财政总长等。最近三任国务卿分别为奥尔布赖特、莱斯、希拉里，都是女性。[1] 21 世纪以来，许多女性担任了国家元首或政府首脑，例如，现任英国首相特蕾莎、德国总理默克尔、现任韩国总统朴槿惠等，她们的从政表现令世人瞩目。相比较第一次女性运动中女性处于政治舞台之外的处境，第二次女性运动的女性参政状况可谓产生了质变，女性拥有了参政渠道，女性党员和中低层公务员的规模都显著扩大，然而与男性相比，在高层政治领导的性别比例上，女性仍然是极少数。

---

〔1〕 关于第二次女性运动的成果方面的一些数据，见裔昭印等：《西方妇女史》，商务印书馆 2009 年版，第 458～506 页。

　　第五，在社会文化方面，男女平等的观念已经成为西方发达国家的合法性话语，甚至是"政治正确"的一部分，但在实际生活中，还存在着隐蔽或变相的对女性的歧视。例如，性别气质的传统观点矮化女性气质，认为女性气质是一种"女病"；反女性主义者对女性诉求进行污名化，或者贬损女性对社会的贡献；色情文化和色情服务商业化继续扭曲女性形象，无形中限制着女性的健康人格和自由发展空间等。

二、女性主义流派

　　第二次女性运动追求充分平等和全面解放，在不同方面提出了各种诉求，也形成了许多思想和理论。二战后，女性主义的研究有一些特点：其一，把女性问题与某种理论或方法论结合。例如，与自由主义、社会主义、心理学方法、罗尔斯的平等与正义观、绿色和平主义、后现代主义等结合，形成了从这些视角观察到的女性主义理论。其二，女性主义内部的具体争议较大，思想观念呈现出多元性。例如，在对待国家机制方面，有的观念强调国家机制是中性的，女性要在现有的国家机制中全面参与以实现平等；有的观念认为，国家是男权制的工具，实施了对女性的压迫；有的观念认为，国家的政治活动是男性的喧闹的游戏，女性最好不参与。由于思想的多元化，女性主义流派数量较多。其三，各个流派内容交叉，关联密切。例如，社会主义女性主义观点借鉴了马克思主义女性主义和激进女性主义；女同性恋分离主义结合了激进女性主义和文化女性主义等。在认识女性主义研究方面，掌握基本目标和综合方法是有必要的。从基本目标上看，无论哪种女性主义都以男女平等作为共同追求。总体来看，恰恰是从不同的方法来进行研究，女性主义才形成了丰富而全面的理解。根据对女性问题产生根源和解决途径的不同理解，下文重点介绍四种女性主义流派，包括自由女性主义（Liberal Feminism）、社会主义女性主义（Socialist Feminism）、激进女性主义（Radical Feminism）和文化女性主义（Cultural Feminism）。

　　（一）自由女性主义

　　自由女性主义是自由主义和女性问题的结合，是女性主义最早和最大的流派。自由女性主义的基本观点是：女性与男性一样拥有理性，是自由的个体，女性问题的产生是因为政治和法律没有赋予女性平等地位和机遇，因此女性追求平等的途径是通过政治制度和国家机器的改善，确保女性获得与男性一样的法权。

女性运动渊源于自由主义传统，因此早期女性运动的积极分子大都是自由女性主义的代表人物，例如，沃斯通克拉夫特、密尔、泰勒等都属于这一思想脉络。到第二次女性主义运动时，美国女性弗里丹、理查兹（Janet Radcliffe Richards）、欧金（Susan Moller Okin）等是比较突出的自由女性主义者。其中，弗里丹可谓典型代表，她于1963年发表的《女性的奥秘》（The Feminine Mystique）被称为第二次女性运动的标志性书籍，她本人也被誉为"现代妇女解放之母"。

弗里丹对女性主义的贡献可以概括为三个方面：

第一，发表《女性的奥秘》，为中产阶级主妇代言，鼓励追求个体的自我实现。弗里丹年轻时坦率聪慧，以优异的成绩从史密斯学院毕业后，进入伯克利加州大学攻读硕士，然后从事记者和编辑工作。在弗里丹生育第二个孩子时，因为请产假而被解雇，成为普通的家庭主妇。在史密斯学院大学同学毕业15周年的聚会上，弗里丹对昔日同窗进行了一个调查，发现绝大多数女同学现在都成了深居简出的家庭主妇，在社会看来，她们是非常"幸福的"贤妻良母，但是她们的内心却感到犹疑失落，似乎都在默默地问自己"是否就这样下去"。5年后，弗里丹就自己的调查和思考出版《女性的奥秘》一书。在书中，她把这些女性的苦恼概括为家庭主妇共同感到的一个"无名的难题"（the problem that has no name），借此表达中产阶级女性受到社会压抑的郁闷和追求独立自主的渴望。弗里丹进一步提出，其实女性不必怀疑自我的要求，也不必模仿男性，因为女性有自己美好和奥秘的本质，足以支持女性成为独立个体。这本书出版不久就达到260多万的惊人销量，不仅引发女性的共鸣，更是引起广泛的社会震动。弗里丹也因此一书成名，并且开始成为卓有成效的女性运动的领袖人物。

第二，创立全国女性组织，采取实际行动影响政治社会。"觉醒是革命的第一步"，弗里丹的觉醒改变了自己的生活，更改变了无数女性的生活。1966年，弗里丹发起创立"全国妇女组织"，试图通过社会动员来推动性别平等。最初的参加者只有21人，她们聚集在弗里丹所在的旅店房间，临时在一张餐巾纸上写下构思中的女性组织的简称"NOW"。现在美国的全国妇女组织成为西方最大的女性组织，会员达两百多万，有女性有男性，有各个种族，设立了五十多个分支机构和一些全国性组织。全国妇女组织持续不断地为维护女性权益而组织各种活动。2004年，全国妇女组织发起的要求生育自由权的妇女生命大游行，游行者达到大约115万，成为美国历史上人数最多的人权大游行。

第三，出版《第二阶段》（The Second Stage）一书，从女权角度处理家庭问题，展示自由主义的稳健观点。1981 年，弗里丹发表《第二阶段》，讨论女性如何看待事业和家庭的双重目标。她首先提出，现代女性主义的大众化形象，或者是攻击男性的女强人，或者是年轻的解放女性。她们憎恶男性，反对婚姻，反对生育，反对男女友谊。弗里丹批判这种激进女性主义的观点是生搬硬套阶级斗争和种族压迫的话语，她认为问题的根源在于：激进女性主义不愿意面对家庭问题。毋庸置疑，弗里丹认可家庭和生育等问题的合理性，但是在女性走出家庭、选择事业、提高社会地位之后，她们如何面对家庭、生育、性别关系等事务呢？弗里丹的建议是：在第一阶段，女性走出家庭；在第二阶段，在男女平等的基础上重塑制度，使女性能够选择生育，能够重新选择生活与爱。以选美为例，弗里丹最初反对选美，因为它象征着对女性的普遍意义上的蔑视，三围尺寸似乎变成仅有的女性选美标准。但是社会发展到现在，当女性已经获得了人的尊严，她们如果选择从事选美这样跟美丽有关的事业，那也是一种可以接受的选择。在家庭问题上，弗里丹显示出自由主义理性思考、尊重个性、稳健温和的一贯特征。

综合来看，自由女性主义的基本观点可以概括如下：

第一，女性同男性一样拥有理性。自由女性主义认同启蒙理性，认为人与动物的区别在于人的理性，人的理性能够促使个人自主选择和自我实现。在人的本质方面，女性与男性没什么区别，都有理性的本质。自由女性主义强调女性的理性地位，与一般的自由主义者还不完全相同。例如，自由主义大师密尔在谈论女性时，虽然认为女性也应当享有权利，但是他提出女性的思维模式倾向于直觉和现实，而男性的思维模式倾向于理性和宽宏，女性的思维模式对男性是有帮助的。实际上，密尔并不认同女性具有与男性一样的理性能力。而自由女性主义的特点在于：女性和男性的理性并没有本质的区别。作为人类个体，女性和男性也没有根本的区别，男性拥有的权利和能力，女性也完全可以拥有。

第二，机会均等和性别正义。自由女性主义认为，女性之所以处于屈从地位，源于政治、法律和习俗限制女性的受教育机会和参与竞争的机会，因此解决的途径主要是制度方面的措施，例如，使女性获得充分的教育；改革政治和法律制度，赋予女性平等地位；改善社会经济制度，保护女性能够公平竞争的机会。自由女性主义奋斗的目标是争取没有性别差异的公平机会，其他的主要依靠女性的自身努力。自由女性主义同样从性别的角度看待正义。罗尔斯的《正义论》对20 世纪 70 年代之后的西方世界发生了重大的影响，女性主义者一方面从中吸取了社会基本结构意义上的正义观念，另一方面批判罗尔斯没有关注性别正义，因此其正义观是不完善的。欧金指出，罗尔斯使用了 men，mankind，he 和 his 等表示男性的词汇来指代进入"无知之幕"选择正义规则的个体。男性在家庭中的特权已经是不正义的，让男性来选择正义规则必然难以代表女性群体，因此选出的正义规则也将是不正义的。此外，罗尔斯也没有把生育、养育和家务这些女性长期承担的劳动纳入再分配的考虑中，更没有把现实中作为弱势群体的女性当作"最少受惠者"，因此罗尔斯的正义理论忽略了女性群体的权益。[1] 理查兹和欧金对罗尔斯的批判，从性别视角深化了对正义观念的反思。

第三，从国家不干涉转向福利国家观。总的来说，自由女性主义认可自由主义国家的基本制度，只是要求将男性个体享有的权利同样应用到女性个体上。早期的自由女性主义反对国家对女性的照顾政策，要求国家不干涉，也就是不能剥夺和限制女性的权利。她们认为，只要有了同等的地位和机遇，女性完全可以靠个人奋斗来获得自由。20 世纪 60 年代以后，女性已经有权利走出家庭、走向社会，但是她们依然面临着生育和养育等问题。对此，一部分自由女性主义者正视现实的生理差异和需求，提出国家应该通过政府津贴或法律手段来保障女性孕育期间的职业安全。这也是弗里丹在《第二阶段》中的观点，即国家有责任为孕育时期的女性提供福利待遇。这部分的女性主义从拒绝国家照顾转变为要求应有的福利保障。

自由女性主义具有理性稳健的特点，认可国家和法律制度的作用，在实际的女性运动中发挥了建设性的社会效用。女性运动所取得政治和法律方面的成就，大多来自于自由女性主义者的坚强领导和坚持不懈的推动。对这个流派的批评，比较突出的有两点。最主要的批评是认为自由女性主义对待立法和政策是性别盲点(sex blind)的态度。由于总体上认可自由主义的国家机制，因此自由女性主义缺乏充分的性别角度的认知，例如，忽略了对女性保障不力的立法。另一个批评是，认为自由女性主义认知的理性是以男性实践和经验为基础的，而没有看到女性在知识和理性上的特殊性，如自然情感、感觉和伦理方面的独特之处，因此自由女性主义的理性概念是不完善的。

(二)社会主义女性主义

社会主义女性主义是马克思主义、激进女性主义和女性问题的综合，是所有

---

〔1〕 郭夏娟："反思正义的分配模式：女性主义与罗尔斯"，载《中国人民大学学报》2002 年第 5 期。

女性主义流派中最有综合性的流派。社会主义女性主义的基本观点是：女性受到压迫的根源是阶级压迫和性别压迫，因此女性的斗争目标有两个，包括资本主义和男权主义。相应地，女性的解放途径是女性进入社会主义劳动市场，提高自身经济地位，消灭阶级统治，促使资本主义社会发生根本转变；重新构造家庭内的劳动分工，消除男权心理。社会主义女性主义的代表人物中，最重要的是米切尔（Juliet Mitchell），她于1966年发表的《妇女：最漫长的革命》（*Women, the Longest Revulution*）堪称第二次妇女运动的纲领性文件。其他代表人物还有哈特曼（Heidi I. Hartmann）、贾格尔（Alison Jaggar）和艾里斯·扬（Iris Young）等。

社会主义女性主义是从马克思主义和社会主义运动中分离出来的。马克思主义的理论家恩格斯在《家庭、私有制和国家的起源》中，提出女性受到压迫的根源是男子继承制和私有财产制。在前资本主义的社会中，女性由于没有经济基础，导致了在家庭中受到男性的压迫。进入资本主义社会后，女性走出家庭加入社会化大生产，她在家庭中受到男性压迫的形式，转变为在工厂中受到资本家的压迫。也就是说，（无产阶级）女性在资本主义社会中受到的压迫来自于资产阶级，而非来自于男性。为推翻压迫，（无产阶级）女性应该同（无产阶级）男性一起，废除资本家的私有制，摧毁资产阶级，实现无产阶级的解放。无产阶级的解放同时意味着推翻了女性受到的压迫。

现实的经验是这样吗？在马克思主义运动内部的一些成员（尤其是女性成员）发现，事实并非完全如此。女性固然受到来自经济因素的阶级压迫，但她们还受到来自男性（包括社会主义群体中男性成员）的压迫。从20世纪30年代开始，一些美国社会主义运动中的女性高层领导提出反对阶级统治之下的男性统治，指出组织内男性成员歧视女性的问题。另外，在女性进入社会化大生产时，她们不仅遭遇了资本家的剥削，还受到男性工人因为就业竞争的排挤和敌视。即便是女性获得了就业机会，她们在家庭内仍然不能免于受到男性的压制，因此，女性的屈从地位并没有因为就业而转变为仅仅受到资本家的压迫。在同一个阶级内部，比如工人阶级内部，像前资本主义社会一样，仍然存在着男性歧视女性的普遍现象。对此问题，倍倍尔曾经一针见血地写过："每一位社会主义者都认识到工人对资本家的依赖性，而不明白为什么资本家认识不到这一点；但是这些社会主义者却常常认识不到妇女对男人的依附性，因为这个问题或多或少触及他们

每一个人。"〔1〕

对于特定的社会主义理论无法充分解释现实的问题，米切尔从马克思主义出发，吸收了激进女性主义的思考，最终形成了社会主义女性主义的经典理论。米切尔指出，女性受生产、生育、性生活、社会化四类机制的压迫。传统马克思主义重视经济剥削这样的生产方面的因素，但是忽略了生育、性生活和社会化方面的制度性性别压迫。激进女性主义重视男权制的这一问题根源，但是诉诸生理革命的方式不够现实。米切尔也检讨了自由女性主义的不足。她认为，自由女性主义要求实现女性的普选权和受教育权，但是仅仅这些正式的法权还是不够的，它们无法解决扎根于社会深层的性别歧视。在批判性吸收上述观念的基础上，米切尔把压迫女性的机制分成两类：第一类是经济因素，表现为阶级压迫；第二类是性别因素，表现为男性对女性的压迫。这两类因素各自独立，但具有同等重要性，女性运动应该同时反对上述两个目标。

以米切尔为代表的社会主义女性主义虽然源于马克思主义，但与马克思主义女性主义既有相似之处，也有重要差异。相似之处首先表现在方法论上。马克思主义强调社会基础决定上层建筑，物质决定精神，社会主义女性主义也持类似的视角，认为女性的解放不可能只凭借理性和抽象的正义原则，而需要社会关系的根本变化。另一个相似之处是关于女性解放途径的观点。马克思主义提出，女性进入社会化大生产是历史的进步，将促进女性的解放。社会主义女性主义也认同这一主张。

两个流派的差别主要体现在：社会主义女性主义增加了对男权制的分析，而马克思主义在对待男权因素时出现了性别盲点。社会主义女性主义通过批判恩格斯的相关论点，表达出不同的观念。首先，在家庭责任方面，社会主义女性主义批评恩格斯似乎把家庭劳动和家庭责任当成女性的天然义务，他虽然指出家务劳动的集体化和社会化这一未来的出路，但是并没有分析同一阶级内的性别压迫现象。其次，在性观念上，社会主义女性主义批评恩格斯认为男性的性需求天生多于女性，从而否定了女性性意识的平等，也从未追究过性需求和性活动背后的社会经济原因。最后，社会主义女性主义批评恩格斯的家庭理论过于空想。她们认

〔1〕 August Bebel, "Die Frau und der Sozialismus" (1883)，载于 H. B. Adams Walther 所译 *Woman in the Past*, *Present and Future* (1885)，p. 113, 转引自李银河主编：《妇女：最漫长的革命——当代西方女性主义理论精选》，中国妇女出版社 2007 年版，第 3 页。

为，恩格斯提出由于社会主义社会没有经济剥削的干扰，因此将不存在男性对女性的性威胁和性侵犯。恩格斯还从未关注过家庭暴力和强奸，没有从经济角度对上述问题加以分析，而这些问题都是女性主义的基本议题。在上述几个问题上，社会主义女性主义都展开了更为复杂和细致的分析。[1]

社会主义女性主义对性别压迫和阶级压迫提出了两种关系模式，二元论和一元论。米切尔和哈特曼是二元论的代表，她们认为，阶级压迫和性别压迫是两种不同的压迫机制，共同实施了对女性的侵害。除了前面已经介绍过的米切尔的主要观点，还值得一提的是，米切尔对生育、性爱和社会化都从社会经济的角度进行了新颖的分析，她还提出男权制扎根于人们的精神之中。男权制的土壤不是特定社会的经济基础，而是存在于所有的时间，包括从人类社会进入文明以来的所有历史，也包括苏联和东欧等社会主义国家在内的所有国家。哈特曼则分析认为，男权制的基础是拥有财产的男性通过国家和男性之间的社会层级关系，整体性地控制女性劳动力。在这种控制之下，女性无法接近经济资源，甚至无法控制性生活和生育能力，不得不依赖男性、国家和种种社会制度。家庭内外的男权制在共同需要女性劳动力方面还存在着冲突。资本家希望女性出来工作，而男性工人则希望女性在家里照顾家庭。现代社会中，女性工作报酬普遍比男性低，一个解释也是女性在家庭中承担了更多的家务劳动，而不管这个女性是否有自己的职业。家务劳动拖累职业女性，降低了女性在就业市场上的竞争力。

艾里斯·扬提出阶级压迫和男权压迫的一元制模式。她认为，阶级关系和男权制不是彼此独立和相互补充的关系，而是互相依存和缺一不可的。扬首先批评了哈特曼的二元制理论。她认为，把女性在家庭内受到的男权统治看作一个独立领域，把女性在工厂受到的资本家剥削看出另一个独立领域，这种区分淡化了女性受压迫的严重程度和复杂性。扬的基本看法是，资本主义从本质上是父权制的。透过资本主义与父权制二合一的机制，分工范畴、阶级范畴和性别范畴融合在一起，女性才受到如此全面系统和难以抵抗的压制。扬首先回顾了资本主义之前的性别分工，证明男权来自男性垄断了对生产资料的控制，然后重点分析了资本主义制度。她提出，资本家追逐利润的前提是促进劳动力竞争，途径之一就是劳动力的分工。基于分工的需求，男性成为首要劳动力，女性成为次要劳动力，

---

〔1〕 ［英］朱丽叶·米切尔："妇女：最漫长的革命"，陈小兰等译，载李银河主编：《妇女：最漫长的革命——当代西方女性主义理论精选》，中国妇女出版社 2007 年版，第 1~32 页。

符合资本家的利益。而要维持女性成为次要劳动力，就需要控制女性的报酬、贬损女性的职业声誉、强化其从事免费家务的社会期望、用更低的成本解雇女性、夸大女性和男性工人之间的竞争关系等。这是扬对劳动力性别分工的解释模式，她进一步用实际的经济发展过程来对上述模式进行证明。扬分析了工业化初期，资本家采用机械化生产时，资本家用更低的工资雇佣妇女和儿童，以便代替男子。然后当男性的薪资期待下降时，资本家又重新雇佣男子，辞退妇女和儿童。1930年大萧条时期重演了上述循环，通过人为压制使女性长期成为次要劳动力，资本主义借此延续了自己的发展。因此，扬提出资本主义本身是父权制的，压迫女性是其制度的基本属性。所以她的另一个观点是，反对女性的边缘化和次要劳动力地位就是反对资本主义。

社会主义女性主义还分析了女性的异化。贾格尔用马克思主义的异化概念，提出不同于马克思主义的女性异化的分析。马克思主义认为，自我的异化是由资本主义制度导致的。贾格尔的质疑是，如果资本主义生产关系导致了男性的异化，那么滞留在家庭里的女性应该能够幸免，但是事实并非如此，家庭中的女性也普遍存在异化现象。贾格尔从性别关系角度分析了女性的异化，并将女性异化的性质等同于男性在生产关系中的异化，即都是通过"销售"自我，将主体物化为了客体。她具体分析了三种异化现象：一是女性过度追求美化自我。女性的自我打扮，如减肥、拔眉、束腰等，实际上并非出于自我欣赏和健康的心理需求，而是为了自我包装以便提高身价。这些女性之间还存在着类似同行的竞争，如同商品的竞争。二是女性的功利性生育。女性的生儿育女，也不是家庭的自然需求，而是国家强制、社会经济和家庭攀比的结果。国家和社会需要劳动力，就要求女性多生育，国家和社会不需要劳动力，就限制女性生育。这是导致女性与子女关系被异化的一个重要的外在因素。资本主义社会中的母子关系也不复是自然的天伦之乐，母亲的地位很大程度上取决于子女的质量。三是女性对知识能力的看法。由于女性被剥夺受教育的机会，知识能力长期由男性掌握和表现，致使女性对于自己拥有知识能力而倍感压力。她们发现自己拥有过人的才华和丰富的情感，似乎背离了传统的无知女性形象，继而产生自卑和自责。这种不合常理的自我否定，是因为女性潜意识中受到了扭曲的女性角色的戕害。

社会主义女性主义虽然综合了阶级和性别两种因素来进行分析，但侧重点却非常明显。社会主义女性主义的侧重点，主要是经济因素和体制因素对女性问题的复杂影响，它对于女性在就业和劳动分工中的不利地位有较强的解释力。由于这种理论反对的目标是政治经济体制方面的，社会主义女性主义往往诉诸集体行动，倡导一揽子地改善女性在就业中的地位。不过对于这种集体主义的主张，阿伦特曾经提出批评意见。阿伦特认为，从女性需求和经济因素来考虑女性主义，掩盖了这一普遍概念下的个体差异性和多样性。另外，阿伦特更关注公共领域中的行动主体，远胜过关注社会领域或私人领域的主体，她轻视女性所从事的家务劳动，认为进入公共领域展现自我才是"成为女人"的途径。

(三)激进女性主义

激进女性主义也出现于 20 世纪 60 年代，这个流派的主要观点是认为女性压迫的根源是男权制，由于男权制最直接地发挥影响的领域是家庭和性，因此，激进女性主义主张在家庭事务和身体政治两个方面，通过家务分工合作、生育养育的生物技术革命、甚至同性恋分离主义(Lesbian Separatism)，最终实现女性解放。激进女性主义最有代表性的人物是米利特(Kate Millett)，她于 1970 年发表《性政治》(*Sexual Politics*)，最早对男权制进行了界定，并把男权制视为女性主义应该反对的根本目标。其他代表人物还有费尔斯通(Shulamith Firestone)、奥布莱恩(Mary O'Brien)、德沃金(Andrea Dworkin)、麦金农(Catharine A. Mackinnon)和巴特勒(Judith Butler)。

激进女性主义最早来自新左派。由于新左派中的社会主义者和民权团体对待女性成员的歧视态度，引发了女性成员对自身的强烈认同。她们从新左派独立出来，形成了独具个性的女性主义观念。此外，也有一部分激进女性主义者来自于自由女性主义，她们不认可自由女性主义与国家的合作态度，希望采取更加 radical 也就是更彻底、更激烈的斗争策略。上述两种激进女性主义者都表现出鲜明的批判性和激进性。

米利特是激进女性主义的典型代表，她的性学经典之作《性政治》界定了激进女性主义的理论视角，这个视角来自于她的文学阅读经验。米利特在阅读文学作品时，发现书中描述的男女之间的性关系，并非真实的女性经验。为此她进行了实践调查和文学分析，后来得出结论认为：文学作品中对女性的性描写实质上是男性对女性身体和意识进行控制的表现。基于此，米利特提出一个重要的观点，男女之间的关系不是性关系，而是一种统治关系，是性政治。她举出了一些性政治的文学例证，并从男性统治女性的角度进行了理论建构。在此，米利特提出了著名的男权制概念，即男权制有两个涵义，一是男性统治女性，即丈夫统治妻子；二是男性长辈统治晚辈，即父亲统治家庭。男权制恰是女性受到压迫的根源。在这本书的最后，米利特分析了男权制在 20 世纪以来的变化、反动和延续的历史，指出男权制在当代仍然阻挠着女性运动方面的任何革命性的社会变革。

总体上看，激进女性主义普遍把女性受到压迫的根源解释为男权制。激进女性主义认为，女性遭受的压迫有这样一些特征。从历史上看，女性是最早受压迫的群体。从社会形态看，女性受到压迫是普遍现象，无论什么社会都是如此。从程度上看，女性受压迫程度最深，依靠消灭阶级社会之类的社会变革也无法将之消除。这种压迫的总根源是男权制，主要表现为男性对女性的统治。两种激进女性主义的观点进一步强化了上述认识。一种是认为女性群体殖民化，提出女性普遍地屈从于男权制的现象如同女性被殖民。另一种从性别角度区分阶级，提出女性是一个阶级，男性是另一个阶级，男性对女性的关系如同阶级压迫。激进女性主义也承认资本主义制度导致了女性屈从于男性，但是由于上述社会经济制度根源于家庭内的男权关系，所以，激进女性主义的目标主要是男性，而非资本主义制度。

既然男权制是女性受到压迫的根源，那么女性对男权的抗争则是必然的解决途径，激进女性主义的特点是强调微观政治，呼吁在个体、私事的意义上进行抗争。激进女性主义提出一个口号："个人的就是政治的"，认为寻求女性平等的领域不在国家机制，而在于家庭和性两方面。激进女性主义抨击国家政治机制、立法活动和竞选活动等是男性把持的游戏，所以并不重视国家的作用。在对待国家的策略上，一部分激进女性主义主张完全放弃对国家的参与，另一部分人认为通过参与国家的政治活动，可以暴露性支配的罪恶，帮助女性认识到男性国家的本质。无论侧重点是什么，与国家机制相比，更重要的是在家庭和性两种事务上消除男权的压迫。

在家庭方面，激进女性主义讨论了家务劳动的分配。激进女性主义提出，女性在社会经济制度中处于不利地位，如同工不同酬、就业限制、贫困问题女性化、性骚扰等，主要原因是女性受到家庭经济制度的束缚。女性在家中从事繁重的家务，如打扫卫生、做饭洗碗、养育子女、照顾老人、照顾丈夫、招待客人等，从来没有任何报酬。这无异于剥削——女性在家庭内付出大量的劳动，不仅没有任何收入，使女性更加劳苦，反而使她们在家庭里地位更加低下，在职业上竞争力更低。针对这种情况，激进女性主义也尝试提出各种策略，有的主张家庭劳动社会化，有的主张男女共同分担家务，等等。

在性方面，激进女性主义讨论了三个问题：

第一，生育上的生物技术革命。与自由女性主义和社会主义女性主义不同的是，费尔斯通提出，女性屈从地位的根源在于男女的生理差异。由于婴儿成熟期很长，导致幼小的子女依赖母乳和母亲，另外生育也导致女性体质变弱，这些因素使得女性依靠男性才能生存。根据费尔斯通的逻辑，使女性解脱的办法就是借助生物技术的革命。避孕使女性不必受到生育的困扰，体外受精和试管婴儿等技术使女性摆脱怀孕过程，喂养技术等使女性摆脱养育婴孩的过程，等等。在养育方面，激进女性主义还强调父母合作共同抚养子女，男性和女性可以自由选择家庭内的事务分工。由此，男性有机会摆脱职业压力，进入家庭劳务，女性也可以丢掉家庭重担，参与社会竞争。

第二，反对色情。激进女性主义认为，性生活集中体现了男权的作用。男权制下的性关系和性文化甚至使女性丧失了做人的权利。一方面，男权制的社会把性视为女人最宝贵的资本，如果女人在性方面丧失了"名誉"和"贞洁"，就被认为是品格问题，在某些制度下，女性甚至要为此付出生命的代价。因此，传统文化总是要求女性守节，而不管男性是否"守身如玉"；反过来说，夸大女性贞操的意义，是男权文化的表现。另一方面，女性形象被商业性的色情产业所扭曲，向社会呈现出缺乏尊严和不被尊重的"性感"形象。这种形象对女性形象的扭曲之处在于：以片面的形象来指代整体，以不健康的形象来定义性感，以被压迫的形象来彰显强制蹂躏关系。为了维护女性整体的社会形象和人权，德沃金和麦金农在20世纪七八十年代发起了一场轰轰烈烈的反色情运动。她们批评媒体公然描绘强暴、毒打女性以及性骚扰、卖淫和猥亵幼女等行为，渲染女性被性虐待的刺激，导致社会上的一些强暴行为因为模仿上述媒体内容而施加了对女性的残害。她们推动美国明尼阿波利斯和印第安纳波利斯通过了反对色情表达的法案，但是在最高法院被驳回。不过，反对色情运动并没有停息，而是不断发出自己的声音。

在性的问题上，激进女性主义中最超前的就是女子同性恋分离主义。20世纪50年代，一小群女同性恋者建立了一个女同性恋组织，以此维护女性的自由和选择，女子同性恋分离主义应运而生。她们与自然形成的同性恋团体并不完全相同，在性倾向上具有自然的、文化的和政治的丰富内涵。这个流派认为，性别主义是一切压迫的根源，只有同男子分开，女性才能获得真正的自由，而女子同性恋主义就是一种组织性地反对男性霸权的实践。根据这样的视角，她们关注的社会议题涉及性生活的和谐、反对就业歧视、争取女性的保险、住房和财产权利、要求同性恋者的婚姻权。

到20世纪90年代，酷儿理论进一步发展了女子同性恋主义，巴特勒是该理论的代表人物。酷儿，英文Queer，意思是"怪异"，最早是同性恋者的贬义称谓。在巴特勒的理论中，酷儿被解释为"差异"，成为捍卫不同性取向、身份和个性的标志。酷儿理论强调性取向是流动的。实质上，它既反对异性恋这一霸权机制，也反对同性恋，归根结底，它反对任何静态的、僵化的性取向，而是提出性取向是特定时候的特定行为，并不是必须被固定为某种取向。酷儿理论还有一个重要的观点，就是身份是表演性（performative，又译为操演性）的。身份通过"引用性（citationality）"而不断生成，这种引用既是对原有规范的复制，也是生成过程中的抵抗。显然，酷儿理论大量使用了解构主义的方法，对传统异性恋中的男权观念和身份概念具有颠覆作用。有的人批评酷儿理论意味着取消一切建制和斗争，事实并非如此，酷儿理论批判宏大话语的背后，也有重构身份的建构意义。

激进女性主义遭到的最大的批评就是认为这些观点激进和不现实。诚如斯言，激进女性主义的有些建议还停留在起步或想象的阶段，例如，更加彻底的生物技术革命。但是，从理论角度来看，激进女性主义把男权制视为女性受到压迫的根源的种种观点，强有力地解释了家庭和性方面的日常压迫现象，使得从男权制角度进行的女性主义分析更加丰富和突出。从女性运动的实际影响来看，激进女性主义通过特有的"祛魅"和"攻击"，对男权话语有一种"解毒"和"反制"的作用，因此，可以说激进女性主义抬高了女性主义理论和实践的上限，拓展了它的社会空间。

（四）文化女性主义

文化女性主义出现于20世纪70年代，这个理论从心理、伦理、性别气质等文化角度，或强调生理决定论，或认可社会建构论，但是均反对男性统治的文化基础，主张建立一种独立的甚至更为优越的女性文化。由于文化女性主义涉及广泛，下文从心理分析女性主义、女性关爱的伦理、女性差异和女性气质论三个方面加以概括。

第一，心理分析女性主义。心理分析女性主义集中表现在对弗洛伊德心理学的批判中，后来关于生理决定论和社会建构论的争论，又继续进行了四十多年。

这个流派以心理学、解剖学和现代科学作为争论的知识基础，大概是女性主义流派中学术性最强的流派。19世纪的精神分析学家弗洛伊德曾经分析了俄狄浦斯情结和埃勒克特拉情结，并且认为男性超越俄狄浦斯情结是人类心理发展上的重大成就，而女性则无法超越此情结。他提出，男孩在3~5岁时有恋母憎父的性心理，由于惧怕父亲的惩罚和以父亲为未来的榜样，男孩最终会超越自我，克服上述心理，走向道德和文明的超我境界。女孩在这个时期也会有恋父憎母的性心理，但是由于女性具有先天生理缺陷，无法进入超我的境界，成人以后也会受到情感折磨。在现实表现上，弗洛伊德举出女性希望成为男性的自我否定的心理现象。为什么男孩女孩会有上述不同呢？弗洛伊德有一句名言，"解剖学说明一切"。他提出女性是（去势后）残废的男性，具有性器官发育不全的生理缺陷，而男性是性器官正常发育的个体。弗洛伊德关于女性生理缺陷导致心理缺陷的观点，流传广泛，强化了社会对女性的歧视，使男权的论证话语更加"丰富"。

弗里丹、费尔斯通、米利特等人首先批判了弗洛伊德的生理决定论，指出妇女低下的社会地位和自我否定的心理与生理条件毫无关系，而是歧视性的社会机制和社会文化导致。男性千百年来歧视女性，女性终生生活在被歧视、被压制的社会环境下，因此形成了屈从和自卑的感受。弗洛伊德的结论其实并没什么新意，不过是重复老套的男权舆论。另外一种观点指出，性并不是唯一的人生目标，弗洛伊德用性心理来定义女性的人生追求，过于片面，不符合女性的真实状况。女性的人生目标是充分发展的健全的个人。还有一种批评意见是，弗洛伊德提出女性性器官不如男性发育成熟，这不过是男性中心主义。从女性主义角度来看，女性性器官比男性更多，快感部位分布更全面，其实比男性更优越。

迪纳斯坦（Dorothy Dinnerstain）和乔多罗（Nancy Chodorow）从心理学角度探讨了前俄狄浦斯阶段性心理的发展，认为男性的支配心理根源于母亲独自承担子女养育。这两位心理学家的分析思路非常类似，她们都认为，在母亲独自承担子女养育的情境下，母亲象征着外部环境和权威，男孩的成长在最初阶段表现为对母亲的控制，这与男孩将要成为的男性成人的角色（父权制下的父亲）是一致的，而女孩的成长则难以实现控制母亲，因为她将要成长为的女性成人角色，也处于屈从的地位。由此，男性最终形成对女性的支配心理，而女性则为了与母亲角色保持一致，形成被支配的心理。既然问题在于母亲独自承担了所有的子女养育，那么女性摆脱屈从心理的途径也在于，父母双方共同参与子女的养育，让子女理解父母的优势和劣势，打破性别上的社会差别。

除了弗洛伊德的性学研究外，生理决定论的另一个观点是：现代科学证明男性比女性更聪明、更有领导力，因此，男性支配女性有生理论据。现代科学真的有这样的结论吗？答案是否定的。科学研究表明，其一，两性大脑的区别很细微，两性认知能力也只有细微的差别。男子脑容比女性大，所以更聪明的假设，至今没有得到科学证明。其二，两性大脑构造差异并不能形成任何一个性别的智商优势。例如，男性左脑发达，女性右脑发达，女性的左右脑连接神经比男性发达等，这些结构差异不能证明男性比女性聪明。其三，变异假说也不能成立。这个假说认为，男性智力或者更高或者更低，而女性智力中等。但是在各种心理能力分布的测试中，明显的两性差异并不存在。其四，进化论生理决定论也属臆测。这个观点是，精子寻求更多机会以传种，卵子拒绝低质量精子以保证后代质量，所以精子是主动的，卵子是被动的等。这个观点具有赞美精子、贬低卵子的意味，没有认识到男女在性生活中的平等性，最主要的是，这种观点并没有科学论据支持。[1] 上面四种主要的观点支撑着生理决定论，但是逐一讨论，发现不足为据。通过女性主义的揭示，男性比女性聪明的"伪科学"可以休矣。

第二，女性的关爱伦理。弗洛伊德等心理学家断定，女性无法摆脱情感的纠缠，因此不具有男性那样的正义感。对此，吉利根（Carol Gilligan）通过实际的心理调查研究得出结论，提出柯尔伯格（Lawrence Kohlberg）所谓的男性伦理属于"正义的伦理（ethics of justice）"，而女性伦理属于"关爱的伦理（ethics of care）"。吉利根就是否决定流产的问题对 29 位孕妇进行了调查，发现她们的心理感受有如下过程和特点：在过程上，吉利根认为女性的道德发展经历了从低到高的三个层次，第一个层次是女性对幼小的生命充满同情心，她们意识到家庭条件对小生命的影响。第二个层次是女性推己及人，理解他人感受，愿意在是否流产问题上压抑自我，倾听他人意见。第三个层次是女性超越自我，与他人建立深层沟通，成为道德充分发展的人。吉利根认为，这个过程反映出女性的伦理特点，即女性自视为与他人相互依存。与之相比，男性更加强调独立和特立独行。男性注重抽象权利、原则和普遍性，而女性则重视人际联系、后果和背景。女性的伦理观念表现为对他人的关心，故称之为"关爱的伦理"。[2] 吉利根的理论独树一帜，提

---

〔1〕 李银河：《女性主义》，山东人民出版社 2005 年版，第 101～106 页。

〔2〕 Giuigan, Carol, *In A Different Voice: Psychological Theory and Women's Deve Lopment*, Cambridge: Harvard University Press, pp. 6～7.

出了不同于男性伦理的女性伦理观念，在抨击用男性标准来衡量女性精神方面有批判性作用。但是，吉利根的结论采取了本质主义的方法论，把女性伦理定义为关爱伦理，忽略了多元化的女性伦理观念，显然有过度概括的缺陷。

第三，女性差异和女性气质优越论。文化女性主义中一个重要的支流是不主张推翻男权制，但是强调培育和重视女性品质和价值，使之超越男性气质。伊丽加莱（Luce Irigaray）提出，创造女性美的关键在于女性对自身性别的认同和挖掘。作为女性，首先要承认自己是女性中的一员，自己为子女赋予了性别；意识到女性被限制在一些不适合的形式中，应当打破这些形式，重新发现女性特质；这些不适合的形式源于以男性为中心的文化剥夺了女性形象的表达，限制了女性和母性的天才。既然女性因为性差异而受到剥削，那么也只有通过性差异的途径来获得解放，女性追求与男性一模一样的平等是错误的方法。她批判波伏娃那种放弃女性角色的男女平等观念，认为那样的观念将导致人类灭亡。那么，如何具体地定义女性特质呢？伊丽加莱提出，恢复对生命和抚育行为的尊重，在家庭和公共领域中树立母女关系形象，母亲要为子女灌输性的不分等级的思想，强调女性拥有与生育、男性等无关的独立生活空间的重要性等。

格里尔（Germaine Greer）更进一步地提出了女性优越论。她在其专著《女太监》（*The Female Eunuch*）中写道，男性的基因导致了许多生理上的弱点，如毛发过度、角质斑块和色盲等。还有证据表明，女性体质比男性强壮，寿命更长，男性的天才疯子和傻子都比女性多，而女性的表现更加正常。[1] 还有一些文化女性主义提出，女性天生和平，看重人与人的关联，从过程中得到快乐，而男性好争斗，以个人为中心，不重视过程、仅强调结果。她们得出结论：女性比男性更优越，也更适合领导社会。这样的女性优越论确实有利于打击男性优越论，但是它也类似于反转的男权话语，具有性别压制的色彩。

上面四种女性主义流派是林林总总的女性主义观点中的若干主要观点。之所以把它们归为不同流派，是因为各种观点在对女性压迫的根源和女性解放的途径上有着或近似或差异的看法。由于女性问题是一个经验的和综合的问题，因此对女性问题的各种思考也存在许多交集。例如，对女性解放的集体化途径，自由女性主义虽然强调个人奋斗，但是她们并不排斥人们由于个人选择而集合在一起，共同进行大型的团体性抗争活动；社会主义女性主义则明确地主张集体化道路；

---

〔1〕　［澳］杰梅茵·格里尔：《女太监》，欧阳昱译，漓江出版社1991年版，第16~20页。

激进女性主义虽然提出家庭是主要战场，但是这与激进女性主义者彼此合作、相互支撑地抗争男权也不矛盾；文化女性主义虽然表现得最具有知识性、学术性，也提出女性有必要认识到自己的女性群体成员的身份意识。另一个女性主义流派的交集是女性运动的共同目标。无论从什么侧面来思考女性问题，女性主义都追求男女地位平等、个体自由、文化多元和机会均等。就上述交集尤其是共同目标来看，各种女性主义之间有积极的互补关系。

女性主义无论在智识上还是在实践上都作出了艰苦卓绝而必不可少的贡献。就实践而言，女性主义为女性问题提供了代言，使女性问题变得凸显，进入公共事务的议程。这对于解决两性冲突，不仅实现女性的解放，也实现男性的解放，提供了动力和可能性。另外，从更基础的意义上看，女性主义呼吁的平等和解放，实质上是对人权的要求，追求女性权利不啻为推动人权进程。对女性权利的讨论，必然会促进占一半人口的西方女性乃至全世界女性的人权。

就智识而言，女性主义首先为各种理论研究提供了一个新的研究视角，即性别视角。通过这个独特的视角，研究者能观察到新的经验和发现新的问题。其次，女性主义体现为研究了一系列以前没有充分研究的人类行为，如性学、家庭关系、亲密关系、养育、日常生活等。上述研究视角和研究主题补充了人类理性的知识基础。以往的理性常常指男性认知形成的、客观的、科学的知识，但是女性主义提出，传统的理性概念排斥了女性和下层阶级的经验和认识，而真正的理性应该认可各种边缘性主体的认知，包括各种性别、种族、民族、阶级和性倾向的主体，包括他们对情感、事物间的联系、实践的感受和特殊性等的认识。[1]从女性主义看待的理性有明显的后现代主义非中心化的色彩，也面临争议，但是它无疑促进了理性观念的深入发展，也有助于反省知识背后的权力关系。

【推荐文献】

1. 李银河主编：《妇女：最漫长的革命——当代西方女性主义理论精选》，中国妇女出版社 2007 年版。

2. [英]玛丽·沃斯通克拉夫特：《女权辩护——关于政治和道德问题的批评》，王瑛译，中央编译出版社 2006 年版。

3. [法]西蒙娜·德·波伏娃：《第二性》，郑克鲁译，上海译文出版社 2011

---

〔1〕 李银河：《女性主义》，山东人民出版社 2005 年版，第 160 页。

年版。

4. [美]阿莉森·贾格尔:《女权主义政治与人的本质》，孟鑫译，高等教育出版社 2009 年版。

5. 裔昭印等:《西方妇女史》，商务印书馆 2009 年版。

【拓展阅读材料】

1. 玛丽·沃斯通克拉夫特的传奇　　2. 德沃金之恨　　3. 女性的负面